知识产权法专题研究

孙玉荣 等◎著

知识产权出版社
全国百佳图书出版单位
—北京—

图书在版编目（CIP）数据

知识产权法专题研究/孙玉荣等著. —北京：知识产权出版社，2025.2. —ISBN 978 - 7 - 5130 - 9812 - 0

Ⅰ. D923.404

中国国家版本馆 CIP 数据核字第 2025NB5659 号

责任编辑：刘　江　　　　　　　责任校对：潘凤越

封面设计：杨杨工作室·张冀　　责任印制：刘译文

知识产权法专题研究

孙玉荣　等　著

出版发行：**知识产权出版社**有限责任公司	网　　址：http：//www. ipph. cn
社　　址：北京市海淀区气象路 50 号院	邮　　编：100081
责编电话：010 - 82000860 转 8344	责编邮箱：liujiang@ cnipr. com
发行电话：010 - 82000860 转 8101/8102	发行传真：010 - 82000893/82005070/82000270
印　　刷：三河市国英印务有限公司	经　　销：新华书店、各大网上书店及相关专业书店
开　　本：720mm×1000mm　1/16	印　　张：19.75
版　　次：2025 年 2 月第 1 版	印　　次：2025 年 2 月第 1 次印刷
字　　数：308 千字	定　　价：108.00 元

ISBN 978 - 7 - 5130 - 9812 - 0

前　言

本书得以出版，首先要感谢北京工业大学研究生院有关领导的大力支持。为深入实施《国家技术转移体系建设方案》，加强国家技术转移人才培养体系建设，规范专业化技术转移从业人员能力等级培养模式，助力我国数字经济高质量发展和创新型国家建设，北京工业大学研究生院于2022年10月组织开展国家技术转移领域研究生培养相关教材（专著）建设项目，本书既是该建设项目的研究成果之一，也是作者多年来心血的结晶。自2019年在北京工业大学文法学部首届法律硕士招生开始至今，我已陆续培养了10余名知识产权法学方向的研究生，其中9人已经顺利毕业。李贤、雷名洋、卢润佳、徐莹莹、姚远航、冉新宇、杨昊、王晨曦、王宇恒9位同学参加了我的课题研究，他们的毕业论文选题也均是从该研究课题而来，这次能有机会对其进行重新修改，纳入进来，非常难得。恰逢本书出版过程中北京工业大学二级机构调整，我所在的法律系回归经济与管理学院。回首1997年自中国政法大学博士毕业来校报到及北京工业大学经济与管理学院成立的日子都还历历在目，忆往昔青春岁月，不由得感慨良多。

本书作为我承担的北京市社会科学基金项目/北京市教委社科计划重点项目"北京市数字文化产业良性发展的版权保障研究"（项目编号21GJB003，项目批准号SZ202210005003）的科研成果，除指导学生及近期个人的思考外，还汇集了我近年来发表在《北京联合大学学报（人文社科版）》《知识产权研究》《科技与法律（中英文）》和《北外法学》等期刊的几篇文章，其中有5篇是我与研究生合作发表，所有文章的出处均已在书中各章进行明确标注。本书由我撰写第一章并负责全书的统筹谋划和修

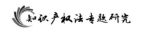

改定稿，还对其他章节内容的写作进行具体指导并修改完善。李贤、雷名
洋、卢润佳、徐莹莹、姚远航、冉新宇、杨昊、王晨曦在校时作为课题组
成员参加本书写作的分工是：卢润佳（第二章、第九章）、王晨曦（第三
章）、姚远航（第四章）、杨昊（第五章）、李贤（第六章）、冉新宇（第
七章）、徐莹莹（第八章）、雷名洋（第十章），王宇恒同学负责本书部分
章节内容的数据更新核对、格式调整和校对工作。此外，对外经济贸易大
学法学院毕业生李心航参加了本书第三章和第四章的写作。本书的研究内
容是知识产权法学领域的前沿热点问题，包括人工智能数据训练合理使用
问题、二次创作著作权保护与限制、音乐编曲著作权问题、网络游戏规则
著作权保护、NFT 交易平台著作权侵权责任、体育赛事直播画面著作权保
护、标准必要专利禁令救济研究、商标恶意注册行为规制等，这些热点和
焦点话题引发了学术界和实务界的广泛关注，本书作者有幸聆听了专家学
者们的精彩演讲，也阅读了大量相关参考文献，所有引用均在书中注明了
出处，在此一并表示感谢。限于学识、时间和精力，本书可能会有遗漏和
浅尝辄止之处，文责自负，书中如有观点不妥当或不正确之处，恳请各位
读者、学界同人批评指正，以便再版时予以修订。

　　知识产权出版社编辑刘江博士为本书的顺利出版付出了辛勤的汗水，
谨在此致以诚挚谢意。

孙玉荣
2024 年 11 月于北京

目　　录

第一章　总　　论 ……………………………………………… 1

第一节　知识产权概述 ………………………………………… 1

一、知识产权的概念 ………………………………………… 1

二、知识产权的性质和特征 ………………………………… 3

三、知识产权与技术创新的关系 …………………………… 6

四、知识产权强国建设与新质生产力发展 ………………… 7

第二节　知识产权法概述 …………………………………… 10

一、知识产权法在我国法律体系中的地位 ……………… 10

二、知识产权法的调整对象 ……………………………… 12

三、知识产权法的法律渊源 ……………………………… 13

四、知识产权侵权的法律责任 …………………………… 15

第三节　知识产权的国际保护 ……………………………… 20

一、概　　述 ……………………………………………… 20

二、《保护工业产权巴黎公约》 …………………………… 21

三、《保护文学艺术作品伯尔尼公约》 …………………… 22

四、《世界版权公约》 ……………………………………… 25

五、《保护表演者、录音制品制作者和广播组织的国际公约》 …… 27

六、《视听表演北京条约》 ………………………………… 29

七、《与贸易有关的知识产权协议》 ……………………… 33

八、《商标国际注册马德里协定》 ………………………… 39

九、《专利合作条约》 ……………………………………… 41

第二章　智能时代二次创作的著作权保护与限制研究 ……… 44

　第一节　绪　　论 ………………………………………… 44

　第二节　我国二次创作著作权保护与限制的现状及现实矛盾 …… 46

　　一、互联网环境下二次创作的主要类型 ………………… 46

　　二、我国二次创作的著作权法保护检视 ………………… 48

　　三、原作者对二次创作的限制 …………………………… 49

　　四、目前二次创作著作权保护与限制存在的现实矛盾与困境 … 53

　第三节　域外考察与经验借鉴 …………………………… 56

　　一、美　　国 ……………………………………………… 56

　　二、日　　本 ……………………………………………… 57

　　三、德　　国 ……………………………………………… 58

　第四节　智能时代二次创作著作权保护与限制之困境解决的

　　　　　几点建议 ………………………………………… 59

　　一、优化互联网环境下的二次创作授权许可模式 ……… 59

　　二、以"三步检验法＋转换性使用"判定互联网二次创作的

　　　　合理使用 ……………………………………………… 61

　　三、明确未经许可的二次创作的消极保护 ……………… 62

　结　　语 …………………………………………………… 64

第三章　音乐编曲的著作权问题研究 …………………………… 66

　第一节　引　　言 ………………………………………… 66

　第二节　音乐编曲的概念与分类 ………………………… 67

　　一、音乐编曲的概念 ……………………………………… 67

　　二、我国音乐编曲的分类 ………………………………… 68

　第三节　音乐编曲著作权法保护现状与困境 …………… 71

　　一、音乐编曲著作权法保护现状 ………………………… 71

　　二、音乐编曲著作权法保护困境 ………………………… 74

　　三、音乐编曲著作权法保护困境成因 …………………… 77

　第四节　音乐编曲的作品属性认定 ……………………… 80

　　一、音乐编曲是否具有独创性 …………………………… 81

　　二、乐曲各要素的独创性判断 ·········· 84

　　三、确认编曲独创性表达的具体方法 ········ 86

　第五节　音乐编曲著作权法保护模式与选择 ······· 96

　　一、多种编曲保护模式的可行性评价 ········ 96

　　二、分类讨论编曲性质并进行保护 ········· 98

　结　　语 ····················· 101

第四章　体育赛事直播画面著作权保护探究 ········ 103

　第一节　体育赛事直播画面概述 ··········· 103

　　一、体育赛事直播画面的定义与相关概念辨析 ···· 103

　　二、现代体育赛事直播画面的制作概述 ······· 105

　第二节　体育赛事直播画面的可版权性分析 ······· 109

　　一、体育赛事直播画面的独创性分析 ········ 109

　　二、体育赛事直播画面可构成视听作品 ······· 113

　　三、广播组织权对体育赛事直播画面保护的不足 ··· 115

　第三节　我国体育赛事直播画面的著作权司法保护现状 ·· 116

　　一、我国体育赛事直播画面的著作权司法保护模式 ·· 116

　　二、我国体育赛事直播画面的著作权司法保护的现存问题 ··· 122

　第四节　完善我国体育赛事直播画面的著作权司法保护的建议 ··· 125

　　一、法院及时发布诉前禁令裁定 ·········· 126

　　二、以著作权法保护为主，慎用反不正当竞争法 ··· 128

　　三、发布指导性案例提供参考 ··········· 129

　结　　语 ····················· 130

第五章　人工智能数据训练合理使用问题探究 ······ 131

　第一节　引　　言 ················· 131

　第二节　人工智能数据训练面临的合理使用困境 ····· 134

　　一、数据训练存在的著作权侵权风险 ········ 134

　　二、数据训练对合理使用制度的挑战 ········ 138

　第三节　人工智能数据训练纳入合理使用范围的必要性分析 ··· 141

　　一、借助"三步检验法"分析人工智能数据训练 ···· 141

二、我国著作权合理使用制度立法僵化 ……………………… 142

三、许可模式的局限性 …………………………………… 144

四、促进人工智能技术进步、产业发展的必然要求 ……… 145

第四节 生成式人工智能合理使用制度的域外考察 ……… 146

一、美　　国 ……………………………………………… 146

二、欧　　盟 ……………………………………………… 148

三、英　　国 ……………………………………………… 150

四、日　　本 ……………………………………………… 151

五、对我国的启示 ………………………………………… 151

第五节 构建我国人工智能数据训练合理使用制度的建议 … 153

一、增设人工智能数据训练的合理使用类型 …………… 153

二、引入"转换性使用"划定生成式人工智能的合理使用边界 … 155

三、采取开放式立法模式 ………………………………… 158

结　　语 ……………………………………………………… 159

第六章　网络游戏规则著作权保护探究 ……………………… 161

第一节 网络游戏规则的概念与分类 ……………………… 161

一、网络游戏规则的概念 ………………………………… 161

二、网络游戏规则的分类 ………………………………… 162

三、网络游戏规则与相关概念的厘清 …………………… 164

第二节 网络游戏规则的法律属性认定 …………………… 167

一、区分网络游戏规则中的思想与表达 ………………… 167

二、网络游戏规则的作品属性判断 ……………………… 173

三、作品类型法定不构成网络游戏规则的可版权障碍 … 176

第三节 网络游戏规则著作权保护模式评析 ……………… 179

一、拆分保护模式评析 …………………………………… 179

二、整体保护模式评析 …………………………………… 184

第四节 网络游戏规则的著作权侵权判定方法 …………… 188

一、"接触"要件的认定 ………………………………… 188

二、"实质性相似"要件的认定 ………………………… 189

结　　语 ·· 195

第七章　NFT 交易平台著作权侵权责任研究 ········· 197

第一节　NFT 交易平台概述 ························· 197

一、NFT 技术的概念与特征 ···················· 197

二、NFT 数字作品铸造交易的法律属性 ·········· 199

三、NFT 交易平台的法律性质 ·················· 200

第二节　NFT 交易平台可能涉及的著作权侵权行为 ····· 202

一、侵犯复制权 ······························· 202

二、侵犯信息网络传播权 ······················ 203

第三节　NFT 交易平台承担著作权侵权责任的法律基础 ··· 207

一、NFT 数字作品受著作权法保护 ·············· 208

二、NFT 交易平台侵犯著作权的认定 ············ 211

第四节　我国 NFT 交易平台著作权侵权责任的完善路径 ··· 218

一、完善著作权间接侵权的立法体系 ············· 218

二、NFT 交易平台著作权审查义务的完善建议 ····· 219

三、平衡 NFT 交易平台自治与著作权保护的关系 ··· 221

结　　语 ·· 222

第八章　商标恶意注册行为的法律规制研究 ········· 223

第一节　商标恶意注册行为概述 ·················· 223

一、商标恶意注册行为的概念和特征 ············· 223

二、商标恶意注册行为的类型 ·················· 224

三、规制商标恶意注册行为的理论基础 ··········· 228

第二节　我国规制商标恶意注册行为的现状与困境 ····· 230

一、我国规制商标恶意注册行为的立法现状 ········ 230

二、我国规制商标恶意注册行为的困境 ··········· 232

第三节　对我国规制商标恶意注册的完善建议及合理路径探究 ····· 233

一、域外对商标恶意注册的法律规制及启示 ········ 233

二、对我国规制商标恶意注册行为的完善建议 ······· 235

三、从不同角度探究我国规制商标恶意注册的路径 ····· 242

结　　语 ……………………………………………………… 246

第九章　商标行政案件中暂缓审理制度适用研究 ………… 248

第一节　引　　言 …………………………………………… 248

第二节　商标行政案件中暂缓审理制度的适用困境 ……… 250

一、基于效率价值追求下的暂缓审理制度适用缺失 ……… 250

二、商标申请策略变化导致的暂缓审理制度适用困境加剧 … 252

三、司法程序中情势变更原则的适用限制暂缓审理制度
功能的发挥 ……………………………………………… 253

第三节　商标行政案件中暂缓审理制度适用的必要性分析 … 255

一、暂缓审理制度的合理适用可以有效减少行政司法
资源的浪费 ……………………………………………… 255

二、暂缓审理制度的合理适用有利于清理闲置商标 ……… 256

第四节　商标行政案件暂缓审理制度适用问题的优化对策 … 257

一、从立法层面破除暂缓审理制度适用困境 …………… 258

二、运用审查意见书把握暂缓审理制度适用时机 ……… 259

三、转变行政及司法审查思路助力暂缓审理制度合理适用 …… 260

结　　语 ……………………………………………………… 261

第十章　标准必要专利禁令救济研究 ……………………… 262

第一节　概　　述 …………………………………………… 262

一、禁令救济的概念 ……………………………………… 262

二、标准必要专利禁令救济定性之争 …………………… 264

三、标准必要专利禁令救济适用之争 …………………… 264

第二节　标准必要专利禁令救济存在的问题 ……………… 268

一、现行法律规定不足 …………………………………… 268

二、FRAND 承诺与禁令的竞合 ………………………… 270

三、禁令标准宽严尺度难把握 …………………………… 272

四、面临国际层面的挑战 ………………………………… 273

第三节　标准必要专利禁令救济的域外经验 ……………… 274

一、标准必要专利禁令救济的欧盟经验 ………………… 274

二、标准必要专利禁令救济的美国经验 ……………………… 278

三、标准必要专利禁令救济的英国经验 ……………………… 283

四、标准必要专利禁令救济的日本经验 ……………………… 284

第四节　我国标准必要专利禁令救济的完善建议 ………………… 287

一、现有立法完善建议 ……………………………………… 287

二、执法层面完善建议 ……………………………………… 292

三、司法层面完善建议 ……………………………………… 295

四、参与制定 SEP 国际规则 ……………………………… 298

结　　语 ……………………………………………………………… 299

主要参考文献 ………………………………………………………… 301

第一章 总 论

第一节 知识产权概述

一、知识产权的概念

"知识产权"（Intellectual Property）这一概念在我国的形成及相关学术研究的具体实践最开始都是在法学领域内开展的。关于这一术语的起源，我国学者的观点不一。郑成思先生认为它起源于 18 世纪的德国。❶ 吴汉东教授则认为"知识产权"起源于 17 世纪中叶法国学者卡普佐夫的著作，后来被比利时法学家皮卡弟所发展。❷ 刘银良教授认为它起源于 19 世纪的欧洲：1846 年，法国人阿尔弗雷德·尼翁（Alfred Nion）在其出版的《作家、艺术家和发明家的民事权利》一书中使用了"propriété intellectuelle"。❸ 在过去相当长的一段时间，我国法学界曾采用"智力成果权"的说法，直到 1986 年《中华人民共和国民法通则》（以下简称《民法通则》）的颁布，才使得"知识产权"这一称谓变得通用起来，成为约定俗成的正式概念。时至今日，知识产权这一概念的内涵和外延已经被逐步拓展，不再局限于法学领域，此乃社会发展之必然。我国台湾地区至今仍然采用"智慧

---

❶ 郑成思. 知识产权论［M］. 北京：社会科学文献出版社，2007：1.
❷ 吴汉东. 知识产权法学［M］. 8 版. 北京：北京大学出版社，2022：3.
❸ 刘银良. 知识产权法［M］. 北京：高等教育出版社，2010：5.

财产权"的说法。❶ 知识产权是指人们对自己的智力劳动成果、经营标记、商誉和其他特定相关客体等依法享有的一种专有权利。

1967 年《建立世界知识产权组织公约》第 2 条对知识产权下定义时采取了列举的方式，即知识产权应该包括下列几项权利：（1）与文学、艺术及科学作品有关的权利；（2）与表演艺术家的表演活动、与录音制品及广播有关的权利；（3）与人类创造性活动的一切领域的发明有关的权利；（4）与科学发现有关的权利；（5）与工业品外观设计有关的权利；（6）与商品商标、服务商标、商号及其他商业标记有关的权利；（7）与防止不正当竞争有关的权利；（8）一切其他来自工业、科学及文学艺术领域的智力创作活动所产生的权利。《与贸易有关的知识产权协议》（TRIPs 协议）也采取列举的方式将知识产权规定为著作权与邻接权、商标权、地理标记权、外观设计权、专利权、集成电路布图设计权、商业秘密权。由此可见，相关国际公约都是从划定范围的角度来对知识产权下定义的。世界上多数国家的立法和法学著述也大多如此，即关于知识产权的定义采取的是列举主义。我国学者则大多采用概括法，且至今无法确定"知识产权"这个概念的定义到底有多少种。郑成思先生学术生涯的二十多年间，在不同的研究阶段对"知识产权"这一概念作过不同的解释。郑成思先生在 1993 年出版的《知识产权法教程》中，对"知识产权"的定义为"人们对其创造性的智力成果所依法享有的专有权利"。在 1998 年出版的《知识产权论》中，他用大量篇幅论述了"知识产权"的财产属性及其在财产权概念下的具体地位，但并没有对"知识产权"给出具体定义。2004 年，他重新用概括性语言对"知识产权"这一概念进行界定，即"知识产权是一种私权，指对特定智力创造成果所依法享有的专有权利，或者说是以特定智力创造成果为客体的排他权、对世权"。❷ 吴汉东教授主编的《知识产权法学》将"知识产权"定义为"人们对于自己的智力活动创造的成果和经营管理活动中的标记、信誉所依法享有的专有权利"。❸ 刘春田教授则认为，

---

❶ 本书认为，Intellectual Property 译为"智力成果权"更为准确。

❷ 郑成思，朱谢群. 信息与知识产权的基本概念 [J]. 科技与法律，2004（2）.

❸ 吴汉东. 知识产权法学 [M]. 8 版. 北京：北京大学出版社，2022：4.

"知识产权是基于创造成果和工商业标记依法产生的权利的统称"❶。王迁教授指出，知识产权是人们依法对自己的特定智力成果、商誉和其他特定相关客体享有的权利。❷ 他认为，用概括法给"知识产权"下定义虽然比较容易被接受，但实际概括起来非常困难。以列举客体的方式对知识产权下定义虽然比较烦琐，却是较为实际可行的方法。❸ 孙国瑞教授则提出，使用概括式加列举式，避免了概括式定义的弊端，是一种比较稳妥的方法。❹

二、知识产权的性质和特征

（一） 知识产权的性质

作为一项民事权利，知识产权是一种私权，这是毋庸置疑的。TRIPs协议"序言"中明确界定"知识产权是私权"❺。实际上，这句表述不过是对既有事实的一个确认。❻ 在西欧，版权、专利权和商标权从一开始就是作为一种个人财产权而受到保护的。虽然知识产权的创造、管理、运用和保护等环节都与公权力有密切关系，使得知识产权成为公私利益平衡的产物，但不能因此认定知识产权兼具公权和私权的性质。从法律体系上来看，民法是私法的基本形式之一，而知识产权法作为民法的一个组成部分，自然属于私法范畴。虽然知识产权法中也有一些行政法律规范，但公法与私法的分类本是就一部法律的整体性而言的，因而具有相对性，公法中可能含有私法的成分，反之亦然。因此，尽管知识产权法中包含不少行政法律规范，但并不能就此改变知识产权的私权性质。

---

❶ 刘春田. 知识产权法 [M]. 6 版. 北京：中国人民大学出版社，2022：6.
❷ 王迁. 知识产权法教程 [M]. 7 版. 北京：中国人民大学出版社，2021：3.
❸ 王迁. 知识产权法教程 [M]. 2 版. 北京：中国人民大学出版社，2009：5.
❹ 孙国瑞. 知识产权法学 [M]. 北京：知识产权出版社，2012：2.
❺ Agreement on Trade – related Aspects of Intellectual Property Rights：Recognizing that intellectual property rights are private rights [EB/OL]. (2015 – 12 – 15) [2023 – 09 – 19]. http：//www. wto. org/english/res_e/booksp_e/analytic_index_e/trips_01_e. htm.
❻ 闫文军，唐素琴. 知识产权教程 [M]. 北京：科学出版社，2015：8.

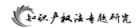

（二） 知识产权的特征

与知识产权的概念一样，关于知识产权的特征，目前我国学界依然是众说纷纭，没有达成统一的意见。尽管如此，无形性、专有性、地域性和时间性作为知识产权的特性，还是在学术界得到了一定的认同。❶

1. 无形性

我国多数教科书在总结知识产权特征时，都将知识产权客体的非物质性等同于"无形性"，吴汉东教授认为，将知识产权的本质特征概括为"无形性"，有背离民法基本原理之处。❷ 知识产权的客体是智力活动成果，是人们的创造力和想象力的结晶，其本身是无形的。我们一定要将智力成果区别于表现（再现）智力活动的有形物质载体。吴汉东教授认为，知识产权客体的非物质性是知识产权的本质特征，也是其区别于有形财产权的根本标志。❸ 而专有性、地域性和时间性作为知识产权的基本特征，也是由知识产权的本质特征所决定的。当然，知识产权的基本特征也并非都是知识产权所独有的，而是与其他财产权，特别是财产所有权相比较而言的。

2. 专有性

知识产权的内容核心是对智力成果的专有权和支配权。人们的智力活动一旦以某种外在形式表现出来，便具有了被扩散、被复制以及失控的可能性；而这种情况的发生必然会危害智力成果创造者或其他合法所有者的利益。在知识产权法律制度的保护下，权利人则享有对其无形智力劳动的实质性的控制权或专有权，但不是对有形载体的事实上的控制或所有。专有性是把知识产权和公有领域的人类智力成果区分开来的一个重要特点。知识产权的专有性主要表现在以下两个方面：首先，对同一项智力成果不能有两个或两个以上同一属性的知识产权并存。其次，知识产权为权利人所独占，权利人垄断这种专有权利并受到法律的严格

❶ 李明德. 知识产权法 [M]. 北京：社会科学文献出版社，2007：43.
❷ 吴汉东. 知识产权法 [M]. 4 版. 北京：法律出版社，2011：11.
❸ 吴汉东. 知识产权法学 [M]. 8 版. 北京：北京大学出版社，2022：9.

保护，非依法律规定或未经权利人许可，任何人不得使用为权利人所垄断的智力成果。

3. 地域性

知识产权作为一种专有权在空间上的效力并不是无限的，而要受到地域的限制。区别于有形财产权，知识产权具有严格的地域性。按照一国法律获得承认和保护的知识产权，只能在该国领域内发生法律效力。除非签有国际公约或双边互惠协定，否则知识产权没有域外效力，其他国家对这种权利没有保护的义务，任何人均可在自己的国家内自由使用该智力成果，而无须取得权利人的同意，也不必向权利人支付任何报酬。

4. 时间性

知识产权的时间性是指，知识产权仅在法律规定的期限内受到保护，一旦法律规定的有效期限届满，这一权利就自行终止或消灭，相关知识产品即成为整个社会的共同财富，可以由社会公众自由地使用。知识产权在时间上的有限性，是各国为促进科学文化发展、鼓励智力成果公开，并借此协调知识产权专有性与知识产品社会性之间的矛盾而普遍采取的法律手段。

与传统知识产权相比较而言，网络环境下知识产权的无形性特点更加突出，而地域性特征有所淡化。

传统知识产权客体的无形性并不妨碍其被固定在有形的载体上，即与一定的物质载体相结合。但是在网络环境下，智力成果是以字节流的形式存在的，以讯号的形式进行传播，网络的虚拟性使得知识产权客体的无形性特点更为突出，并且对知识产权权利客体的复制和传播都呈现出便捷和低成本的特点。在网络环境下，数字化作品的极易复制性得到进一步强化，从而使网络环境下知识产权的保护变得更为复杂和艰难。

网络的全球化给传统知识产权的地域性特征带来了挑战。对传统知识产权而言，地域性是指知识产权在空间上的效力受到地域的限制，即权利主体所拥有的知识产权只在本国境内有效。但是在信息网络环境中，互联网的无国界性导致大量发生在互联网上的知识产权侵权案件是跨国界的，这给确认网络侵权主体及确定侵权行为发生地带来困难，同时也给知识产权执法和监管及产生纠纷后的举证等带来诸多难题。

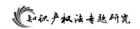

三、知识产权与技术创新的关系

关于技术创新的含义，从科技与经济、宏观与微观、国际与国内等不同领域和角度，有许多解释，并且是在发展和变化着的。归纳技术创新的基本特征在于：（1）技术创新是以技术研究与开发为基础，科技研发的水平直接制约着技术创新的程度与规模；（2）技术创新是将技术研发所形成的具有竞争力的商品和服务推向市场的一系列活动，市场和商业效益是评价和检验技术创新质量的最终标准；（3）技术创新是技术与经济紧密结合，相互转化的系统工程，并非单纯的、独立的科学研究和技术进步过程，还涉及市场实现、组织管理、国家调控等范畴，是科技促进社会经济发展的重要途径。

知识产权制度作为对创造性智力成果的激励和保护机制，促进和保护创新是其基本宗旨和目标。创新是引领发展的第一动力，保护知识产权就是保护创新。作为重要的经济资源，技术创新成果如若想要实现最优化配置，则势必离不开良好的法治环境。知识产权法律制度既是实施创新驱动发展战略的协调和保障机制，又为数字经济的创新成果及其产业化提供了强有力的保护。

知识产权战略与技术创新具有十分密切的联系。知识产权战略贯穿技术创新的全过程，创新成果的构思、技术方案设计、创新成果的产权化和产品化、创新成果的市场化以及对创新成果的保护等，都是知识产权战略运行的环节和内容，两者之间是一种良性互动的关系。知识产权战略实施对于技术创新具有极大的推动作用，技术创新则是知识产权战略实施的重要目标。技术创新不仅是实施企业知识产权战略转换策略的动力源，它本身也促进了企业知识产权战略转换态势的发展，随着技术创新能力的提高，企业创新的方式和实施知识产权战略的层次也将不断提高。因此，企业在技术创新中应以知识产权战略作为指引，在技术创新战略下实施知识产权战略，将技术创新过程演变为企业知识产权战略实施的过程。

知识产权战略是遵守并利用法律制度的框架，获得和保持竞争力的手段。从战略层面上，可以将其划分为国家知识产权战略、地方知识产权战略、产业知识产权战略和企业知识产权战略等。企业知识产权战略的本质是企业运用知识产权及其制度的特点去寻求市场竞争有利地位的总体性谋划和采取的一系列策略与手段，其基本含义是指企业特别是高新技术企业，根据自身条件、技术环境和竞争势态，把运用知识产权作为在创新和经营活动中重要的甚至是主要的方针和手段，对技术创新知识产权的获得、利用、管理和保护等进行整体性筹划和采取相应措施，以达到保持和提高竞争优势的总目标。企业知识产权战略是系统工程，是集法律、科技、经济于一体的综合战略，它是企业经营发展战略体系的组成部分，其定位应当与企业的其他战略相关联，其实施也有赖于其他战略的配合与制约。例如商标战略就与市场营销战略、广告战略、企业形象战略等紧密相连。企业知识产权战略又是依法治企战略的核心部分，知识产权法律制度是其制定和实施的依托与保障，企业通过知识产权战略，促进其他方面的规范化、法制化建设。企业对知识产权法律资源所提供的行为框架和保障机制的运用，也就是企业知识产权战略的形成和实现过程。知识产权可以帮助企业获得与维持市场竞争优势，这是企业实施知识产权战略的根本原因。

四、知识产权强国建设与新质生产力发展

（一）知识产权强国建设战略

随着国际经济技术交流与合作的加强，知识产品和技术密集型产品以及其他高科技产品在国际经济贸易活动中所占的比重越来越大，知识产权在进入 21 世纪后更是成为世界各国激烈竞争的焦点之一，知识产权的数量和质量及受保护程度在作为评价指标的同时，也用于衡量高新技术产业、技术创新水平以及综合国力，并且越来越广泛地、直接地作为发达国家占领国际市场，甚至解决国际争端的"撒手锏"。美国、欧盟和日本等经济技术发达国家和地区纷纷对本国的知识产权战略进行调整，把技术创新中知识产权保护纳入地区和国家战略，知识产权保护的强化趋势已经成为国际主流。面对如此激烈的国际竞争与如此严峻的知识产权竞争形势，我国于 2008 年 6 月发布《国家知识产权战略纲要》。国家知识产权战略是指通过提升国家知识产权创造、运用、保护和管理能力，以促进社会经济技术

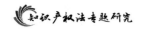

发展的一种总体谋划。为进一步贯彻落实《国家知识产权战略纲要》，全面提升知识产权综合能力，实现创新驱动发展，推动经济提质增效升级，2014 年 12 月印发实施《深入实施国家知识产权战略行动计划（2014—2020 年）》。2016 年 5 月，中共中央、国务院印发《国家创新驱动发展战略纲要》，强调科技创新是提高社会生产力和综合国力的战略支撑，必须摆在国家发展全局的核心位置。2021 年 9 月中共中央、国务院印发的《知识产权强国建设纲要（2021—2035 年）》围绕"建设面向社会主义现代化的知识产权制度""建设支撑国际一流营商环境的知识产权保护体系""建设激励创新发展的知识产权市场运行机制""建设便民利民的知识产权公共服务体系""建设促进知识产权高质量发展的人文社会环境""深度参与全球知识产权治理"六大方面，共部署了 18 项重点任务，提出要加快以大数据、人工智能和基因技术等为代表的新领域、新业态知识产权立法，建立健全新技术、新产业、新模式知识产权保护规则。

2024 年 5 月，国家知识产权局会同中央宣传部、最高人民法院、最高人民检察院、公安部、司法部、国家市场监督管理总局等八部门联合印发《知识产权保护体系建设工程实施方案》，共同加强知识产权保护体系建设，成为新时代推动知识产权保护体系建设的"施工图"，对标 2035 年知识产权强国建设的具体任务，具体细分为七个方面的建设任务和四个方面的保障措施，从知识产权保护全链条、全过程、全要素出发，完善知识产权保护体系，促进科技创新。

数字经济时代，技术创新和应用周期不断缩短，对知识产权保护效率也提出了更高要求。知识产权保护所涉及的数据要素流通、知识产品传播及国际话语体系影响力构建，亟须从技术革新、模式创新角度加强知识产权建设，推动数字内容产业的新模式、新业态，提升内容产业的社会效益和经济效益。作为数字经济的根基，知识产权是推动数字经济高质量发展的新引擎，是实现创新驱动发展的有力保障，更是激励数字经济持续创新的关键因素。我国若要在当前日趋复杂的国际形势下打造具有国际竞争力的数字经济产业，推动数字经济与实体经济相互融通，加速驱动创新，引领创新驱动，势必离不开知识产权的保驾护航。

（二）知识产权促进新质生产力发展

2023 年 9 月，习近平总书记在黑龙江考察时首次提出"新质生产力"这一新的词汇，之后还多次就"发展新质生产力"作出重要论述，提出明确要求。2024 年全国两会，"新质生产力"成为备受关注的热词。促进新质生产力发展，迫切需要深刻认识知识产权制度的产业政策属性。新质生产力是高度强调创新的作用、符合新发展理念的先进生产力质态，知识产权是发展新质生产力的第一要素。新质生产力与知识产权息息相关，作为以科技创新为核心要素的先进生产力质态，新质生产力与知识产权天然契合、紧密关联。知识产权是催生新质生产力发展的内在要求和重要着力点，在新质生产力发展阶段，知识产权已经成为具有催化剂与杠杆作用的新型生产要素。同时新质生产力也对数字经济时代的知识产权制度提出了全新的更高要求。发展新质生产力，一方面要注重本土资源开发与知识产权保护，另一方面要将知识产权转化为现实生产力。

在数字经济时代，知识产权与新质生产力已成为推动经济社会发展的两大关键因素，成为创新驱动发展的双翼。知识产权制度对于激发创新活力、促进科技进步具有重要意义。新质生产力是创新起主导作用、符合新发展理念的先进生产力质态，是生产力现代化的具体体现。知识产权与新质生产力之间存在密切的关系，二者相互促进、相互依赖，共同推动经济社会的发展和知识产权强国建设战略的实施。

知识产权法律制度可以激发人们的创新热情，鼓励更多的创新活动。创新是新质生产力的核心驱动力，知识产权制度为创新提供了法律保障和激励机制。知识产权的商业化运用可以促进技术转移和产业转型升级，推动新质生产力的形成和发展。通过知识产权许可、转让等方式，可以将创新成果转化为现实生产力，强化科技创新和产业创新深度融合，积极培育和发展新质生产力。同时，新质生产力的发展对知识产权制度也提出了更高的要求和挑战，推动了知识产权制度的创新和发展。为了更好地保护创新成果和促进技术进步，需要不断完善知识产权法律体系、加强知识产权执法力度、提高知识产权服务质量等。新质生产力的发展反过来也促进了知识产权的商业化运用，推动了知识产权与数字经济的深度融合，实现知

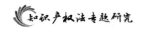

识产权的经济价值和社会价值。

第二节 知识产权法概述

作为一种重要的财产权，知识产权是由法律所确认和保护的权利。知识产权的创造、管理、运用和保护都离不开法律。作为一种法律关系，知识产权通过知识产权法调整权利人与非权利人之间围绕某项智力成果而发生的权利和义务关系。知识产权法作为民法体系的一个重要组成部分，自然具有法的一般本质特征，即强制性、规范性、普遍性、稳定性。但与民法体系的其他成员相比较，知识产权法虽属于私法，但其强行性规范特征较为明显。

一、知识产权法在我国法律体系中的地位

法律体系是一个国家现行国内法构成的体系，它反映一个国家法律的现实状况，必须与该国的经济文化状况相适应，必须符合法律自身的发展规律，具有客观性。同时法律体系的形成又是一国的立法机关和法学工作者对现行法律规范进行科学抽象和分类的结果，具有主观性。法律体系可以划分为不同的相对独立的部分，这就是法律部门，即部门法。

知识产权法在我国法律体系中的地位如何？回答此问题的关键是搞清楚知识产权法到底是不是一个独立的法律部门。在我国，知识产权法律制度是否应成为一个独立的法律部门？对此，学者观点不一。赞成者认为，知识产权法因其特殊性，不能完全适用民法的基本原则，故应从民法中独立出来。更多学者认为，知识产权法虽有其特殊性，但仍属于民法范畴。知识产权法的调整对象是平等主体因创造或使用智力成果而产生的财产关系和人身关系，其调整手段和适用原则主要是民法的手段和原则。❶ 此乃通说，本书亦采之。

知识产权是一项民事权利，知识产权法当然属于民法体系的一个组成

---

❶ 吴汉东. 知识产权法学 [M]. 8 版. 北京：北京大学出版社，2022：31.

部分，这不仅是学界多数人的观点❶，还体现在我国的民事立法中。早在《民法通则》（已废止）第 5 章就专设"知识产权"一节。其后的《中华人民共和国侵权责任法》（以下简称《侵权责任法》）第 2 条第 2 款将著作权、专利权、商标专用权、发现权作为民事权益加以规定，使得知识产权作为侵权行为的客体，成为侵权责任法保护的对象。由此可见，我国民事立法早已将知识产权划归民事权利的序列。2020 年 5 月 28 日第十三届全国人民代表大会第二次会议审议通过的《中华人民共和国民法典》（以下简称《民法典》）在"总则编"第五章"民事权利"第 123 条规定"民事主体依法享有知识产权"，并对知识产权具体包括哪些具体权利进行列举规定。

关于我国民法典是否要设置知识产权编这一焦点问题，自 2002 年民法典草案编撰就备受学者争议。2002 年 1 月 11 日召开的全国人大法工委工作会上，确定由郑成思主持起草我国民法典中的知识产权篇。郑成思教授在当年发表的一篇文章中这样写道："我确实感到这是一个难题。因为世界上除了意大利不成功的经验之外，现有的稍有影响的民法典，均没有把知识产权纳入。"❷诚如郑成思所言：1996 年，世界知识产权组织主持的华盛顿会议上，各国与会专家在"知识产权不纳入民法典"这一点上，已经达成共识。如今我们要突破这一共识，在理论上及立法技术上均可能有一些风险。❸1994 年《俄罗斯民法典》在前三编生效多年之后，于 2006 年专编规定了"智力活动成果和个性化标识权"。该编在 2008 年生效的同时，包括《著作权与邻接权法》《专利法》《商标、服务标记和原产地名称法》等在内的 6 部法律被宣布废止，该国知识产权界对此的争议却没有停止。在我国，以吴汉东教授为代表的一些学者主张在民法典中设"知识产权编"❹，但遗憾的是这一观点在最终出台的《民法典》中没有被采纳。

---

❶ 刘春田教授认为，知识产权法是民法不可分割的一部分。参见：刘春田. 知识产权作为第一财产权利是民法学上的一个发现 [J]. 知识产权，2015（10）：6.

❷ 郑成思. 民法典知识产权篇 第一章论述 [J]. 科技与法律，2002（2）.

❸ 郑成思. 民法典知识产权篇 第一章论述 [J]. 科技与法律，2002（2）.

❹ 吴汉东. 知识产权"入典"与民法典"财产权总则"[J]. 法制与社会发展，2015（4）.

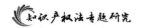

二、知识产权法的调整对象

知识产权法的调整对象是平等主体因创造或使用知识产品而产生的财产关系和人身关系，这些知识产品表现为创造性智力成果、商业标志和其他具有商业价值的信息。除客体的特殊性外，知识产权法所调整的社会关系还具有当事人法律地位平等、以财产关系和人身关系为内容等特点。

知识产权法律关系的主体，即参加知识产权法律关系，享有权利、承担义务的人。这里的"人"，不仅指自然人，还包括法人和非法人组织，其法律地位是平等的。知识产权法律关系主体的权益平等地受到法律的保护。知识产权的权利主体具体包括商标权人、著作权人、专利权人等。根据权利的取得方式不同，还可以将知识产权的权利主体划分为原始主体和继受主体。原始主体是通过自己的创造性活动而取得知识产权的人，继受主体是通过转让、继承等方式取得知识产权的人。

知识产权法律关系的客体是指知识产权法律关系主体享有的权利和承担的义务所指向的对象，即创造性智力成果、商业标志和其他具有商业价值的信息。知识产权的客体具有非物质性和可复制性等特征。知识产权客体与其载体具有可分离性。换句话说，知识产权的客体一般可由一定的有形物去复制。知识产权作为一种财产权，就是因为这些权利被利用后，能够体现在一定的产品、作品或其他物品的复制活动上。例如，作者的思想如果不体现在可复制的手稿、石头或录音上，就不成为一种财产权。❶ 但是，著作权的客体并不是承载着作品的手稿、石头或录音，而是作品。无论最初的书稿、雕刻或录音制品被复制了多少份，作品始终只有一个。

知识产权法律关系的内容是指知识产权法律关系的主体享有的相应权利和承担的相应义务。知识产权法所调整的社会关系主要是财产关系，但也有部分人身关系，如著作权中作者所享有的发表权、署名权和修改权，即作者的精神权利，是作者就作品中所体现的人格或精神所享有的权利。这些人身利益与财产权利具有密切的联系。多数情况下，对人身关系的调整，既是为了保护权利主体的人身权益，也是为了更好地保护其财产权益。

---

❶ 郑成思. 知识产权论 [M]. 北京：社会科学文献出版社，2007：64.

三、知识产权法的法律渊源

法律渊源，即法律规范的表现形式，也称法源。知识产权法的法律渊源，指的是知识产权法律规范的表现形式。了解知识产权法的法律渊源是相当必要的：一是只有表现为法律渊源的知识产权法律规范才具有法律效力；二是具有不同法律渊源的知识产权法律规范具有不同的法律效力。我国知识产权法的法律渊源主要包括以下几项。

（一）宪 法

宪法是国家的根本法，是一切立法的依据和出发点，是知识产权法基本的法律渊源。如《中华人民共和国著作权法》（以下简称《著作权法》）第 1 条规定："为保护文学、艺术和科学作品作者的著作权，以及与著作权有关的权益，鼓励有益于社会主义精神文明、物质文明建设的作品的创作和传播，促进社会主义文化和科学事业的发展与繁荣，根据宪法制定本法。"

（二）有关知识产权的法律或包含知识产权的法律

法律有广义、狭义两种理解。广义上讲，法律泛指一切规范性文件；狭义上的法律，仅指全国人大及其常委会制定的规范性文件。这里采用的是狭义的概念。在我国知识产权法的渊源中，知识产权法律的地位和效力仅次于宪法。目前，我国比较重要的知识产权法律有：《中华人民共和国商标法》（1982 年 8 月 23 日第五届全国人民代表大会常务委员会第二十四次会议通过，1993 年、2001 年、2013 年三次修正，2019 年第四次修正，以下简称《商标法》）、1984 年 3 月 12 日由第六届全国人民代表大会常务委员会第四次会议通过并于 1992 年、2000 年、2008 年经全国人民代表大会常务委员会三次修正、2020 年第四次修正的《中华人民共和国专利法》（以下简称《专利法》）、《著作权法》（1990 年 9 月 7 日第七届全国人民代表大会常务委员会第十五次会议通过，1992 年第一次修正、2010 年第二次修正、2020 年第三次修正）以及《民法典》第一编"总则"第五章关于"知识产权客体的规定"等。

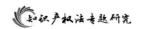

（三）国务院及其所属部委依据法律、行政法规所制定的规范性文件

国务院作为国家最高行政机关，它可以根据宪法、法律和全国人民代表大会常务委员会的授权，制定、批准和发布法规、决议和命令。由国务院制定的法律文件，称为行政法规，这些规范中有关知识产权方面的规定在我国的知识产权法实践中起到了非常重要的作用，是知识产权法的重要表现形式，其地位和效力仅次于宪法和知识产权法律。如《中华人民共和国商标法实施条例》《中华人民共和国植物新品种保护条例》《中华人民共和国著作权法实施条例》《计算机软件保护条例》《出版管理条例》《中华人民共和国知识产权海关保护条例》《中华人民共和国专利法实施细则》等。

国务院各部委依据知识产权法律、行政法规所制定的规范性文件称为行政规章。规章虽不属于立法，但在司法审判活动中是裁判的重要参考。

（四）地方性法规

地方各级人民代表大会、地方各级人民政府、民族自治区的自治机关在宪法、法律规定的权限内所制定、发布的决议、命令、地方性法规、自治条例、单行条例中有关知识产权的法律规范，也是知识产权法的重要渊源。如《上海市知识产权保护条例》（2021 年 3 月 1 日起施行）、《北京市知识产权保护条例》（2022 年 7 月 1 日实施）、《广东省知识产权保护条例》（2022 年 5 月 1 日实施）、《陕西省专利条例》（2012 年 10 月 1 日生效）、《甘肃省专利条例》（2012 年 8 月 1 日起施行）、《四川省专利保护条例》（2012 年 5 月 1 日起施行）、《昆明市知识产权促进与保护条例》（2014 年 10 月 1 日实施）等。

（五）最高人民法院的指导性文件

最高人民法院是我国的最高审判机关，依法享有监督地方各级人民法院和各专门人民法院的审判工作的职权。为了在审判工作中正确贯彻执行法律，它可以在总结审判实践经验的基础上发布司法解释性文件，包括发布在审判工作中适用某个法律的具体意见以及对具体案件如何适用法律作出批复。如《最高人民法院关于审理专利授权确权行政案件适用法律若干问题的规定》《最高人民法院关于加强著作权和与著作权有关的权利保护的意见》《最高人民法院关于依法加大知识产权侵权行为惩治力度的意见》《最高人民法院关于知识产权民事诉讼证据的若干规定》《最高人民法院关于审理侵害知识产权民事案件适用惩罚性赔偿的解释》等。

（六）国际条约、国际惯例

国际条约是指我国作为国际法主体同外国缔结的双边、多边协议和其他具有条约、协定性质的文件。条约生效后，根据"条约必须遵守"的国际惯例，对缔约国的国家机关、团体和公民就具有法律上的约束力，因而也是知识产权法的重要渊源之一。如我国参加的《保护工业产权巴黎公约》《专利合作条约》《保护文学艺术作品伯尔尼公约》《商标国际注册马德里协定》《世界版权公约》等。

国际惯例是指以国际法院等各种国际裁决机构判例所体现或确认的国际法规则和国际交往中形成的共同遵守的不成文的习惯，是国际条约的补充。

四、知识产权侵权的法律责任

在理论上知识产权侵权有直接侵权和间接侵权之分。数字经济时代，知识产品的传播途径发生很大变化。数字技术的飞速发展促使数字经济新业态出现的同时，知识产权保护的新客体也不断涌现，侵害知识产权的行为越来越隐蔽，难以被发现，这些都是数字经济给知识产权制度带来的新挑战。

（一）知识产权侵权的归责原则

归责，是指确认和追究侵权行为人的民事责任。归责原则，是指据以确定行为人承担民事责任的根据和标准。关于归责原则的体系，我国学界虽有分歧，但知识产权学术界和司法实务界普遍认为侵害知识产权的赔偿

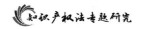

责任应采取二元归责原则。❶

作为一个归责体系，二元归责原则更具有周延性或者说完整性。二元归责说主张归责原则包括过错责任原则和无过错责任原则，从逻辑学上讲，过错责任和无过错责任是一种周延的列举，不存在遗漏的情形。二元说更有利于建立一个逻辑统一的归责原则体系，也符合当代侵权行为法的发展潮流。当今世界归责原则二元化的制度已基本形成，这是不可否认的事实。二元归责原则体系在我国也具有明确的法律依据。我国从《侵权责任法》到《民法典》侵权责任编对此都有明确规定。

（二）知识产权侵权的责任承担

知识产权侵权行为是一种违反知识产权法律规定的不合法行为，侵害人应当依法承担责任，包括民事责任、刑事责任和行政责任。

1. 民事责任

知识产权的民事救济措施主要有停止侵权和损害赔偿，著作权人的人身权利受到侵害时有权请求侵害人消除影响和赔礼道歉。我国《著作权法》第 52 条规定，侵害著作权人的发表权、署名权、修改权、保护作品完整权和其他侵犯著作权以及与著作权有关的权利的行为，应当根据情况，承担停止侵害、消除影响、赔礼道歉、赔偿损失等民事责任。

侵害他人知识产权的侵权人有过错且导致权利人蒙受经济损失时，应进行损害赔偿。我国现行知识产权立法中有关法定赔偿和惩罚性赔偿的规定，采取的是分立模式，即二者并列存在、相互独立，共同承担损害赔偿的功能。❷ 法定赔偿，是指法院在认定知识产权侵权人应承担的赔偿数额时，在缺少证据无法查清侵权人实际损失、侵权人所获利益以及权利许可费的情况下，法官行使自由裁量权在法定限额内判决赔偿数额的方式。惩罚性赔偿作为源起于英美法系的一项集补偿、惩罚、威慑和激励功能于一体的制度，在给予被侵权人充分补偿的前提下，通过责令侵权人承担超过被侵权人实际损害范围的赔偿金额，对恶意侵权人施以严厉制裁的同时，

---

❶ 吴汉东. 知识产权法学 [M]. 8 版. 北京：北京大学出版社，2022：24.
❷ 焦和平. 知识产权惩罚性赔偿与法定赔偿关系的立法选择 [J]. 华东政法大学学报，2020（4）.

起到了鼓励被侵权人积极维权的目的。随着惩罚性赔偿制度的发展和完善，其功能内涵在不断地丰富，适用范围也逐渐拓宽延伸至知识产权领域。

我国知识产权立法中最先引入惩罚性赔偿制度的是 2013 年修改的《商标法》，其在第 63 条规定了侵害商标权的赔偿数额确定方法，并表明对于恶意侵害商标权，且情节严重的，可以通过上述确定数额一倍以上至三倍以下的方式确定赔偿数额。在 2019 年新修《商标法》中对于商标侵权行为惩罚性赔偿的力度加大至一倍以上五倍以下。2019 年修改的《反不正当竞争法》第 17 条也引入了惩罚性赔偿制度。2020 年《著作权法》修正案规定惩罚性赔偿适用于故意侵害著作权及相关权利的情节严重的行为，惩罚数额为一倍以上五倍以下。2020 年第四次修正的《专利法》在第 71 条引入了规制专利侵权行为的惩罚性赔偿制度，针对的是故意侵犯专利权情节严重的行为，在赔偿数额方面同样规定了一倍以上至五倍以下惩罚性赔偿幅度，与著作权法、商标权法上的惩罚性赔偿倍数保持了一致。为实现对知识产权惩罚性赔偿制度的统一规范，提高知识产权惩罚性赔偿制度的立法层级，我国《民法典》对知识产权惩罚性赔偿制度做出了一般性规定。❶ 为增强惩罚性赔偿司法适用的可操作性，2021 年 3 月 3 日起施行的最高人民法院《关于审理侵害知识产权民事案件适用惩罚性赔偿的解释》（法释〔2021〕4 号），对知识产权民事侵权案件中惩罚性赔偿的适用范围、请求内容和时间、故意和情节严重的认定、计算基数和倍数的确定、生效时间等作出了具体规定，明晰了法律适用标准。但在司法实践中，法定赔偿和惩罚性赔偿仍然混淆不清，甚至被交叉适用，法定赔偿成为带有一定惩罚性因素的赔偿方式，这种功能定位不明晰成为阻碍惩罚性赔偿制度发展的障碍之一，因此必须厘清惩罚性赔偿与法定赔偿的界限。

（1）从制度设计层面来看，我国《商标法》规定了单独的惩罚性赔偿条款，法定赔偿仅是在其他计算方式无法实现的情形下的一种替代措施，本质上应遵守补偿性原则。

---

❶ 《中华人民共和国民法典》第 1185 条规定："故意侵害知识产权，情节严重的，被侵权人有权请求相应的惩罚性赔偿。"

（2）从司法实践的角度出发，在法院受案数量井喷、审判人员压力骤增的现状之下，若承认法定赔偿同样具有惩罚性，在相同情形下法院势必更易抛弃审判过程复杂烦琐、判决证成更须充分细致的惩罚性赔偿，而以操作简便、效率更高的法定赔偿加以替代，这不仅无益于从根本上解决当前惩罚性赔偿适用率低的困境，还可能打击当事人的举证积极性，助长法定赔偿的滥用。

（3）对侵权人适用惩罚性赔偿是比判令其承担一般民事责任更加严厉的一种制裁，故该条款应具备较为严苛的前提要求，须谨慎适用。在法定赔偿中，"恶意"和"情节严重"仅是确定赔偿数额可酌情考虑的因素，并非前置的必要条件，将法定赔偿纳入惩罚性赔偿计算基数无疑将不适当地降低惩罚性赔偿适用标准，扩大适用范围。

（4）司法实践中法定赔偿比例畸高带来的问题之一是法院的判赔金额远远低于权利人的索赔金额。判赔数额偏低的情况在一定程度上表明法定赔偿并未充分实现填平损失的功能，更不必说发挥惩罚、警示的法律效用了。

笔者认为，法定赔偿应回归补偿性，作为补偿性赔偿的法定赔偿不应作为惩罚性赔偿的计算基数，因为法定赔偿作为对效果事实的酌定，其证明标准相较于惩罚性赔偿偏低。将法定赔偿排除于基数之外，能够促使权利人为追求更高额赔偿而积极举证，有利于消除权利人消极举证的现状，减轻司法负担。另外，法定赔偿中包含对主观过错及情节程度的评价，在此基础上再施以惩罚性赔偿属于重复评价，对于侵权人有失公平。❶

2. 刑事责任

作为一种私权，知识产权的救济措施在大多数情况下是由权利人对侵权行为人提出民事侵权损害赔偿来进行救济的。当知识产权侵权行为情节严重构成犯罪时，追究刑事责任是对社会公共利益和社会主义市场经济秩序的有力维护和最有强制力的法律保障。我国《刑法》第二编"分则"第

---

❶ 孙玉荣，李贤. 知识产权惩罚性赔偿制度的法律适用与完善建议 [J]. 北京联合大学学报（社科版），2021（1）.

三章"破坏社会主义市场经济秩序罪"设专节规定了"侵犯知识产权罪",共 8 个罪名,分别是:(1)假冒注册商标罪;(2)销售假冒注册商标的商品罪;(3)非法制造、销售非法制造的注册商标标识罪;(4)假冒专利罪;(5)侵犯著作权罪;(6)销售侵权复制品罪;(7)侵犯商业秘密罪;(8)为境外窃取、刺探、收买、非法提供商业秘密罪。

为规范侵犯知识产权犯罪案件办理,统一法律适用标准,加大知识产权刑事司法保护力度,营造良好创新法治环境和营商环境,最高人民法院、最高人民检察院于 2020 年 9 月发布《关于办理侵犯知识产权刑事案件具体应用法律若干问题的解释(三)》(2020 年 8 月 31 日最高人民法院审判委员会第 1811 次会议、2020 年 8 月 21 日最高人民检察院第十三届检察委员会第四十八次会议通过,自 2020 年 9 月 14 日起施行)。

3. 行政责任

世界上绝大多数国家对知识产权保护都只规定了民事责任和刑事责任,行政责任的承担是我国知识产权保护的重要特点。我国《著作权法》第 53 条规定,当著作权侵权行为同时损害公共利益的,由主管著作权的部门责令停止侵权行为,予以警告,没收违法所得,没收、无害化销毁处理侵权复制品以及主要用于制作侵权复制品的材料、工具、设备等,违法经营额 5 万元以上的,可以并处违法经营额 1 倍以上 5 倍以下的罚款;没有违法经营额、违法经营额难以计算或者不足 5 万元的,可以并处 25 万元以下的罚款。根据我国《商标法》的规定,对侵犯注册商标专用权的行为,工商行政管理部门有权依法查处。认定侵权行为成立的,责令立即停止侵权行为,没收、销毁侵权商品和主要用于制造侵权商品、伪造注册商标标识的工具,违法经营额 5 万元以上的,可以处违法经营额 5 倍以下的罚款,没有违法经营额或者违法经营额不足 5 万元的,可以处 25 万元以下的罚款。对五年内实施两次以上商标侵权行为或者有其他严重情节的,应当从重处罚。销售不知道是侵犯注册商标专用权的商品,能证明该商品是自己合法取得并说明提供者的,由市场监督管理部门责令停止销售。

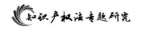

第三节　知识产权的国际保护

一、概　　述

知识产权的国际保护是指以多边国际公约为基本形式，以政府间国际组织为协调机构，通过对各国国内知识产权法律进行协调并使之形成相对统一的国际法律制度。其目的是为各国知识产权立法提供一种基本标准和框架结构，知识产权国际公约或者知识产权双边条约的参加国（地区）或者缔结国（地区），必须履行该国际公约或者条约中所规定的义务，使本国（地区）知识产权法至少达到公约或者条约的"最低要求"，从而在世界范围内对知识产权形成基本的保护标准，使知识产权国际纠纷的解决具有共同的法律依据。

知识产权国际组织包括政府间国际组织和非政府间国际组织，前者的代表有世界知识产权组织、世界贸易组织、联合国教科文组织等。后者主要有国际唱片业协会、国际商标协会、国际作曲者协会联合会等。其中最重要的、处于核心地位的是世界知识产权组织和世界贸易组织。知识产权国际公约的相继签订和世界知识产权组织的成立，为知识产权保护一体化奠定了基础。❶

世界知识产权组织（WIPO）是联合国组织系统中的 16 个专门机构之一，根据 1967 年 7 月 14 日签订的、1970 年 4 月 26 日生效的《建立世界知识产权组织公约》设立而成。我国在 1980 年 3 月正式参加了这一条约，成为世界知识产权组织成员国之一。截至 2024 年 3 月，世界知识产权组织已有 193 个成员国。❷ 它管理着涉及知识产权保护各个方面的 26 项国际条约，如《保护工业产权巴黎公约》《专利合作条约》《商标法条约》《商标国际注册马德里协定》《商标注册条约》《保护原产地名称及国际注册协

---

❶ 杨巧. 知识产权国际保护［M］. 北京：北京大学出版社，2015：1.

❷ 数据来源于世界知识产权组织（WIPO）官网［EB/OL］.（2024 - 03 - 18）［2024 - 03 - 20］. https：//www.wipo.int/members.

定》《制裁商品来源的虚假或欺骗性标志协定》《工业品外观设计国际备案协定》《为商标注册目的而使用的商品与服务的国际分类协定》《工业品外观设计国际分类协定》《专利国际分类协定》《商标图形国际分类协定》《为专利申请程序的微生物备案取得国际承认条约》《保护植物新品种国际公约》《集成电路知识产权条约》《保护文学艺术作品伯尔尼公约》《保护表演者、录音制品制作者与广播组织的国际公约》❶《保护录音制品制作者防止未经许可复制其制品公约》《印刷字体的保护及其国际保护协定》《视听作品国际登记条约》《世界知识产权组织版权条约》《世界知识产权组织表演与录音制品条约》等。WIPO 的主要宗旨是：通过国家间的合作，以及与其他国际组织的协作，促进国际范围对知识产权的保护；保证各种知识产权公约所建立的联盟之间的行政合作。主要任务是协调各国的立法，鼓励各国缔约保护知识产权的新的国际协定，促进世界各国对知识产权的保护，收集、传播有关保护知识产权的情报、信息，从事并促进这方面的研究工作并公布相关研究成果等。WIPO 在知识产权的国际保护中发挥着举足轻重的作用。

二、《保护工业产权巴黎公约》

《保护工业产权巴黎公约》（以下简称《巴黎公约》）1883 年于巴黎缔结，1884 年 7 月正式生效，并于 1900 年、1911 年、1925 年、1934 年、1958 年、1967 年先后 6 次修订。1979 年又作了个别修正。截至 2024 年，《巴黎公约》共有缔约成员 180 个。❷ 我国从 1985 年 3 月 19 日起成为其正式成员。

《巴黎公约》第 1 条明确了工业产权的范围，工业产权的保护对象有专利、实用新型、外观设计、商标、服务标记、厂商名称、货源标记或原产地名称和制止不正当竞争。对工业产权应作最广义的理解，不仅应适用于工业和商业本身，而且应同样适用于农业和采掘业，适用于一切制成品或天然产品，例如：酒类、谷物、烟叶、水果、牲畜、矿产品、矿泉水、

---

❶ 该公约由世界知识产权组织与联合国教科文组织和世界劳工组织共同管理。
❷ 数据来源于世界知识产权组织（WIPO）官网［EB/OL］.［2024 - 03 - 20］. https：// www. wipo. int/wipolex/zh/treaties/ShowResults？ search_what = C&treaty_id = 2.

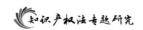

花卉和谷类的粉。专利应包括本联盟国家的法律所承认的各种工业专利，如输入专利、改进专利、增补专利和增补证书等。

《巴黎公约》确立了国民待遇原则和优先权原则。

国民待遇原则体现在《巴黎公约》第 2 条和第 3 条：本联盟任何国家的国民，在保护工业产权方面，在本联盟所有其他国家内应享有各该国法律现在授予或今后可能授予各该国国民的各种利益，一切都不应损害本公约特别规定的权利，因此，他们应和各该国国民享有同样的保护，对侵犯他们的权利享有同样的法律上的救济手段，但是以他们遵守对各该国国民规定的条件和手续为限。本联盟每一国家法律中关于司法和行政程序、管辖权以及指定送达地址或委派代理人的规定，工业产权法中可能有要求的，均明确地予以保留。本联盟以外各国的国民，在本联盟一个国家的领土内设有住所或有真实和有效的工商业营业所的，应享有与本联盟国家国民同样的待遇。

优先权原则体现在《巴黎公约》第 4 条第 1 款的规定，已经在本联盟的一个国家正式提出专利注册、实用新型注册、外观设计注册或商标注册的申请的任何人，或其权利继承人，为了在其他国家提出申请，在以下规定的期间内应享有优先权：发明和实用新型应为 12 个月，外观设计和商标应为 6 个月。这些期间应自第一次申请的申请日起算；申请日不应计入期间之内。如果期间的最后一日是请求保护地国家的法定假日或者是主管机关不接受申请的日子，期间应延至其后的第一个工作日。

三、《保护文学艺术作品伯尔尼公约》

《保护文学艺术作品伯尔尼公约》（以下简称《伯尔尼公约》），1886 年于伯尔尼缔结，1887 年 12 月 5 日生效。1896 年 5 月 4 日于巴黎补充，1908 年 11 月 13 日于柏林修订，1914 年 3 月 20 日于伯尔尼补充，1928 年 6 月 2 日于罗马修订，1948 年 6 月 26 日于布鲁塞尔修订，1967 年 7 月 14 日于斯德哥尔摩修订，1971 年 7 月 24 日于巴黎修订。截至 2024 年，已有 181 个缔约成员。❶ 我国从 1992 年 10 月 15 日起成为其正式成员。

---

❶ 数据来源于世界知识产权组织（WIPO）官网［EB/OL］.［2024 - 03 - 20］. https：//www. wipo. int/wipolex/zh/treaties/ShowResults？ search_what = C&treaty_id = 15.

《伯尔尼公约》是世界上第一个保护版权的国际公约，也是具有最广泛的代表性、迄今为止最重要的国际版权条约。它确立了国民待遇原则、自动保护原则、版权独立原则和最低保护原则，这些原则贯穿其每条实体规定。

（一）《伯尔尼公约》保护的作品范围

（1）文学艺术作品。公约明确规定文学艺术作品的范围包括科学和文学、艺术领域内的一切作品，不论其表现形式或方式如何，诸如书籍、小册子及其他著作；讲课、演讲、讲道及其他同类性质作品；戏剧或音乐戏剧作品；舞蹈艺术作品及哑剧作品；配词或未配词的乐曲；电影作品或以类似摄制电影的方法创作的作品；图画、油画、建筑、雕塑、雕刻及版画；摄影作品和以类似摄影的方法创作的作品；实用艺术作品；插图、地图；与地理、地形、建筑或科学有关的设计图、草图及造型作品。

（2）演绎作品和汇编作品。翻译作品、改编作品、改编乐曲以及某件文字或艺术作品的其他改变应得到与原著同等的保护，但不得损害原著作者的权利。文字或艺术作品的汇集本，诸如百科全书和选集，由于对其内容的选择和整理而成为智力创作品，应得到与此类作品同等的保护，而不损害作者对这种汇集本内各件作品的权利。

（3）实用艺术作品及工业品外观设计和模型。考虑到《伯尔尼公约》第7条第4款的规定，各成员方得以立法规定涉及实用艺术作品及工业品外观设计和模型的法律的适用范围，并规定此类作品，设计和模型的保护条件。在起源国单独作为设计和模型受到保护的作品，在其他成员方可能只得到该国为设计和模型所提供的专门保护。但如在该国并不给予这类专门保护，则这些作品将作为艺术品得到保护。

（二）作者的权利

受《伯尔尼公约》保护的作者的权利包括经济权利和精神权利。经济权利，即财产权，具体包括：

（1）翻译权。公约保护的文学艺术作品的作者，在对原著享有权利的整个保护期内，享有翻译和授权翻译其作品的专有权。

（2）复制权。受公约保护的文学艺术作品的作者，享有授权以任何方式和采取任何形式复制其作品的权利。成员方法律有权允许在某些特殊情况下复制上述作品，只要这种复制不致损害作品的正常使用也不致无故危害作者的合法利益。

（3）表演权。戏剧作品、音乐戏剧作品或音乐作品的作者享有下述专有权：①许可公开演奏和公演其作品，包括用各种手段和方式的公开演奏和公演；②许可用各种手段公开播送其作品的表演和演奏。

（4）广播权。文学和艺术作品的作者享有下述专有权：①授权以无线电广播其作品或以任何其他无线播送符号、声音或图像方法向公众发表其作品；②授权由原广播机构以外的另一机构通过有线广播或无线广播向公众发表作品；③授权通过扩音器或其他任何传送符号、声音或图像的类似工具向公众传送广播作品。

（5）朗诵权。文学作品作者享有下述专有权：①许可公开朗诵其作品，包括用各种手段或方式公开朗诵其作品；②许可用各种手段公开播送其作品的朗诵。文学作品作者在对其原著享有权利的整个期限内，对其作品的翻译也享有上述权利。

（6）改编权。文学和艺术作品的作者享有授权对其作品进行改编、整理和其他改变的专有权。

（7）制片权。文学和艺术作品的作者享有下述专有权：①许可把这类作品改编或复制成电影以及发行经改编或复制的作品；②许可公开演出演奏以及向公众作有线广播经改编或复制的作品。

根据文学或艺术作品制作的电影作品以任何其他形式进行改编，在不损害其作者批准权的情况下，仍须经原著作者批准。

作者的精神权利不受作者财产权的影响，甚至在上述财产权转让之后，作者仍保有主张对其作品的著作者身份的权利，并享有反对对上述作品进行任何歪曲、篡改或其他有损于作者声誉的一切损害的权利。作者的精神权利，在其死后至少应保留到财产权期满为止，并由向之提出保护要求的国家本国法所授权的人或机构行使。但在批准或加入本条约时其法律未包括保护作者死后保护前款承认之权利的各国，有权规定这些权利中某些权利在作者死后无效。

（三）作品的保护期

公约规定，一般作品的保护期限为作者终生及其死后 50 年，合作作品从最后死亡的作者死亡之日起算。但对于电影作品，本联盟成员方有权规定，保护期限自作品在作者同意下公映后 50 年届满，如自作品摄制完成后 50 年内尚未公映，则自作品摄制完成后 50 年届满。对于不具名作品和具笔名作品，公约给予的保护期为自其合法向公众发表之日起 50 年。但如作者采用的笔名不致引起对其身份发生任何怀疑时，该保护期则为第 7 条第 1 款所规定的期限。如不具名作品或具笔名作品的作者在保护期内公开其身份，则适用一般作品的保护期限，即作者终生及其死后 50 年。

成员方有权以法律规定摄影作品及作为艺术品加以保护的实用美术作品的保护期限；但这一期限不应少于自该作品完成时算起 25 年。

成员方有权规定比上述期限更长的保护期，但不得低于上述保护期限。在一切情况下，期限由向之提出保护要求的国家的法律加以规定；但除该国法律另有规定外，这个期限不得超过作品起源国规定的期限。

（四）公约的追溯力

《伯尔尼公约》适用于在公约开始生效时尚未因保护期满而在其起源国成为公共财产的所有作品。但是，如果作品因原来给予的保护期满而在向之提出保护要求的国家成为公共财产，则该作品不再重新受该国保护。本原则应当遵照成员方之间现在或将来缔结的专门条约的规定实行。在没有这种规定的情况下，各成员方可在本国范围内自行决定实行本原则的条件。新加入的成员方以及因适用公约第 7 条或放弃保留而扩大保护范围时，以上规定也同样适用。

四、《世界版权公约》

《世界版权公约》于 1952 年 9 月 6 日缔结于日内瓦，1955 年 9 月 16 日生效。1971 年 7 月 24 日于巴黎进行修订。到 2007 年 3 月为止，已有 99 个成员。这是一个保护水平略低于《伯尔尼公约》的多边版权条约，我国于 1992 年加入巴黎文本，从 1992 年 10 月 30 日起成为其正式成员。1997

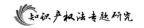

年 7 月 1 日起，该公约适用于我国香港特别行政区，1999 年 12 月 20 日起适用于我国澳门特别行政区。

（一）基本原则

1. 国民待遇原则

《世界版权公约》第 2 条规定：（1）任何缔约国国民出版的作品及在该国首先出版的作品，在其他各缔约国中，均享有其他缔约国给予其本国国民在本国首先出版之作品的同等保护，以及本公约特许的保护。（2）任何缔约国国民未出版的作品，在其他各缔约国中，享有该其他缔约国给予其国民未出版之作品的同等保护，以及本公约特许的保护。（3）为实施本公约，任何缔约国可依本国法律将定居该国的任何人视为本国国民。这与《伯尔尼公约》的国民待遇原则基本一致。

2. 非自动保护原则

《世界版权公约》第 3 条规定了非自动保护原则，即缔约国应保护其他缔约国国民出版的作品，任何缔约国依其国内法要求履行手续，如缴送样本、注册登记、刊登启事、办理公证文件、偿付费用或在该国国内制作出版等，作为版权保护的条件者，对于根据本公约加以保护并在该国领土以外首次出版而其作者又非本国国民的一切作品，只要经作者或版权所有者授权出版的作品的所有名册，自首次出版之日起，标有ⓒ的符号，并注明版权所有者之姓名、首次出版年份等，其标注的方式和位置应使人注意到版权的要求，就认为符合在该国关于必须履行手续的要求。这与《伯尔尼公约》的自动保护原则形成鲜明对比。

（二）主要内容

1. 受公约保护的作品

《世界版权公约》保护的作品范围包括：文学、科学、艺术作品，包括文字、音乐、戏剧和电影作品，以及绘画、雕刻和雕塑。

2. 受公约保护的主体

公约保护的主体是成员国国民，这与《伯尔尼公约》相同。不同的是，除了作者，还有其他著作权人，即雇主、委托人等没有参加创作但进行了投资的其他著作权人也可以成为公约保护的主体。

3. 受公约保护的权利

《公约》没有关于作者精神权利的规定，其第 4 条之二第 1 款只有关于财产权的规定："应包括保证作者经济利益的各种基本权利，其中有准许以任何方式复制、公开表演及广播等专有权利。本条的规定可扩大适用于受本公约保护的各类作品，无论它们是原著形式还是从原著演绎而来的任何形式。"

4. 保护期限

《公约》第 4 条规定，作品的版权保护期限，应由该作品要求给予版权保护所在地的缔约国的法律来规定。但最低标准是：（1）受该公约保护的作品，其保护期限不得少于作者有生之年及其死后的 25 年。但是，如果任何缔约国在本公约对该国生效之日，已将某些种类作品的保护期限规定为自该作品首次出版以后的某一段时间，则该缔约国有权保持其规定，并可将这些规定扩大应用于其他种类的作品。对所有这些种类的作品，其版权保护期限自首次出版之日起，不得少于 25 年。（2）任何缔约国如在该公约对该国生效之日尚未根据作者有生之年确定保护期限，则有权根据情况，从作品首次出版之日或从出版前的登记之日起计算版权保护期，只要根据情况从作品首次出版之日或出版前的登记之日算起，版权保护期限不少于 25 年。

五、《保护表演者、录音制品制作者和广播组织的国际公约》

《保护表演者、录音制品制作者和广播组织的国际公约》1961 年 10 月 26 日于罗马缔结，因此又称《罗马公约》，它也是"非开放性的"，只有《伯尔尼公约》或《世界版权公约》的成员才可以加入。截至 2024 年，已经有共 97 个国家或地区加入该公约。❶ 我国没有加入《罗马公约》。

---

❶ 数据来源于世界知识产权组织（WIPO）官网［EB/OL］.［2024－03－20］. https：// www. wipo. int/wipolex/zh/treaties/ShowResults？search_what = C&treaty_id = 17.

（一）释　义

该公约第 3 条首先对其所使用的术语进行了释义：（1）"表演者"是指演员、歌唱家、音乐家、舞蹈家和表演、歌唱、演说、朗诵、演奏或以其他方式表演文学或艺术作品的其他人员；（2）"录音制品"是指任何对表演的声音和其他声音的专门录音；（3）"录音制品制作者"是指首次将表演的声音或其他声音录制下来的自然人或法人；（4）"发行"是指向公众提供适当数量的某种唱片的复制品；（5）"复制"是指制作一件或多件某种录音的复版；（6）"广播"是指供公众接收的声音或图像和声音的无线电传播；（7）"转播"是指一个广播组织的广播节目被另一个广播组织同时广播。

（二）主要原则

1. 国民待遇原则

（1）只要符合下列条件之一，缔约各方应当给予表演者以国民待遇：①表演是在另一缔约方进行的；②表演已被录制在受本《公约》第 5 条保护的唱片上；③表演未被录制成唱片，但在受本《公约》第 6 条保护的广播节目中播放。

（2）只要符合下列条件之一，缔约各方应当给予录音制品制作者以国民待遇：①录音制品制作者是另一个缔约方的国民（国民标准）；②首次录音是在另一个缔约方制作的（录制标准）；③录音制品是在另一个缔约方首次发行的（发行标准）。如果某种唱片是在某一非缔约方首次发行的，但在首次发行后 30 天内也在某一缔约方发行（同时发行），则该唱片应当认为是在该缔约方首次发行。

（3）只要符合下列两项条件之一，缔约各方就应当给予广播组织以国民待遇：①该广播组织的总部设在另一缔约方；②广播节目是由设在另一缔约方的发射台播放的。任何缔约方，通过向联合国秘书长递交通知书的办法，可以声明它只保护其总部设在另一个缔约方并从设在该国一缔约方的发射台播放的广播组织的广播节目。此种通知书可以在批准、接受或参加本公约的时候递交，或在此后任何时间递交，在后一种情况下，通知书应当于递交 6 个月之后生效。

2. 非自动保护原则

《罗马公约》对表演者和广播组织的保护不要求履行任何手续，但对于录音制品保护有形式上的要求：如果某缔约方根据其国内法律要求履行手续作为保护录音制品制作者或表演者或二者的权利的条件，那么只要已经发行的唱片的所有供销售的复制品上或其包装物上载有包括符号℗和首次发行年份的标记，并且标记的方式足以使人注意到对保护的要求，就应当认为符合手续；如果复制品或其包装物上没有注明制作者或制作者的许可证持有者（载明姓名、商标或其他适当的标志），则标记还应当包括制作者权利所有者的姓名；此外，如果复制品或其包装物上没有注明主要表演者，则标记还应当包括在制作这些录音的国家内拥有此种表演者权利的人的姓名。

（三）保护期限

公约对邻接权人的权利保护期限规定的最低标准是至少应当为 20 年，其计算标准是：（1）对于录音制品和录制在录音制品上的节目，从录制年份的年底开始计算；（2）对于未被录制成录音制品的表演，从表演发生的年份的年底开始计算；（3）对于广播节目，从节目开始广播的年份的年底开始计算。

（四）合理使用

任何缔约方可以依其国内法律与规章，在涉及下列情况时，对公约规定的保护作出例外规定：（1）私人使用；（2）在时事报道中少量引用；（3）某广播组织为了自己的广播节目利用自己的设备暂时录制；（4）仅用于教学和科学研究之目的。

六、《视听表演北京条约》

《视听表演北京条约》（以下简称《北京条约》）于 2012 年 6 月 26 日在北京缔结，2020 年 4 月 28 日生效。截至 2024 年，共有 47 个缔约成员方加入。● 我国于 2014 年 4 月 24 日加入该条约时做出以下两点声明：一是中华人民共和国不受该条约第 11 条第 1 款和第 2 款规定的约束。二是在中华人民共和国政府另行通知前，该条约暂不适用于中华人民共和国香港特别行政区。

《北京条约》包括序言和 30 个条款，是首个以我国城市命名的国际条约，它的缔结使表演者获得了完整的知识产权保护，不但丰富和完善了国际知识产权保护体系，而且对于推动世界文化产业繁荣发展具有里程碑式意义。条约开宗明义阐明其与其他公约和条约的关系是：本条约的任何内容均不得减损缔约方相互之间依照《世界知识产权组织表演和录音制品条约》或《罗马公约》已承担的现有义务，也不得触动或以任何方式影响对文学和艺术作品版权的保护，除《世界知识产权组织表演和录音制品条约》之外，本条约不得与任何其他条约有任何关联，也不得损害任何其他条约所规定的任何权利和义务。除此之外的其他实质性条款主要规定了该条约保护的受益人、国民待遇原则、表演者的权利、权利的转让和限制及例外、权利保护期、技术措施和权利管理信息的保护等，下面就其主要内容做一介绍。

（一）释　　义

条约对其使用的术语进行了释义："表演者"是指演员、歌唱家、音乐家、舞蹈家以及对文学或艺术作品或民间文学艺术表达进行表演、歌唱、演说、朗诵、演奏、表现或以其他方式进行表演的其他人员；"视听录制品"是指活动图像的体现物，不论是否伴有声音或声音表现物，从中通过某种装置可感觉、复制或传播该活动图像；"广播"是指以无线方式的传送，使公众能接收声音或图像，或图像和声音，或图像和声音的表现物；通过卫星进行的此种传送亦为"广播"；传送密码信号，只要广播组织或经其同意向公众提供了解码的手段，即为"广播"；"向公众传播"表演是指通过除广播以外的任何媒体向公众传送未录制的表演或以视听录制品录制的表演，在第 11 条中，"向公众传播"包括使公众能听到或看到，

● 数据来源于世界知识产权组织（WIPO）官网［EB/OL］.（2024 - 03 - 18）［2024 - 03 - 20］. https：//www. wipo. int/wipolex/zh/treaties/ShowResults？ search_what = C&treaty_id = 841.

或能听到并看到以视听录制品形式录制的表演；"权利管理信息"是指识别表演者、表演者的表演或对表演拥有任何权利的所有人的信息，或有关使用表演的条款和条件的信息，以及代表此种信息的任何数字或代码，各该项信息均附于以视听录制品录制的表演上。

（二）表演者的权利

1. 表演者的精神权利

不依赖于表演者的经济权利，甚至在这些权利转让之后，表演者仍应对于其现场表演或以视听录制品录制的表演有权：（1）要求承认其系表演的表演者，除非因使用表演的方式而决定可省略不提其系表演者；（2）反对任何对其表演进行的将有损其声誉的歪曲、篡改或其他修改，但同时应对视听录制品的特点予以适当考虑。

以上授予表演者的权利在其死亡后应继续保留，至少到其经济权利期满为止，并可由被要求提供保护的缔约方立法所授权的个人或机构行使。但批准或加入本条约时其立法尚未规定在表演者死亡后保护上款所述全部权利的国家，则可规定其中部分权利在表演者死亡后不再保留。

2. 表演者对其尚未录制的表演的经济权利

表演者应享有专有权，对于其表演授权：（1）广播和向公众传播其尚未录制的表演，除非该表演本身已属广播表演；（2）录制其尚未录制的表演。

3. 复制权

表演者应享有授权以任何方式或形式对其以视听录制品录制的表演直接或间接地进行复制的专有权。

4. 发行权

表演者应享有授权通过销售或其他所有权转让形式向公众提供其以视听录制品录制的表演的原件或复制品的专有权。对于已录制表演的原件或复制品经表演者授权被首次销售或其他所有权转让之后适用第8条第1款中权利的用尽所依据的条件（如有此种条件），本条约的任何内容均不得影响缔约各方确定该条件的自由。

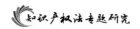

5. 出租权

表演者应享有授权按缔约各方国内法中的规定将其以视听录制品录制的表演的原件和复制品向公众进行商业性出租的专有权，即使该原件或复制品已由表演者发行或经表演者授权发行。除非商业性出租已导致此种录制品的广泛复制，从而严重损害表演者的专有复制权，否则缔约方被免除第 9 条第 1 款规定的义务。

6. 提供已录制表演的权利

表演者应享有专有权，以授权通过有线或无线的方式向公众提供其以视听录制品录制的表演，使该表演可为公众中的成员在其个人选定的地点和时间获得。

7. 广播和向公众传播的权利

表演者应享有授权广播和向公众传播其以视听录制品录制的表演的专有权。缔约各方可以在向世界知识产权组织总干事交存的通知书中声明，他们将规定一项对于以视听录制品录制的表演直接或间接地用于广播或向公众传播获得合理报酬的权利，以代替该《条约》第 11 条第 1 款中规定的授权的权利。缔约各方还可以声明，他们将在立法中对行使该项获得合理报酬的权利规定条件。任何缔约方均可声明其将仅对某些使用情形适用第 11 条第 1 款或第 2 款的规定，或声明其将以某种其他方式对其适用加以限制，或声明其将根本不适用第 11 条第 1 款和第 2 款的规定。

（三）权利的转让

缔约方可以在其国内法中规定，表演者一旦同意将其表演录制于视听录制品中，该《条约》第 7—11 条所规定的进行授权的专有权应归该视听录制品的制作者所有，或应由其行使，或应向其转让，但表演者与视听录制品制作者之间按国内法的规定订立任何相反合同者除外。

缔约方可以要求，对于依照其国内法的规定制作的视听录制品，此种同意或合同应采用书面形式，并应由合同当事人双方或由经其正式授权的代表签字。

该《条约》第 12 条第 3 款规定，不依赖于上述专有权转让规定，国内法或者具有个人性质、集体性质或其他性质的协议可以规定，表演者有权依照本条约的规定，包括第 10 条和第 11 条的规定，因表演的任何使用而获得使用费或合理报酬。

（四） 限制和例外

缔约各方可以在其国内立法中，对给予表演者的保护规定与其国内立法给予文学和艺术作品的版权保护相同种类的限制或例外。

缔约各方应使该条约中所规定权利的任何限制或例外仅限于某些不与表演的正常利用相抵触，也不致不合理地损害表演者合法利益的特殊情况。

（五） 保护期

依《北京条约》第 14 条规定，给予表演者的保护期，应自表演录制之年年终算起，至少持续到 50 年期满为止。

（六） 关于技术措施和权利管理信息的义务

缔约各方应规定适当的法律保护和有效的法律补救办法，制止规避由表演者为行使该条约所规定的权利而使用并限制对其表演实施未经该有关表演者许可的或法律不允许的行为的有效技术措施。

缔约各方应规定适当和有效的法律补救办法，制止任何人明知或就民事补救而言，有合理根据知道其行为会诱使、促成、便利或包庇对该条约所规定的任何权利的侵犯，而故意实施以下活动：（1）未经许可去除或改变任何权利管理的电子信息；（2）未经许可发行、为发行目的进口、广播、向公众传播或提供明知未经许可而被去除或改变权利管理电子信息的表演或以视听录制品录制的表演的复制品。

七、《与贸易有关的知识产权协议》

1993 年 12 月 15 日，随着乌拉圭回合谈判的全部结束，知识产权问题也最终形成协议——《与贸易有关的知识产权协议》（Trade-Related Aspects of Intellectual Property Rights，TRIPs 协议），作为世界贸易组织（WTO）框

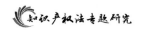

架下的多边协定，凡是 WTO 的成员都必须参加，其影响面大于以往任何一个知识产权国际公约，是知识产权国际保护的一个重要里程碑。我国于2001 年 12 月 11 日正式加入世界贸易组织。

TRIPs 协议的内容非常丰富，并非仅仅涉及与贸易有关的知识产权问题，而是所有的知识产权问题，堪称"知识产权法典"❶。它不仅把涉及贸易的几乎所有知识产权类型，包括专利、商标、外观设计、版权、计算机程序和数据汇编、地理标志、集成电路布图设计、未公开的信息（商业秘密）、不正当竞争行为等都纳入了保护范围，而且在权利的功能及利用、保护的期限及手段、法律实施程序等方面的规定，大大超越了以往任何一个国际条约。

TRIPs 协议共 73 条，分为七大部分，包括：一般规定和基本原则；知识产权的效力、范围及利用的标准；知识产权执法；知识产权的获得与维持及相关程序；争端的防止和解决；过渡安排；机构安排和最后条款。

（一）一般规定和基本原则

TRIPs 协议的第一部分"一般规定和基本原则"阐述了成员义务的性质和范围、与主要国际公约的关系、权利穷竭及国民待遇原则和最惠国待遇原则。

1. 国民待遇原则

TRIPs 协议第 3 条规定，在保护知识产权方面，每一成员方应给予其他成员方的待遇不得低于它给予本国国民的待遇。

2. 最惠国待遇原则

TRIPs 协议第 4 条规定：除非协议规定的例外条件，在知识产权的保护方面，由一成员方授予任一其他国家国民的任何利益、优惠、特权或豁免，均应立即无条件地给予所有其他成员方的国民。

---

❶ 杨巧. 知识产权国际保护［M］. 北京：北京大学出版社，2015：142.

（二）知识产权的效力、范围及使用的标准

1. 版权与邻接权

（1）与《伯尔尼公约》的关系。TRIPs 协议明确规定：全体成员应遵守 1971 年《伯尔尼公约》第 1—21 条及其附件的规定。但对于《伯尔尼公约》第 6 条之二规定的权利或由其引申出的权利，即作者的精神权利，成员方既没有权利也没有义务。

根据 TRIPs 协议第 9 条第 2 款的规定，对版权的保护及于表达而不延及思想、程序、操作方法或数学上的概念等。

（2）计算机程序与数据汇编。计算机程序，无论是以源代码还是目标代码表达，均应根据 1971 年《伯尔尼公约》规定的文字作品而受到保护。数据或其他材料的汇编，不论是机读的还是其他形式的，只要其内容的选择和安排如构成智力创造即应给予保护。但这种保护不得延及数据或材料本身，不应损害数据或材料本身已有的版权。

（3）出租权。根据 TRIPs 协议第 11 条的规定，成员方应承认计算机程序和电影作品的出租权，应给予作者及其权利继承人以授权或禁止将其拥有版权的作品原著或复制品向公众作商业性出租的权利。但是有以下两点限制性规定：第一，此类出租已导致对该作品的广泛复制，而这种复制严重损害了该成员方给予作者及其权利继承人的独家再版权，否则在电影艺术作品方面成员方可免除此项义务。第二，在计算机程序方面，当程序本身不是出租的主要对象时，此项义务不适用于出租。

（4）保护期。除摄影作品或实用艺术作品外，如果某作品的保护期并非以自然人有生之年计算，则保护期不得少于经许可而出版之年年终起 50 年，若作品在创作后 50 年内未被授权出版，则保护期应为自创作年年终起算的 50 年。

（5）对表演者、录音制品制作者和广播组织的保护。TRIPs 协议规定：对于表演者的表演及其在录制品上的录制方面，表演者应享有权利以阻止下列未经其许可的行为：录制和翻录其尚未录制的表演，将其现场表演作无线电广播和向公众传播。录音制品制作者应享有授权或禁止直接或间接翻录其录音制品的权利。广播组织应有权禁止下列未经其许可的行为：录

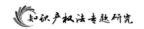

制、翻录、以无线广播手段传播，以及向公众传播同一录音制品的电视广播。

2. **商标**

（1）可保护的客体。任何能够将一个企业的商品或服务与其他企业的商品或服务区别开来的标记或标记组合，均应能够构成商标。此种标记，尤其是文字（包括人名）、字母、数字、图形要素和色彩的组合以及上述内容的任何组合，均应能够作为商标获得注册。若标记缺乏固有的能够区别有关商品及服务的特征，各成员方可将其通过使用而得到的独特性作为或给予注册的依据。各成员方可要求标记在视觉上是可以感知的，以此作为注册的一项条件。

（2）商标权利内容及保护期限。已注册商标所有者应拥有阻止所有未经其同意的第三方在贸易中使用与已注册商标相同或相似的商品或服务的，其使用有可能招致混淆的相同或相似的标志。在对相同商品或服务使用相同标志的情况下，应推定存在混淆之可能。上述权利不应妨碍任何现行的优先权，也不应影响各成员方以使用为条件获得注册权的可能性。商标首次注册及每次续期注册的期限不得少于7年。商标注册允许无限期地续期。

（3）使用要求。如果要将使用作为保持注册的前提，则只有至少3年连续不使用，商标所有人又未出示妨碍使用的有效理由，方可撤销其注册。如果因不依赖商标所有人意愿的情况而构成使用商标的障碍，诸如进口限制或政府对该商标所标示的商品或服务的其他要求，则应承认其为"不使用"的有效理由。当商标由其他人的使用是处在该商标所有者的控制之下时，这种使用应按为保持注册目的之使用而予以承认。

（4）驰名商标。1967年《巴黎公约》第6条之二关于驰名商标的规定原则上应适用于服务商标。在确定一个商标是否为驰名商标时，各成员方应考虑到该商标在相关领域的公众中的知名度，包括在该成员地域内因宣传该商标而使公众知晓的程度。

《巴黎公约》1967年文本原则上适用于与注册商标的商品和服务不相类似的商品或服务，条件是该商标与该商品或服务有关的使用会表明该商品或服务与已注册商标所有者之间的联系，而且已注册商标所有者的利益有可能为此种使用而受损。

3. 地理标志

TRIPs 协议第 22 条规定：该协议所称的地理标志是识别一种原产于一成员方境内或境内某一区域或某一地区的商品的标志，而该商品特定的质量、声誉或其他特性基本上可归因于它的地理来源。

在地理标志方面，各成员方应提供法律措施以使利害关系人阻止下列行为：（1）无论以任何方式，在商品的设计和外观上，以在商品地理标志上误导公众的方式标志或暗示该商品原产于并非其真正原产地的某个地理区域；（2）任何构成 1967 年《巴黎公约》第 10 条之二规定的不正当竞争行为的使用。

若某种商品不产自某个地理标志所指的地域，而其商标又包含该地理标志或由其组成，如果该商品商标中的该标志具有在商品原产地方面误导公众的性质，则成员方在其法律许可的条件下或应利益方之请求应拒绝或注销该商标的注册。

4. 工业品外观设计

TRIPs 协议规定：成员方应为具有新颖性和原创性的工业品外观设计提供保护。成员方可以对非新颖或非原创做出规定，系指某外观设计与已知的设计或已知的设计要点的组合没有重大区别。成员方可以规定此类保护不应延伸至实质上是由技术或功能上的考虑所要求的设计。每一成员方应保证对于获取对纺织品设计保护的规定不得无理损害寻求和获得此类保护的机会，特别是在费用、检查或发表方面。各成员方可自行通过工业品外观设计法或版权法履行该项义务。

受保护的工业品外观设计的所有人应有权阻止未经所有人同意的第三方为商业目的生产、销售或进口含有或体现为是受保护设计的复制品或实为复制品的设计的物品。成员方可以对工业品外观设计的保护规定有限的例外，条件是这种例外没有无理地与对受保护工业品外观设计的正常利用相冲突，且没有无理损害受保护设计所有人的合法利益，同时考虑到第三方的合法利益。工业品外观设计的有效保护期限至少为 10 年。

5. 专 利

TRIPs 协议从可授予专利的对象范围、条件、权利及其限制等许多方

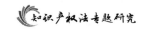

面作了较为详细的规定，并对已有国际公约的相关规定作了重大改进。除依协议规定不授予专利权的情况之外，专利应适用于所有技术领域的发明，不论是产品还是方法，只要它具有新颖性、创造性和工业实用性，均可获得专利。专利权人应享有5项基本专有权：制造权、使用权、销售权、许诺销售权、进口权。协议规定，对发明专利的保护期至少为20年，从提交申请之日起计算。协议还针对方法专利的侵权问题要求：被告应证明其获得相同产品的方法，如无相反证据，则未经专利权所有人许可而制造的任何相同产品均应视为通过该专利方法而获得。这样大大加重了侵权者的举证责任，从而更有利于保护专利权人的利益。

6. 集成电路布图设计

各成员方同意按《集成电路知识产权条约》的有关条款规定，对集成电路布图设计提供保护。成员方应视下列未经权利人许可的行为是非法的：为商业目的进口、销售或以其他方式发行受保护的布图设计，为商业目的进口、销售或以其他方式发行含有受保护布图设计的集成电路，或为商业目的进口、销售或以其他方式发行含有上述集成电路的物品（仅以其持续包含非法复制的布图设计为限）。

但若从事和提供含有非法复制布图设计的集成电路或含有此种集成电路物品的人，在获取该集成电路或含有此种集成电路的物品时，不知且没有合理的根据应知它含有非法复制的布图设计，则成员方不应认为这种行为是非法的。成员方应规定，该行为人在接到关于复制该布图设计是非法行为的明确通知后，仍可从事与在此之前的存货和订单有关的任何行为，但有责任向权利人支付报酬，支付额应相当于自由谈判签订的有关该布图设计的使用许可证合同应支付的使用费。

（三）知识产权实施

TRIPs协议规定了较详细的知识产权执法措施，包括行政和司法程序，且有民事、刑事之分。同以往有关条约相比，协议不仅依赖于国内法的实施，而且具有更多的强制性的规定，为各成员国内知识产权执法体系和实施机制提出了程序上、制度上的标准和要求，进一步缩小各成员国内法的差异；同时也使以往知识产权各项公约所存在的缺乏有力的执法机制，需要强化执法的有效性等状况和问题，在相当程度上得到解决。

（四）知识产权的取得、维持及当事方之间的相关程序

TRIPs 协议规定，成员方可要求遵循合理的程序和手续，以此作为获得或维持该协议所规定的知识产权的条件。此类程序及形式应符合该协议的规定。如果某项知识产权须经授权或注册方可获得，则成员方应确保在符合取得知识产权的实质性条件的情况下，有关授予或注册程序将在一合理时间内完成权利的授予或注册，以免保护期限被不适当地缩短。

（五）争端的防止与解决

TRIPs 协议首次将关贸总协定中确立的透明度原则全面引入知识产权领域。要求各成员方所实施的与该协议内容（知识产权的效力、范围、获得、执法及防止滥用）有关的法律、条例，以及普遍适用的终审司法裁决和终局行政裁决，均应以该国文字颁布。若此种实践不可行，则应以该国文字使公众能够获得，以使各成员方政府及权利人知悉。一成员方的政府或政府代理机构与任何他方政府或政府代理机构之间生效的与该协议内容有关的种协议也应予以颁布。成员方应将前项所述及的法律及条例通知"与贸易有关的知识产权理事会"，以协助理事会对该协议的执行情况进行检查。应另一成员方的书面请求，每一成员方应准备提供上述信息。一成员方有理由相信知识产权领域中某个特定的司法裁决、行政裁决或双边协议影响到其由协议所规定的权利时，也可以书面形式要求向其提供或充分详尽地告知该特定的司法裁决、行政裁决或双边协议。

为了协调发达国家与发展中国家、最不发达国家之间的关系，特别是鉴于最不发达国家成员方的特殊需要和要求，协议作了过渡期安排的规定，但最长不得超过 10 年。

在机构安排与最后条款部分，协议就 TRIPs 理事会的主要职责、国际合作、对现有标的事项的保护、审查和修正、保留、保障的例外规定等问题作了规定和说明。

八、《商标国际注册马德里协定》

《商标国际注册马德里协定》（以下简称《马德里协定》），1891 年于

马德里缔结。1900 年 11 月 14 日修订于布鲁塞尔，1911 年 6 月 2 日修订于华盛顿，1925 年 11 月 6 日修订于海牙，1934 年 6 月 2 日修订于伦敦，1957 年 6 月 15 日修订于尼斯，1967 年 7 月 14 日修订于斯德哥尔摩。截至 2024 年，已经有 55 个缔约成员方。❶ 只有《巴黎公约》的成员方才有资格加入《马德里协定》。我国从 1989 年 10 月 4 日起成为其正式成员。

依据《马德里协定》，商标须先在原属国注册以后才能提出国际注册申请。原属国是指：申请人置有真实有效的工商业营业所的特别同盟国家；如果他在特别同盟国家中没有这种营业所，则为其有住所的特别同盟国家；如果他在特别同盟境内没有住所，但系特别同盟国家的国民，则为他作为其国民的国家。商标原属国的注册当局应证明这种申请中的具体项目与本国注册簿中的具体项目相符合，并说明商标在原属国的申请和注册的日期和号码及申请国际注册的日期。申请人应指明使用要求保护的商标的商品或服务项目，如果可能，也应指明其根据商标注册商品和服务项目国际分类尼斯协定所分的相应类别。如果申请人未指明，国际局应将商品或服务项目分入该分类的适当类别。申请人所作的类别说明须经国际局检查，此项检查由国际局会同本国注册当局进行。如果本国注册当局和国际局意见不一致时，以后者的意见为准。

国际局对提出申请的商标只进行形式审查，合格后即予以注册。如果国际局在向所属国申请国际注册后 2 个月内收到申请时，注册时应注明在原属国申请国际注册的日期，如果在该期限内未收到申请，国际局则按其收到申请的日期进行登记。国际局应不迟延地将这种注册通知有关注册当局。根据注册申请所包括的具体项目，注册商标应在国际局所出的定期刊物上公布。如商标含有图形部分或特殊字体，细则可以决定是否须由申请人提供印版。在国际局的商标注册的有效期为 20 年，并可根据协定第 7 条规定的条件予以续展。自国际注册的日期开始 5 年之内，如果该商标在原属国已全部或部分不复享受法律保护时，则国际注册所得到的保护，不论其是否已经转让，也全部或部分不再产生权利。当 5 年期限届满前因引起诉讼而致停止法律保护时，本规定亦同样适用。

---

❶ 数据来源于世界知识产权组织（WIPO）官网［EB/OL］.（2024 - 03 - 18）［2024 - 03 - 20］. https：//www. wipo. int/wipolex/zh/treaties/ShowResults？ search_what = C&treaty_id = 21.

九、《专利合作条约》

《专利合作条约》于 1970 年 6 月 19 日签订于华盛顿，于 1979 年 10 月 2 日和 1984 年 2 月 3 日两次修改。我国于 1993 年加入经修改的文本，1994 年 1 月 1 日起成为其正式成员。该条约只对《巴黎公约》成员方开放，截至 2024 年，已经有 157 个缔约方加入《专利合作条约》。❶

（一）缔约目的

根据《专利合作条约》的序言，其目的为：（1）对科学和技术的进步作出贡献；（2）改善对发明的法律保护使之完备；（3）为要求在几个国家取得保护的发明，简化取得保护的手续并使之更加经济；（4）便利并加速公众获得有关所发明的资料中的技术情报；（5）通过采取旨在提高发展中国家为保护发明而建立的国家和地区法律制度的效率的措施，来促进和加速这些国家的经济发展。其办法是，对适合它们特殊需要的技术资料提供方便易查的线索，以及为汲取数量日益膨胀的现代技术提供便利条件。

（二）主要内容

1. 国际申请

在任一缔约方提出的保护发明的申请都可以按该条约规定提出国际申请。申请人可以是缔约方的任何居民或国民，此外大会可以决定允许非该条约缔约方的《保护工业产权巴黎公约》任一缔约方的居民或国民提出国际申请。

国际申请应提交的文件包括一份申请书、一份说明书、一项或多项的权项、一幅或多幅的附图（如果需要），以及一份摘要。申请书包括：（1）要求将国际申请按该条约办理的请求。（2）指定一个或几个缔约方，希望它们按国际申请给发明以保护（"指定国家"）；如果一项地区专利能适用于某一指定国家，并且申请者希望获得一项地区专利而非国家专利，

---

❶　数据来源于世界知识产权组织（WIPO）官网［EB/OL］.（2024 – 03 – 18）［2024 – 03 – 20］. https：//www. wipo. int/wipolex/zh/treaties/ShowResults？ search_what = C&treaty_id = 6.

则应在申请书中言明。如果按照有关地区专利的条约规定，申请人不得将其申请限制在该条约的某些缔约方，则指定这些国家中的一国和说明希望获得地区专利应被当作指定该条约的所有缔约方；如果按照被指定的国家的国内法，对该国的指定具有地区专利申请的效力，则对上述该国的指定应被当作说明希望获得地区专利。（3）申请人和代理人（如果有代理人的话）的姓名及其他规定的有关材料。（4）发明的名称。（5）发明人的姓名及其他规定的有关材料。说明书应足够清楚和完备地揭示出该项发明。权项应表明其寻求保护的事物。权项应清楚简明，并用说明书给予充分解释。摘要仅用作技术情报，不能作任何其他目的之用，特别是不能作为解释所要求的保护范围。

2. 国际检索

所有的国际申请都应经过国际检索，国际检索报告应在规定的时间期限内按规定的形式撰写。国际检索应由大会委任的国际检索单位进行。该单位可以是一个国家专利局，或是一个政府间组织，如国际专利研究所（Internatiaonl Patent Institute）。其任务包括完成对申请主题所指发明的在先已有技术的文献调查报告。国际检索应在权项的基础上进行，并适当考虑到说明书和附图（如果有附图的话）。如果缔约方的国内法允许，则向该国或代表该国的国家专利局提出国家申请的申请人，可按该国内法规定的条件，要求对申请进行一次与国际检索相似的检索（"国际式检索"）。

3. 国际公布

国际局应在国际申请日（或优先权日）起满 18 个月，将申请连同国际检索报告一起公布。如果国际申请在其公布的技术准备完成前撤回或被视为撤回，则不应在国际上公布。如果国际申请含有据国际局认为违反道德或公共秩序的词句或附图，或者国际局认为国际申请含有附属规则中所指的毁谤性陈述，则国际局可在公布时删去这些词句、附图和陈述；同时指出删去文字或附图的地方和字数或号数，并在遇有请求时提供删去部分的个别抄本。

国际公布的效力是：就保护申请人在指定国中的权利来说，除按《专利合作条约》29 条第（2）—（4）款的规定外，应与指定国的国内法为未经审查的国家申请在国内强制公布所规定的效力一样。

4. 国际初步审查

国际初步审查不是国际申请的必经程序，是依据申请人要求而进行的。对国际初步审查的要求应与国际申请分别提出，并在规定的时间期限内交付规定的费用。

国际初步审查的目的是由国际初步审查单位对申请专利的发明是否具有新颖性，是否涉及创造性步骤（不是显而易见的）和是否在工业上适用进行初步审查，并出具初步审查报告，转交给申请人和国际局，但审查报告对指定国并不具有法律约束力，仅供其参考。从国际初步审查的目的来说，一项申请专利的发明如果按附属规则的定义，还未有在先的技术，则应认为它是新颖的；一项申请专利的发明如果已考虑到附属规则关于已有技术的定义，而且在规定的有关日期并未为精通这种技艺的人所知，则应认为它涉及创造性步骤；一项申请专利的发明如果按其性质可以在一种工业中制造或（从技术意义来说）使用，应认为它可在工业上应用。对"工业"一词应作最广义的理解，应以《保护工业产权巴黎公约》中的解释为准。上述标准只适用于国际初步审查的目的。任何缔约方为决定在该国是否对该项申请专利的发明给予专利权，均可采用附加的或不同的标准。

完成上述国际阶段的程序后即转入国内阶段，由指定局按照本国专利法进行审查，决定是否授予专利权。

第二章　智能时代二次创作的
著作权保护与限制研究[*]

第一节　绪　　论

　　智能时代，内容产业资本浪潮崛起所带动的文化艺术领域的创新和发展丰富了人们的精神文化生活，也带动了数字文化产业的发展，但市场和社会价值需求与著作权法治所追求的平衡有序的文化和经济发展并不同频同步，大量的关于二次创作的著作权纠纷和版权治理问题也引发了知识产权法学理论界和实务界的思考。这些以二次创作形式所产出的内容在未来的文化艺术领域发展中可能还会不断地推陈出新，并在智能时代信息技术更新迭代的推动下蓬勃发展，甚至成为庞大文化经济结构体系的重要组成。智能时代，对二次创作的著作权保护与限制进行深入研究具有非常重要的理论意义和实践价值。

　　二次创作其实并非著作权法上的概念，作为一种创作形式，仅强调了从他人的作品发展而来，又称再创作，是在以原始作品为基础上进行新的处理的一种创作形式。二次创作通过对已有作品的文字、图像、声音、画面或者其他作品进行加工、改编和引用而形成新的内容，二次创作所产生的内容被称为二次创作物。国内学者大多在肯定二次创作具有其相应的价值的同时，认为二次创作作品未经授权使用原始作品的行为侵犯原作品著

---

　　[*] 本章由卢润佳撰写，孙玉荣对其内容进行部分修改和删减，部分内容发表于《北京联合大学学报（人文社科版）》2024 年第 4 期。

作权人的著作权，应当予以规范和限制。而针对二次创作作品的保护，现有研究多数认为可以将部分符合合理使用判断标准的二次创作内容纳入合理使用的范畴。同时，在二次创作与演绎的关系上，绝大多数学者认为二次创作与演绎是存在重叠的状态的。有些二次创作受到演绎权的调整，有些二次创作则不属于演绎权制度调整的范围。在互联网环境下，大量的二次创作行为并未获得著作权人的授权许可，属于未经许可的二次创作行为。在演绎权调整的范围内，该行为是一种未经许可的演绎行为，对于未经许可实施演绎行为而形成的作品是否能得到著作权保护的问题，则存在不同的观点，分别为不保护论、积极保护论和消极保护论。

（1）不保护论认为未经许可的演绎作品不享有完整的著作权，也不能获得著作权法的保护，依据"侵权行为不能获利"的原则，未经许可的演绎行为是不合法的，既不能主张权利也不能获取利益，因此不赋予其著作权。❶

（2）积极保护论则认为应当赋予未经许可的演绎作品完整的著作权，对其予以积极的、全面的保护，承认其授权性权利和禁止性权利。该理论认为创作是一种事实行为，演绎作品著作权的产生不依赖原著作权人的许可，因此作品的作者理应享有著作权。❷

（3）消极保护论主张给予未经许可的演绎作品以一定的著作权法上的保护，但保护是有限制的、消极的而非全面的、积极的。这种观点认为，未经许可的演绎作品作为有独创性的智力成果，不能因为其"未经许可"这一缺乏正当性的特征，就否定其独创部分，这种有独创性的智力成果完全不受到著作权法的保护是不合理的，同时其在遭遇第三方侵权时，若无法寻求有效的救济，会诞生更多的第三方"搭便车"行为。因此，给予未经许可的演绎作品一定著作权法的保护是必要的，但是将其上升到和原创作品同等保护的程度，又是不符合利益分配正义的。❸

由于原始创作激励与二次创作自由之间的矛盾不断冲击现代版权制

---

❶ 尹腊梅. 论违法作品的著作权保护——兼谈《著作权法》第4条之法律适用 [J]. 知识产权, 2017（4）：21–28.

❷ M. 雷炳德. 著作权法 [M]. 张恩民, 译. 北京：法律出版社, 2005.

❸ 姜丽媛. 论"非法演绎作品"的保护 [J]. 犯罪研究, 2005（6）：74–76.

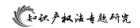

度，演绎权作为调整原始作品与二次创作的重要制度安排，同样处在挑战和变革之中。部分学者意识到演绎权及相关制度也应当为应对互联网环境而有所发展，认为由于技术的发展，以排他权为基础而设计的演绎权制度难以完全适应当前人们利益诉求的多元化趋势。● 在移动互联网环境下，原始创作激励和二次创作自由的矛盾日益加剧，而我国的演绎权制度在加强原始创作激励和减少二次创作抑制这两个维度都存在不足，需要在反思和借鉴的基础上进行制度变革。❷ 二次创作在一定程度上反映了创作自由和言论自由，有利于促进文化积累，如果将二次创作全部交由著作权人控制，将会不当缩减版权公共领域，对文化事业发展产生负面效果。❸

第二节　我国二次创作著作权保护与限制的现状及现实矛盾

一、互联网环境下二次创作的主要类型

二次创作根据不同的区分标准可以进行不同的类型划分，根据创作体裁的不同，二次创作可以分为文字、游戏、音乐、绘画、视频、戏剧等。根据具体创作方式的不同，可以分为重混、引用、拼贴、改编等。根据创作的目的和动机不同，可以分为致敬、恶搞、戏仿等。戏仿、重混、同人创作和融梗是较为常见的互联网二次创作方式，因此更受法学界和实践界所关注。

（一）戏　　仿

戏仿（parody）是指通过在自己的创作中对他人的作品进行引用或者借用，以达到调侃、嘲讽、讽刺或批判原作品或者某一社会议题的目的的创作形式。2005 年引发广泛关注的《一个馒头引发的血案》就是通过戏仿

　　● 吴伟光. 版权制度与新媒体技术之间的裂痕与弥补 [J]. 现代法学，2011 (3)：55 - 72.
　　❷ 唐艳. 数字时代二次创作的著作权保护困境与制度变革——以演绎权为中心 [J]. 电子知识产权，2022 (2)：52 - 70.
　　❸ 黄汇. 论版权、公共领域与文化多样性的关系 [J]. 知识产权，2010 (6)：2 - 29.

创作而成的二次创作物，作者胡戈所制作的短视频《一个馒头引发的血案》以陈凯歌所导演《无极》电影片段为主轴，并结合《中国法制报道》片段，通过戏谑恶搞的方式对《无极》电影剧情的结构松散进行讥讽式评论，此二次创作就属于以批判原作品《无极》为目的戏仿创作。在互联网环境下，特别是在网络短视频中，通过戏仿的方式进行二次创作的现象尤为突出，2018 年国家新闻出版广电部门还专门针对网络视听节目网站存在的戏仿创作问题做出规定。❶

（二）重　　混

重混（remix），即重新混合，起初主要在音乐创作领域流行，是一种通过混搭、拼贴、组合多个作品或者原材料形成新作品的创作形式，美国专利商标局在《重混、首次销售和法定损害赔偿白皮书》中对重混行为作出了较为官方的定义：通过改变和组合现有的材料创造出的一些新的和有创意的作品，比如歌曲的混搭、同人小说和拼贴画。❷ 例如，野兽男孩乐队在 1989 年创作的嘻哈音乐专辑《保罗的精品店》（*Paul's Boutique*）中的歌曲是从 100 多个作品中取样创作产生的，是音乐领域比较具有影响力的重混作品。❸ 在互联网环境中，得益于互联网数字技术，重混行为也从音乐领域扩展到图片、视频、软件和游戏等领域。

（三）同人创作

同人创作是指利用原著漫画、动画、小说、影视作品中的人物角色、背景设定、故事情节等内容或元素为基础进行的二次创作行为。同人创作曾引起许多著名的著作权纠纷案件，如"此间的少年案"、《鬼吹灯》系列案等。在互联网环境中，原作品的粉丝出于热衷与喜爱，在原作的基础上

---

❶　国家新闻出版广电部门. 网站不得擅自重新剪辑经典文艺作品 [EB/OL]. （2018 - 03 - 22）［2022 - 12 - 10］. http://www.gov.cn/xinwen/2018 - 03/22/content_5276697.html.

❷　USPTO. Summary of the White Paper on Remixes, First Sale, and Statutory Damages [EB/OL]. （2016 - 01）［2021 - 12 - 20］. https://www.uspto.gov/sites/default/files/documents/copyrightwhitepaper.pdf.

❸　Who Sampled. Hey Ladies [EB/OL]. ［2022 - 12 - 10］. https://www.whosampled.com/Beastie - Boys/Hey - Ladies/.

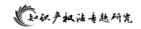

进行同人创作占了很大比例。粉丝们出于对于一些动画、漫画和影视作品的追崇和热爱，在互联网中相互讨论原作品，激发了创意进而针对原作衍生出二次创作物如同人画作（Fan Art）、同人小说（Fan Fiction）等二次创作物，并在互联网环境中传播，这些同人创作物与原作之间存在明确的昭示关系，使人能很轻易地联想到原作。

（四）融　　梗

"融梗"一词原为网络用语，原本是指在网络文学中的一种将他人作品中的人物关系、故事桥段、剧情架构及创意等挪用到自己的创作之中。其中"梗"一字就是在一个或多个连续场景中发生的，能显示人和人、人和环境之间关系的独立事件，融梗的行为手段包括三个步骤：拆分、改写与重组。● 当前，融梗行为同样不局限于文学作品，在自媒体短视频、影视剧中都存在融梗创作，融梗行为最突出的问题在于由其产生的二次创作物与原作品并不具有表面的相似性，并不会让人一看到就知道其源自融梗，往往只有看过原作品的人才能够发现两者的相似性。

二、我国二次创作的著作权法保护检视

（一）满足作品构成要件的二次创作受著作权法保护

我国《著作权法》规定，符合法律规定的作品一经完成，作者便可以自动取得对该作品的著作权，因此符合法律规定的二次创作作品一经完成就具有著作权。作品是指文学、艺术和科学领域内具有独创性并能以一定形式表现的智力成果。可见，独创性是作品的必备构成要件。作为演绎行为的结果，是否具有二次创作者独创的表达是二次创作取得著作权的关键。独创性要求作品必须是作者独立完成的、是凝聚作者智力劳动的表达，而非抄袭、剽窃、篡改他人的作品形成的内容。二次创作既有"借用"前作品独创性表达的部分，也有加入自身智力成果的部分，因此其独创性应该体现为二次创作作者对其创作内容所投入的那部分智力成果能否

● 段弘，王天乐，陈稳平. 融梗：一种网络文学创作方法的概念界定［J］. 西部广播电视，2020（9）：10－12.

使该二次创作作品整体具备独创性。

（二）属于合理使用的二次创作受到著作权法保护

落入合理使用范畴的二次创作与合理借鉴（独立创作）不同，属于合理借鉴的二次创作受到保护是因为其作品的所有独创性表达都是作者所原创，即便该作品是从其他作品上"再创作"而来，但受制于思想和表达二分，该作品与原作品的联系仅在思想上相似，并不受著作权法调整。而合理使用制度的设置则是为了平衡保护排他性权利与促进文化繁荣两者的利益，将一些原本受到他人著作权调整的对他人作品的使用的行为纳入合理使用的范畴，保障二次创作者的自由表达。合理使用制度通过限制演绎权对二次创作的控制，一定程度上抑制演绎权限制范围的扩张，保障二次创作的进行。

智能时代，大量的二次创作均未经过原作品著作权人的许可，由此产生的二次创作物本质上是未经许可的演绎作品，也有人称为非法演绎作品。前文提到，对于未经许可的演绎作品，目前学术界分别存在不保护论、积极保护论和消极保护论三种观点。笔者赞同消极保护的应对方式，理由如下。其一，未经许可的二次创作作品作为有独创性的智力成果，不能因为其"未经许可"这一缺乏正当性的特征，就否定其独创部分，这种有独创性的智力成果完全不受到著作权法的保护是不合理的；其二，将未经许可的二次创作作品上升到和原创作品同等保护的程度，又不符合利益分配正义，还会损害原作者的利益；其三，互联网环境中存在大量的二次创作物，如果不给予二次创作物一定的著作权保护，一些优秀二次创作物在遭遇第三方侵权时，就无法寻求有效的救济，就可能产生更多的第三方"搭便车"行为。因此，给予未经许可的演绎作品一定著作权法的保护是必要的。

三、原作者对二次创作的限制

上文提到，符合演绎行为构成的二次创作作品受到著作权的保护，但由于二次创作作品上存在他人的著作权，因此二次创作物的著作权保护受到演绎权的约束与限制，"利用"前作品独创性表达和对二次创作的后续

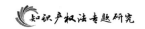

利用都不能侵害著作权人的著作权。因此，原作品对演绎作品著作权的限制就在所难免，一旦二次创作突破了这种限制，就会落入著作权侵权的范围。就原作品对二次创作著作权限制的内容而言，可以分为对二次创作作品著作财产权的限制和对二次创作作品著作人格权的限制。就原作品对二次创作著作权限制的方式而言，可以分为基于合同对二次创作物的限制和基于事后救济对二次创作物的限制。

（一）原作者对二次创作作品限制的内容

1. 原作者对二次创作作品著作财产权的限制

著作财产权是指著作权人可以许可他人使用、处分作品，并由此获得经济利益回报的权利，又被称为"著作权的经济权利"。演绎权控制他人使用原作品和对演绎作品的后续利用，这种控制主要体现在对于二次创作作品的著作财产权的限制，即二次创作使用前作品创作新作品需要经过原作品著作权人的许可，二次创作作品的后续利用如收益和处分同样需要原作品著作权人的许可。就各项著作财产权来说，原作品对二次创作著作财产权的限制的内容比较一致，在此不再赘述。

需要注意的是，演绎作品包含原作品部分和演绎部分两部分独创性表达，这两部分表达存在可以分割和不能分割两种情形，区分两种情形对于明确二次创作作品中表达的流转和再利用具有重要意义。对于演绎作品中可以分割的原作品独创性表达，原作者享有著作财产权，可以决定如何行使和支配该部分著作财产权。相反，由于演绎作者并未对这部分表达进行智力投入，因此对该部分表达不享有著作财产权。因此，第三人使用这部分表达只需要获得原作品著作权人的许可，而无须获得演绎作者的许可。对于演绎作品中已经与原作品的表达融为一体的原作品独创性表达，其承载了原作品著作权人和演绎作者的双重著作财产权。因此，第三方在使用这部分不可分割的独创性表达时需要经过原作品著作权人和演绎作者的双重许可。

2. 原作者对二次创作作品著作人格权的限制

著作人格权包含发表权、署名权、保护作品完整权、修改权四项，其中后三项著作人格权不受保护期限的限制。发表权是作者决定是否将作品公开的权利，发表权一次用尽，作品发表后发表权就自动灭失。因此，发表权对二次创作的限制在原作品尚未发表时才存在，此时由于二次创作物中包含原作品的独创性表达，原作品尚未发表的独创性表达会随着二次创作作品的发表而公之于众。因此，在这种情况下，二次创作作品的发表权应当受到原作品的限制，防止因二次创作作品的公开而损害原作者的利益。在互联网视频领域，有一些电影的解说类视频在电影上映之前就已经在网络上流传开来，若此类二次创作作品作者未取得电影著作权人的许可，就可能构成著作权侵权行为。对于原作品已经发表，此时原作者对原作品的发表权已经一次用尽，原作者则无法限制二次创作作者的发表权。因此，只有对于在尚未发表的作品基础上创作的演绎作品，原作者才享有阻止他人将二次创作作品发表的权利。

署名权是作者在作品上标示自己的姓名或名称的权利。署名权是一种彰示性权利，一方面彰显了作者、创作行为和作品之间的特定关系，另一方面彰显了作品的质量，使作品可以在传播和利用中获得更高的价值。就互联网二次创作而言，原作者对二次创作署名权的限制，体现为二次创作作者有义务在其作品上注明原作者姓名，以表明原作者与演绎作品之间的关联关系，原作者可以对署名的方式和署名的内容作出要求。例如抖音与爱奇艺两家网络服务经营者就通过合作开放了自媒体短视频的二次创作授权，抖音平台发布"二创激励计划"，在活动期内抖音用户可以使用"爱奇艺影视内容精选"片单中的影视作品进行短视频二次创作，优秀的二次创作作品还能得到现金和流量奖励。二次创作者参与该活动时需在其作品中添加内容对应的影视综艺标签，标签标明了作品的著作权人的相关信息，如短视频未正确添加影视综艺标签，平台将根据短视频内容，保留给视频添加或修改影视综艺标签的权利。在互联网环境中，署名权既是一种权利彰示，又在权利行使和权利流转动态过程中发挥重要的标明作用，在面临多重演绎的二次创作问题时，原作者对二次创作署名权的限制就显得尤为重要。

余下两项著作人身权为保护作品完整权和修改权，这两项权利指向相同的权利内容。保护作品完整权是著作权人享有的保持作品完整，不受篡改、歪曲的权利，通常来讲，对于侵害作者的保护作品完整权的成立标准存在两种观点。一种是主观标准，无论是否对作者的人格利益造成实质损

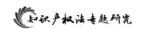

害，只要违背了作者的主观意图改变作品，就侵犯了作者的保护作品完整权；另一种是客观标准，认为对作者的人格利益的实质损害是判断是否侵犯保护作品完整权的标准。目前司法实践主要采取客观标准，只有客观损害了作者的声誉等人格利益，对作品进行改动的行为才侵犯著作权人的保护作品完整权。修改权是著作权人依法享有的自己或授权他人修改其作品的权利，该权利的设置主要是为了保持作品内容与作者人格的一致性，使其能够根据自身想法和观念的改变对作品进行修改或授权别人进行对其作品进行修改。在二次创作中，由于作者的思想、观念、理解能力以及创作水平的差别，抑或为了迎合作品消费群体的特殊需求，谋求更大的市场认可度，可能出现与原作品的主题和思想不符的情形，甚至是歪曲、篡改原作品的内容。

（二）原作者对二次创作作品限制的方式

1. 原作者基于授权许可限制二次创作

原作者可以基于其对原作品的著作权，通过与二次创作者订立合同的方式，对二次创作物的使用、收益和处分作出一定的限制。智能时代，原作者与二次创作作者之间签订合同仍然是原著作权人限制二次创作最有效的方式，但由于复制的普遍化和数字应用技术的普及化，著作权人与特定二次创作作者签订授权许可合同难度较大，成本较高，精确地控制二次创作作品著作财产权的行使较为困难。著作权人会通过与不特定的二次创作群体订立一般性合同的方式反而更能有效限制二次创作作品。例如抖音"二创激励计划"就是一种合同，通过发布公告向有意利用爱奇艺相关视频进行创作的二次创作者发出要约，并对二次创作作品的使用和后续收益和处分作出规定，加入该计划的二次创作作者可以取得使用爱奇艺相关视频进行二次创作的许可，同时也要按照合同的相关要求进行二次创作。笔者认为，这种方式为著作权人与二次创作作者之间建立了有效联系，减少了互联网侵权二次创作作品的产生，为构建合理的二次创作市场秩序提供了方案。

2. 原作者通过侵权救济限制二次创作

通过侵权救济限制二次创作主要限制的是侵权二次创作行为，侵权二次创作作为一种具体的演绎行为，可能侵犯多个著作权权项，如署名权、保护作品完整权等著作人身权利以及改编权、信息网络传播权、摄制权、表演权等著作财产权利。一旦二次创作被认定侵犯原作品的著作权，原作者就可以基于侵权请求权要求二次创作者承担侵权责任，这种责任的承担同样限制着不合理的二次创作。在《著作权法》中，基于侵权行为而产生的侵权责任包括停止侵害、消除影响、赔礼道歉、赔偿损失等。对于互联网二次创作而言，同样适用上述侵权责任。原著作权人可以通过司法或者行政手段请求相关主体进行侵权救济，通过对侵权二次创作者施加侵权责任，震慑侵权二次创作行为的产生和利用侵权二次创作物获取利益等，以此限制互联网二次创作行为。

目前实践中大部分二次创作著作权侵权纠纷，在认定侵权成立后侵权人都需要承担赔偿损失和停止侵害的侵权责任，但在个别二次创作著作权纠纷案件中，停止侵害并非必须适用的侵权责任，而是可以通过提高赔偿额度作为停止侵权责任的替代。2009 年最高人民法院印发的《关于当前经济形势下知识产权审判服务大局若干问题的意见》也曾提出这一替代责任的方式。❶ 笔者认为，在互联网环境下，二次创作权利界定难度大、谈判成本高昂等，绝对化适用停止侵害容易破坏市场创作生态，因此调整二次创作的限制手段，采取提高赔偿额、支付合理使用费等方式替代停止侵害责任，才能激励原作者积极配合演绎作者参与演绎作品市场的竞争，形成良性互动的发展态势，这与消极保护未经许可的二次创作的思路是一致的。

四、目前二次创作著作权保护与限制存在的现实矛盾与困境

（一）原作者与二次创作作者之间缺乏高效的授权许可模式

随着智能时代的到来，大量的互联网用户参与到内容创作中来，创作

---

❶　《关于当前经济形势下知识产权审判服务大局若干问题的意见》第 15 条规定，如果停止有关行为会造成当事人之间的重大利益失衡，或者有悖社会公共利益，或者实际上无法执行，可以根据案件具体情况进行利益衡量，不判决停止行为，而采取更充分的赔偿或者经济补偿等替代性措施了断纠纷。

者群体下沉，特别是大量的 UGC 用户进行二次创作并在互联网进行传播，其创作目的多种多样，并非都为了获取商业利益，他们也通常不会主动去寻求相关的授权。同时，网络经营者通过植入营销、收费点播观看、售票展出、广告流量收益、吸引点击等方式开发出独特的互联网经济业态。移动互联网时代，用户以智能手机为载体，可以快速编辑和美化并用于社交分享移动短视频，素材丰富的原作品源源不断地让网络用户产出新的内容。在"避风港原则"的法律保护下，网络经营者没有动力去审查这些二次创作是否得到了有效的授权许可。此外，著作权人同样没有精力去应对数量庞大的网络用户并进行谈判授权。在这种情况下，传统的著作权授权许可模式无法适应互联网环境下的二次创作市场，亟须进行调整。

（二）合理使用制度难以平衡互联网环境下二次创作的保护与限制

合理使用制度的设置是为了平衡保护排他性权利与促进文化繁荣两者的利益，将一些原本受到他人著作权调整的对他人作品的使用的行为纳入合理使用的范畴，保障二次创作者的自由表达。合理使用制度承担着互联网环境下二次创作保护与限制分界线的角色。我国演绎权制度在演绎行为上虽然只规定了改编、摄制、翻译和汇编四种行为，但改编权的宽泛规定使得演绎权所调整的范围十分广泛，因此，作为演绎权制度的限制的合理使用制度之设计显得尤为重要。

（1）根据我国合理使用制度条款以及目前的司法实例，适用于二次创作的主要有两款：①为个人学习、研究或者欣赏而使用他人已发表作品；②为介绍、评论某一作品或者说明某一问题，而适当引用他人已发表作品。这两款规定使得只有部分互联网二次创作形式能够被解释为合理使用的特定情形，由于"介绍、评论某一作品或说明某一问题"的目的限制和"适当引用"的程度限制，许多互联网二次创作即便有较高的独创性和较大的文化创新价值也无法落入合理使用的范围而豁免，在一定程度上抑制了我国二次创作的创新性。合理使用制度的现有规定已然难以适应不同的互联网二次创作情形，抑制了更多有价值的互联网二次创作的产生。

（2）我国合理使用制度的适用在实践中通常被认为需要"适当引用"

和"少量复制"，然而新技术的诞生和普及重塑了网络用户的创作能力，技术的便利使得二次创作者更易对已存在作品的表达进行直接提取，并根据自己的理解进行重新编排，这明显超出了"适当引用"和"少量复制"。如一些优秀的重混作品，其对原作品的引用比例较高，显然不符合对该规定中的数量或者比例要求，但是该种二次创作确实加入了作者独创性表达和理解，也能够使作品有新的价值和内涵，具有了不同的意义。对于此类互联网二次创作物，依照我国目前的合理使用制度难以将其认定为合理使用，这同样在一定程度上抑制了互联网环境下一些有价值的二次创作。

（三）互联网环境下未经许可的二次创作缺乏有效控制

1. 互联网环境下未经许可的演绎作品大量传播

智能时代，互联网环境下的媒介变得像空气一样触手可得，媒介的充裕使得复制的成本变得十分低廉，智能时代的复制在一定程度上替代了销售。这种销售替代并不局限在对原作品的大量复制，大量叠加原作品著作权的二次创作的传播对于原作品的影响也在不断加深，与著作权人痛恨的互联网侵权复制不同，介于自由表达和著作权侵权之间的二次创作作品更让著作权人爱恨交加。一方面，大量的二次创作削弱了著作权人对其作品的控制，在传播过程中给著作权人及其作品的收益和声誉带来困扰。另一方面，二次创作帮助著作权人享受着媒介充裕和复制便捷带来的好处，著作权人通过二次创作的传播在一定程度上起到了宣传原作品的作用，拓宽了原作品市场，同时著作权人还可以通过授权和版权运作收获利益。在这个意义上，面对互联网环境下大量的二次创作物，著作权人往往更想控制二次创作使其更加符合自己的利益而不是完全禁止它。

2. 数字技术广泛使用增大权利人的维权成本

"5G＋智能"技术应用将数字化从电脑端延伸至移动端，彻底改变了数字内容创作和传播的模式，大量作品以数字化形式存在，数字化的作品由极小的数据单元组成，数字技术的使用者能够利用先进且便捷的技术措施对数字化的作品进行加工重组，使得加工后的内容在实质上与原作品变得不相似。这种情况下，要判断对作品的借用是否合理，是否属于合理使用就变得十分困难。同时，社会化网络技术的低门槛、开放性和去中心化

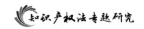

吸纳了大量公众参与到文化传播中来，社会大众日益丰富的"表达"需求使得他们不愿意仅仅成为文化作品接收者，而更多地加入了创作者的行列，大量未经许可的互联网二次创作因此产生。尽管著作权法保障社会公众能够广泛地接触互联网环境下的作品并针对作品进行自由表达，但未经许可的二次创作作品仍然需要面临合法性检验，而陷入"被二次创作"的著作权人不可能逐一确认和审核数量庞大的互联网二次创作内容，著作权人沟通、谈判和维权的成本十分高昂。上述因素共同造成智能时代大量未经许可的二次创作缺乏有效控制的局面，亟待纠正。

第三节　域外考察与经验借鉴

国外二次创作产业形成较早，无论是在制度设计还是在理论研究方面，在该领域的一些制度和做法都值得探究和借鉴，本节主要考察美国、日本和德国为代表的发达国家对于二次创作保护与限制的经验借鉴。

一、美　　国

二次创作是在原作品的基础上发展而来的，大部分二次创作都要受到原作品著作权人演绎权的调整，因此演绎权制度是协调原作品与二次创作作品的关键制度。美国具有宽泛的演绎权规定，根据《美国版权法》第106条第2款的规定，演绎权控制的范围包括"作品被重铸、转换或改编成其他任何形式"，这一规定使得几乎所有与改变作品相关的创作行为都可以受到演绎权的控制。而根据《美国版权法》第103条（a）款的规定，只有得到版权人许可的演绎才能受到版权法的保护，否则就是侵权行为。随着智能时代的到来，为了激励更多具有独创性的作品产生，维护版权所有者和同人创作者之间的平衡，美国通过发展合理使用制度对演绎权进行了实践性的限制和修正，在合理使用制度中加入"转换性使用"规则。该规则最初由美国纽约南区联邦地区法院法官皮埃尔·勒瓦尔（Pierre Leval）在《论合理使用标准》一文中提出，1994年的"Campbell v. AcuffRose音乐公司案"中法官采纳了这一"转换性使用"规则。随着时间的推移，该规则在合理使用认定中扮演着越来越重要的作用。以戏仿（parody）和讽刺（satire）两种二次创作类型为例，戏仿和讽刺类二次创作案件已经成为美国国家版权局合理使用档案检索的一种案件类别。通过考量二次创作是否符合"转换性使用"规则，把握演绎权的尺度，将一些具有不同目的和功能的二次创作从侵权行为中排除，激励二次创作者通过合理的方式进行二次创作，这种方式也越来越多在我国司法实践中被借鉴。

本书认为，引入美国"转换性使用"制度，减少对有价值的二次创作的抑制，是具有合理性的。一方面，我国改编权制度概括性的规定使得演绎权调整的范围广泛，这与美国演绎权制度的设计基调相似，引入其弹性较大的合理使用制度能够与我国演绎权制度相互补充，我国演绎权制度体系具备对该制度进行本土化借鉴的土壤。另一方面，运用"转换性使用"所认定的如戏仿作品等情形已经得到世界上其他国家的广泛承认，该制度经过长时间的运用也逐步成熟，进行本土化借鉴的条件也相对成熟。

二、日　本

日本主要是通过法律制度引导二次创作市场形成良好的市场机制，例如《日本著作权法》第28条规定，"二次作品原作品的作者，对二次作品的使用，享有和二次作品作者同样的、本小节规定的著作权"❶。通过这样的规定让二次创作者和原作者共享二次创作物的著作权，分享二次创作物的市场利益，使得二次创作在合理范围内得到了一种"默示许可"。通过对现有的著作权限制的条款进行延伸解释和类比适用，对于未经权利人明确授权而使用版权作品的行为，采取更多灵活性的措施，同时根据实际使用情况在一定合理范围内广泛承认默示授权。❷ 总体而言，日本默认二次创作是整个文化生态创作的一部分，同时试图避免因绝对的立法而导致目前的创作生态被破坏，与其他国家相比，属于一种较为折中的处理方式。

日本依靠市场化解纠纷的法制实践在我国同样存在可借鉴之处，我国

---

❶ 日本著作权法 [M]. 李扬，译. 北京：知识产权出版社，2011：21.
❷ 文化審議会著作権分科会法制問題小委員会. パロディワーキングチーム 報告書 [EB/OL]. (2019 – 03 – 21) [2022 – 12 – 20]. http：//www. creader. com/news/20011219/200112190019. html.

《著作权法》要求对于演绎作品的利用需要双重许可，所以未经许可的二次创作属于非法演绎作品。在明确该类作品的独立权利时，同时应当平衡其与原作品之间的纠正补偿关系，在我国司法实践中有两种做法：一是将非法利用行为应负相关侵权赔偿责任依照著作权侵权的法律关系进行民事赔偿；二是对利用未经许可的演绎作品所获的经济利益进行合理分配，兼顾原作品与二次创作作品增加部分的贡献率、著作权收益举证和公平原则等多重因素，兼顾双方利益来进行收益的合理分配。这两种方式并非不好，然而这两种方式终究需要通过司法仲裁手段化解价值认定纠纷，另外随着互联网环境下二次创作的体量越来越大，对司法诉讼资源也存在较大的依赖，因此依靠引导市场形成健康的二次创作生态，同时通过法律设置类似《日本著作权法》第28条的权利迭加补偿机制，促使权利纠纷自动回归市场法则之中，将对二次创作领域的纠纷化解有所助益。

三、德　国

德国著作权法将改变他人作品区分为改编行为和自由使用行为：改编行为是对原作品进行具有独创性的改动，受到原著作权人演绎权的约束；自由使用行为则是完全创作出了全新的作品，其利用他人作品的行为不受原著作权人控制。自由使用行为与合理使用有着本质的区别，自由使用制度规定在《德国著作权法》第四章"著作权的权利内容"中，而非第六章"著作权的限制"。《德国著作权法》第24条第1款规定，"自由使用他人作品创作的独立作品，不经被使用作品的作者同意而可以发表与利用"。❶可见，自由使用行为并非对原著作权人的权利加以限制，将部分利用他人作品进行创作的行为排除在原著作权人的控制之外，而是给予使用者等同于原作品保护的权利，对其作品进行完整的著作权保护。

无论是采取自由使用行为将一部分演绎行为合法化，还是运用合理使用制度限制演绎权制度以使其调整范围不至于过宽，其本质都是有针对性地保护一部分利用他人作品的行为，以便文化创作者能从前人的成果中汲取养分并创作出新的具有文化艺术价值的新作品。对于我国二次创作领域

---

❶ 德国著作权法（德国著作权与邻接权法）[M]. 范长军，译. 北京：知识产权出版社，2013：29.

相关法律规范的调整，这种区分自由使用行为的方式与我国现有著作权法体系结构差异过大，并不适合用以解决当前我国二次创作领域相关问题。但德国著作权法演绎权制度中对于未经许可进行消极保护的相关规定，对我国明确未经许可的二次创作的消极保护具有重要的借鉴意义。一般而言，在德国只要改编行为符合独创性要求，便能获得著作权法保护。同时，《德国著作权法》第 23 条规定，在得到被改编作品的著作权人许可后，改编作品才能被发表或利用。因此，《德国著作权法》实际上将未经许可的演绎作品的积极权利和消极权利区别开来。一方面，从属于原作品著作权的演绎作品受到著作权的保护，包括原作者在内的其他人也不能对其进行利用，具有消极的排他性权利。另一方面，未经许可的演绎作品也不能加以发表和利用，不具有积极的权利，这种做法也是上文所提及的未经许可的演绎作品消极保护论的国际立法例。

第四节　智能时代二次创作著作权保护与限制之困境解决的几点建议

一、优化互联网环境下的二次创作授权许可模式

当前互联网环境下二次创作领域的授权许可主要存在三种方式：一是著作权人的直接授权，著作权人直接与使用者就作品的使用进行协商授权，这也是传统的著作权授权许可方式；二是由集体管理组织进行统一授权，著作权人将作品授权给集体管理组织，再由著作权集体管理组织以自己的名义从事与使用者订立许可合同，向使用人收取使用报酬等活动；三是由中间商代为授权管理，著作权人通过专门从事授权许可的中间商进行居间协调，以达成授权。上文提到，由著作权人与使用者进行一对一的授权在互联网环境中效率低下，难以适应二次创作产业的需求。因此要优化互联网环境下的二次创作授权许可模式，应从著作权集体管理组织和中间商授权入手。对于著作权集体管理组织来说，一方面，著作权集体管理在互联网环境中发挥的作用有限，无论是在应用领域还是在数字化建设上，

都还存在不足。另一方面，集体管理组织通常针对整个互联网平台进行授权，难以准确对不同作品进行定价，也缺失了对大量个人创作者的合理考量。对于中间商授权方式来说，当前著作权交易的中间商是一些大型的互联网服务提供者，他们既为创作者提供创作平台，又为著作权人进行"推广"授权，这使得著作权人和使用者均需要依赖中间商而陷入弱势地位。因此优化中间商授权模式既要发挥其丰富媒介资源，又要加强监管，避免利益失衡。

首先，要加快著作权集体管理组织及相关制度的建设和完善，并将著作权集体管理有效应用到互联网二次创作中。我国的著作权管理涉及文字、音乐、音像、摄影和电影，著作权集体管理组织在特定领域的授权许可工作中发挥着重要的媒介作用。但在智能时代，著作权集体管理组织及相关制度发挥的作用还比较有限，要使著作权集体管理能够对互联网环境下的二次创作的授权许可发挥作用，一是要扩大著作权管理的范围，使其能够涵盖电影、音乐以外的更多类型的作品，将更多二次创作的素材纳入集体管理之中。二是要加快构建数字化著作权集体管理平台，目前除著作权协会的数字集成视频和音频数据库的运用较为普遍，其余著作权集体管理组织的数字化建设都不够完备，难以适应互联网环境的需求。三是要促进著作权集体管理运用到互联网环境中的授权许可模式中，促使互联网环境中授权许可通过著作权集体管理组织达成。例如中国音乐著作权协会在2019年根据部分会员的特别授权与短视频巨头字节跳动公司（包括抖音、今日头条和西瓜视频三个平台）进行合作，就音乐类录音制品的著作权许可签署战略合作协议，这一方式值得推广。四是集体管理组织可以针对个人用户设置合理的授权许可制度，对非商业性使用进行一揽子授权许可，并进行相应的限制，如必须表明原作品名称、作品来源等限制条款，以适应个人用户数量庞大的互联网二次创作产业。

其次，强化网络服务提供者的中介作用。一些头部网络服务提供者拥有庞大的用户群体，这些用户群体是互联网二次创作的主要生产者，要以网络服务提供者为重要媒介平台，促进授权许可和知识产权交易，网络服务提供者可以直接与著作权人签订授权许可协议，著作权人根据其意愿适当地允许平台上的用户在其合理范围内进行使用及二次创作。同时网络服务经营者也能作为知识产权交易平台，按照相应的市场标准促成知识产权交易，通过达成服务协议和追踪使用情况，将该二次创作作品获得的收入按照约定的比例支付给在先著作权人。此外，还可以要求网络服务提供者实施相应的技术手段对用户的二次创作行为进行监督和过滤，督促创作者主动寻求授权许可。要求网络服务提供者建立报告制度，对作品使用的次数、长度和收益情况进行监测，对达到相应标准的二次创作及时主动向著作权人或集体管理组织进行报告，促使授权许可的达成。

二、以"三步检验法 + 转换性使用"判定互联网二次创作的合理使用

我国演绎权制度在演绎行为上虽然只规定了改编、摄制、翻译和汇编四种行为，但改编权的概括性规定使得演绎权调整的范围比较广泛，因此限制演绎权的合理使用制度之设计就显得尤为重要。美国合理使用中的转换性使用制度在一定程度上对其本国有价值的二次创作具有一定的激励作用，同时采用这种制度所认定的合理使用情形也得到了较为广泛的承认，如戏仿作品属于合理使用就已经在各国实践中被承认。因此，针对互联网环境下的二次创作，笔者认为可以引入转换性使用制度作为合理使用制度的补充。

上文提到，我国著作权法中要求以三步检验法作为合理使用标准。要在三步检验法的基础上加入转换性使用，需要进行合理的制度设计。目前法学界有以下几种方案：其一，司法实践中通常针对某个二次创作独立采用转换性使用标准进行判断，并结合三步检验法作为限定，在符合现有合理使用法律条文的要求下，运用转换性使用进行释法说理。其二，有学者建议将转化性使用制度纳入合理使用条款中"评论或说明问题"情形，符合该合理使用情形的可以采用转换性使用进行判断，同时以三步检验法进行限定。❶ 其三，还有学者提出建立一个基于赔偿机制而非禁令基础上的转换性使用规则，将转换性使用作为侵权救济中是否适用禁令的考量因素之一，对于部分侵权行为不适用停止侵害而采用其他替代措施。❷

---

❶ 熊琦. "视频搬运"现象的著作权法应对［J］. 知识产权，2021（7）：39 – 49.
❷ 唐艳. 论二次创作的著作权法规制与保障［J］. 知识产权，2016（11）：46 – 52.

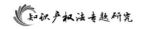

上述三种方案都具有可操作性，这里涉及的关键问题有两个：一是是否将转换性使用纳入合理使用的制度层面，二是在多大的范围内适用转换性使用制度。笔者认为，智能时代的二次创作具有其特征：一是大多利用数字技术进行编辑；二是主要在互联网环境中进行传播；三是已经通过植入营销、收费点播观看、售票展出、广告流量收益、吸引点击等方式形成独特的互联网经济业态。因此，将互联网环境下的二次创作纳入任何一个具体的合理使用情形，都容易陷入解释的困境。鉴于在 2020 年《著作权法》修正的过程中，第 24 条关于合理使用的规定中新加入第 13 款的"法律、行政法规规定的其他情形"。笔者认为，可以将互联网环境下的二次创作通过其他法律或者行政法规进行规定，互联网环境中的戏仿作品、重混作品、同人作品等演绎作品若符合转化性使用的具体条件，同时又满足《著作权法》第 24 条三步检验法的要求的，可以被认定为合理使用，通过《著作权法》第 24 条和其他法律、行政法规的相互配合，将互联网环境中的二次创作纳入合理使用判断体系中。

首先，这种操作可以使得制度有效对接，不至于在引入转化性使用制度时对合理使用的具体情形进行增删，妨碍法律的连续性和一致性，引发法律适用上的混乱。其次，用此种方案引入转换性使用也具有针对性，主要为解决互联网环境下带来的二次创作难题。最后，这种方案也可以让法官在进行判断时同时受到三步检验法和转换性使用规则的双重限定，不至于合理使用在适用上产生扩大化。

三、明确未经许可的二次创作的消极保护

互联网环境下的二次创作引发的法律纠纷，通常因为二次创作者在未经授权的情况下使用了原作品，突破了著作权人对其作品人格权和财产权的限制，进而发生损害著作权人的财产利益、作品声誉，妨害著作权人名誉的后果，引起著作权侵权纠纷。因此，倘若经过本章前述之合理使用原则梳理检视程序，基于个案具体情状仍无法主张合理使用的排除违法责任事由，原作品与互联网环境中未经许可的二次创作物之间的关系应该如何调节，值得进行探讨。上文提到，对于未经许可的演绎作品，即使不能构成合理使用的未经许可的二次创作，因其具有与一般作

品相当的原创性，具有一定的积极意义，不宜全面否定其合法性，而应对其进行消极保护，这也是国际现有立法例及学术界的较为认可的处理方法。因此，应当建立均衡非法的演绎作品与合法的原有作品之权利纠正补偿机制，调和原作品著作权益和社会公共利益，以达成促进国家文化发展的目标。

首先，在法律上明确未经许可的二次创作受到著作权法的消极保护，二次创作的演绎作者除了具有署名权外，还享有一些禁止性权利，例如禁止他人非法利用二次创作作品，以帮助其在演绎作品被侵权时获得相应的救济。同时，二次创作作者无法独立行使积极的授权性权利，例如转让、许可等权利。演绎作品的著作权人对演绎作品享有的著作权完整但不独立，在行使时受到原作者著作权的限制。这种消极保护作为不予保护和著作权法的积极保护两种做法的折中，能够防止互联网环境下的二次创作出现大量的复制、剽窃和各种利用，总体上更好地平衡原作者与演绎作者、演绎作者与第三侵权人乃至公共利益，是应对互联网环境下二次创作作品的较优选择。同时也能够给予二次创作者和原著作权人一定的沟通时间，在商业化利用时机成熟时再进行授权许可。

其次，可以制定法律引导二次创作通过市场机制进行调节，日本的法律实践也提供了相应的制度蓝本，如《日本著作权法》28条之规定，此类设计有利于引导实践中二次创作主体与著作权人形成良性互动，同时由原作品权利人及演绎作品权利人针对演绎作品进行各自授权各自收益，各凭本事以获取消费市场之认同价值，甚至彼此间尚能自行协商共同授权以免扰乱市场机制，以利达成巧妙的商场竞合关系，进而无须透过司法诉讼制度反复请求确认侵权或裁决金额赔偿，减轻司法负担。以"抖音二创计划"为例，已经表明在二创市场上著作权人与二次创作者之利益并非完全对立，并且通过平台及网络媒体达成了共识，在这种情况下，法律之设计应该促进这种通过市场机制形成的契约达成，加强市场调节作用，因此引入或创新出类似上述日本之规定，有利于发挥市场调节功能，也应该是我国应对智能时代二次创作问题进行法律改进的方向。技术的发展历来是引

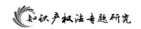

起法律制度变革的重要因素之一❶，人类法治史绝非一潭死水❷，创新利益的分配理应随着社会进步与技术发展而有所改变。

结　语

智能时代，传统著作权产业模式变化、媒介手段丰富和数字技术的广泛应用等特点使得二次创作产业面临更复杂的问题。传统授权许可模式难以适应智能时代二次创作快节奏的授权许可要求，合理使用制度无法合理平衡智能时代二次创作著作权的保护与限制，充斥在互联网环境中的大量未经许可的二次创作缺乏有效的限制。原始作品激励与二次创作自由亟须一个平衡经济效益和法律正义的协调机制。美国、日本、德国的相关制度中存在可以借鉴的制度设计，同时域外关于二次创作著作权保护与限制的实践中暗含着可以归纳的平衡逻辑，智能时代我国二次创作著作权的保护与限制应当在反思与借鉴的基础上有针对性地进行调整。笔者提出如下建议：

首先，传统著作权法中创作者单独寻求著作权人的授权许可的模式在互联网环境下难以实现，智能时代二次创作存在数量庞大、创作群体下沉、单独授权效率低下的特点，因此需要对当前授权许可模式有所调整，以适应智能时代二次创作产业发展的需求。其次，应当调整合理使用制度对于智能时代二次创作的判断标准，合理确定二次创作著作权保护与限制的分界，如在各国实践中已被承认的二次创作类型，可以通过法律或者行政法规将其纳入合理使用免责之中，以释放民众创作之热情。而对于恶意复制、拼贴、篡改他人作品的互联网二次创作，则不应该纳入合理使用免责。此外，对于未经许可的二次创作，应当明确对其的消极保护制度，赋予其必要的消极权利，限制其积极权利的行使。同时，通过法律手段引导

---

❶ 卢结华. 新业态智力成果的类型化及其法律应对 [J]. 科技与法律（中英文），2023 (6)：71-81.

❷ 邹开亮，刘祖兵. 试论智能算法主体化 [J]. 重庆邮电大学学报（社会科学版），2023 (2)：63-75.

互联网二次创作回归市场，发挥市场调节功能，让市场直接对智能时代的二次创作进行商业价值检验，规避权利人高昂的维权成本付出，减少司法诉讼资源在大量的二次创作上的消耗。具体措施如下：优化二次创作授权许可模式，一是加快著作权集体管理组织及相关制度的建设和完善；二是强化网络服务经营者的媒介作用，促进授权许可更加高效精准。对于互联网环境下二次创作是否属于合理使用，应以"三步检验法＋转换性使用"为标准进行判断，明确二次创作著作权的保护与限制的界限；对于互联网环境下大量存在的未经许可的二次创作物，一方面要在法律上明确对其的消极保护，赋予其合理的消极权利，另一方面可以通过制度设计引导市场对未经许可的二次创作进行调节，节约司法资源。

第三章　音乐编曲的著作权问题研究[*]

第一节　引　　言

　　编曲是音乐制作过程中非常重要的环节，也是最具创造性和个性化的部分。在流行音乐创作流程中，负责音乐中除人声旋律与歌词之外的一切音乐元素编排的编曲环节已成为极其重要的创作环节。编曲并不仅是根据现有曲目简单地选择乐器与音色，也不单指运用电脑软硬件制作音响效果。编曲者需要具备音乐理论知识，熟悉各种音乐风格、流派，以及掌握各种乐器演奏技巧。他们需要根据曲目的特点，选择适合的编曲方式，以达到最佳的音乐效果。根据每个编曲者的经验和风格不同，他们可以对同一首曲子进行不同的改编，创造出不同的音乐效果。因此，编曲是一种艺术形式。在现代编曲技术条件下，编曲者通过使用各种编曲软件、效果器、音源插件、合成器等工具，对音乐进行更加精细的制作和调整。这些工具的应用，使得编曲者可以更加自由地发挥创造力，创造出更加丰富多样的音乐作品。编曲者通过对乐器的音色、和声的构成、旋律的走向进行调整搭配，奠定音乐作品的基调，从而呈现出迥乎不同的艺术效果。

　　自20世纪80年代初期，随着中国音乐市场中流行音乐创作风潮的兴

---

　　[*] 本章由王晨曦撰写，孙玉荣对其内容进行修改和删减并融入了《音乐编曲的著作权保护模式探究》一文的部分内容，该文发表于《科技与法律（中英文）》2023年第2期，作者：孙玉荣、李心航。

起，音乐商品化速度不断加快，音乐创作"创编分离"态势日益明显，编曲者在音乐创作中的作用也愈发重要。与创作单线条旋律的作曲者相比，编曲者往往需要具备扎实的乐理知识，综合统筹不同和声与配器的音色、音量、力度、织体等种种因素。相同的词曲经不同编曲者编配后会呈现出不同的听感，编曲者水平的高低和风格的定调决定着乐曲最终呈现出的效果。在大多数专业音乐人眼中，编曲的重要性毋庸置疑，然而在对于音乐制作过程不甚了解的大众视角下，编曲人对乐曲的贡献往往被作曲人的光辉所遮掩。很多人将编曲与作曲混为一谈，使得编曲人如同隐形人一样藏身幕后，付出与所得完全不对等。

随着人们文化生活的日益丰富，由编曲引发的争议与侵权事件不断涌现。对于在音乐创作中发挥如此重要作用的编曲，我国《著作权法》对于编曲的概念、法律性质以及编曲者的地位却均没有明确界定，因此司法实践中对音乐编曲的保护也很难实现。只有创作者的权益得到充分合理的保护，整个音乐产业才能够持续健康地发展，故在法律上厘清音乐编曲的性质，肯定编曲人在音乐制作过程中所创造的智力成果的独创性是必不可少的。本章首先对编曲的法律性质进行分析，以独创性高低为标准对其进行内部分类，并且在此基础上探寻音乐编曲的著作权保护模式。

第二节　音乐编曲的概念与分类

一、音乐编曲的概念

"编曲"作为一个专业术语，主要是随着现代流行音乐的发展和国际音乐制作理念的传入而逐渐引入和普及的。在古代，音乐创作往往由作曲家独立完成，包括旋律、和声以及演奏方式的设定，没有明确的"编曲"环节。到了近现代，随着西方流行音乐制作模式的传入，我们开始接触到编曲的概念，并逐渐将其融入自己的音乐创作体系中。"编曲"这一术语并非产生于我国本土，而是译自日语"编曲（へんきょく）"。根据日本三省堂出版发行的辞典《大辞林》，"编曲"是"将乐曲从原本的编排改为适合其他演奏形式的编排"。《日本日语词典》中，编曲指"通过改变所使用的乐器或改变演奏形式来重写一首音乐或者使用歌曲一部分的旋律来创作另一首歌曲或添加和声"。根据《日本百科全书》（Nipponica），编曲是指"根据目的重新组织歌曲的表演形式、旋律、节奏、歌词等。特别是在爵士乐和流行音乐中，它是一种影响歌曲质量的方法"。日语中的编曲翻译自英语"arrangement"，即改编创作，然而日本商业娱乐行业在使用这一术语时并不严谨，"编曲"一词既可以用来表示一首音乐作品从无到有的原创编配，也可以用来表示音乐制作以及原创性质的作曲。❶ 我国在翻译引入编曲的概念术语时并未查明音乐领域的专业信息，也未考虑到两国语言符号系统和语境的差异可能导致的谬误，只是盲目对这一术语进行效仿，从而导致大众对编曲这一概念的误解和对作曲与编曲二者的混淆。

二、我国音乐编曲的分类

结合当前国内音乐行业，"编曲"大体可分为以下三类。

（一）对单旋律乐曲的编配

"编曲"指对单旋律（monophony）乐曲的"编配"，对应英文"music arrangement"。❷ 单旋律编曲，通常指的是在原有的单一旋律线基础上进行音乐元素的增添与丰富，以创造出更为饱满和多层次的音乐作品。在单旋律编配中，编曲者会深入分析原始旋律的调性、节奏、动态以及情感表达，随后运用和声学原理、节奏设计、乐器选择以及混音技巧等手段，为单一的旋律线增添和声背景、低音线条、打击乐节奏以及其他音色层次。在不改变原始旋律的前提下，通过精心编织的音乐元素，提升作品的情感深度、听觉丰富度和音乐表现力。单旋律编配要求编曲者既保持对原始旋律的尊重，又能够创造性地融入新的音乐元素，以达到既保留旋律精髓又丰富整体音乐体验的效果。❸ 随着科技的不断进步，现代编曲已不再局限

---

❶ 方姮. 编曲的著作权法保护问题研究［J］. 齐齐哈尔大学学报（哲学社会科学版），2018（3）：81 – 84.

❷ Encyclopeadia Britannica［EB/OL］.［2023 – 11 – 10］. https：//www britannica. com/art/arrangement.

❸ 刘益敏. 从编曲技法谈音乐形象的塑造［J］. 北方音乐，2013（13）：57.

于传统的"纸面作曲"方式。通过电脑程序辅助音乐创作，编曲者能够实时录制和编辑单旋律，轻松操控音符、和弦、节奏等核心音乐元素，无须烦琐地调整实体乐器，从而极大地提升了编曲的效率和自由度，使得创作过程更加便捷和高效。❶ 上述所指的"编曲"（编配），本质上是对原始单旋律音乐作品的一种深度再创作，通过精心的设计和构思，对作品的主旋律进行"诠释"与"深化"，使音乐作品的内涵和情感得以充分展现。❷ 因此，有人主张编曲实际上是完整"作曲"流程中不可或缺的一环，而非独立存在。在这一视角下，"编曲"与"作曲"紧密相连，难以割裂。相应地，作曲者的定义也得以拓展，不再仅限于创作单旋律乐曲的人，而是涵盖包括编曲者在内的广义上的创作者。换言之，编曲者在单旋律编配类型编曲的创作过程中发挥着至关重要的作用，是广义作曲者群体中的重要组成部分。

（二）"伴奏"类型的编曲

伴奏（accompaniment），其原始含义主要限定于声乐范畴，从词源学角度审视，它凸显了人声演唱的核心地位，而其他音乐元素则扮演着辅助或配角的角色。在"accompaniment"这一英文表述中，同样蕴含着附属或伴随的意味。然而，在音乐制作的实践中，将多样且复杂的乐器仅仅视为人声的附属品，显然是不够准确的。因此，尽管"伴奏"这一词汇在华语流行音乐中广为使用，但其在专业音乐术语中并不够严谨准确。随着"编曲"这一术语的普及，专业音乐人士及资深乐迷逐渐倾向于用"编曲"来替代"伴奏"，以更精确地描述音乐作品中各音乐元素之间的协调与配合。尽管如此，"伴奏"一词由于其深入人心的影响力，在日常语境中仍被广泛使用，尤其在讨论"伴奏创作"时，它常与"编曲"互换使用。在高度商业化的流行音乐创作行业中，负责歌曲主旋律的作曲家与创作伴奏的编曲家被划分为相对独立的职业群体，他们各司其职，分工合作。根据歌曲的风格、创作者的偏好以及创作团队的工作方式，可以将"编曲"（伴奏

---

❶ 白皓. 歌曲编曲的"一二三"步 [J]. 黄河之声，2018（7）：54.

❷ 任佳. 流行音乐编曲："老歌"换"新颜"的魔术之手——以歌唱竞技节目《歌手》为例 [J]. 人民音乐，2018（5）：89 – 90.

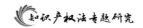

创作）分为两种不同的情形。

（1）主旋律先行模式。主旋律先行模式，即创作者先有一个主旋律的构思，然后围绕这个主旋律来编曲。这种模式下，主旋律与编曲紧密贴合，主旋律往往是歌曲的核心，其他元素围绕它展开，完成后的伴奏紧密贴合主旋律的表达，与主旋律交织呈现，共同构成一个完整的"作品整体"，类似于前述的"编配"意义上的"编曲"。除了编曲与主旋律紧密贴合的这种情况外，还有主旋律先行但编曲与主旋律关联度较弱的情况，在这种情况下，编曲者的创作独立于主旋律，更注重配合人声演唱部分的整体思想与情感风格，这样的伴奏可能在风格、节奏、和声等方面独具特色，甚至可以作为其他歌曲的伴奏使用。

（2）编曲先行模式。在这种模式下，编曲者往往会以一段旋律、和弦进程或者任何"动机"作为创作的起点。例如说唱音乐中的伴奏（beats）、电子舞曲（Electronic Dance Music，EDM）、流行音乐的样本唱片制作、环境音乐（Ambient Music）等，这些音乐类型的创作模式都有一个共同点，即音乐的基本结构和元素先于歌词和旋律进行创作，然后歌词作者或演唱者根据这些音乐进行创作或演唱。因此，这种编曲先行的音乐，虽有伴奏功能，但创作时与原始歌曲旋律无关，本质上是由编曲者创作的独立音乐表达。

（三）民歌新"编"

在我国悠久的民间音乐传统中，蕴藏着丰富多样的音乐素材与曲目。这些音乐作品不仅是艺术创作的结晶，更是当地历史、文化、生活等多重维度的生动反映。然而，鉴于民间音乐传统主要依赖口传心授与习俗传承，许多音乐作品在流传过程中出现了版本不一、传承中断等问题，导致音乐素材的完整性和准确性受到挑战。鉴于此，对民间音乐素材进行深入发掘、系统整理以及科学编曲的工作显得尤为关键与迫切。在对民间音乐的编曲中，"编曲"通常指的是对原有民间音乐的曲调进行改编，或者利用这些民间音乐素材进行全新的创作，在保持原曲的主体曲调和整体特征的同时，通过编曲者的创造性劳动，为其注入新的元素和表现力。❶ 因此，

---

❶ 李一岚. 关于"编曲"与"作曲"的判定探讨 [J]. 群文天地，2012（2）：108.

尽管编曲者在编曲过程中付出了创造性劳动，但原曲的基本框架和特色仍然得以保留，编曲者在这里更多扮演的是"改编者"的角色。但仅仅利用民间音乐素材进行独立创作的行为，在我国民间音乐艺术领域通常不被视为"编曲"，而更接近于"作曲"。

综上，"编曲"一词在不同语境和文化背景下具有多种含义和用法，在探讨和分析编曲的法律性质时，我们必须首先明确所指"编曲"的具体类型与所处语境。将编曲直接等同于伴奏或者为单旋律编配等观点都是片面的，必须深入了解不同音乐领域和文化背景下编曲的定义和用法，以便准确判断其法律属性。随着音乐产业的不断发展和创新，编曲的概念和形式也可能在不断演变和拓展。因此，我们还需要保持对音乐产业的关注和了解，及时更新我们对编曲的认知和理解，以便更好地适应和处理与编曲相关的法律问题。

第三节　音乐编曲著作权法保护现状与困境

一、音乐编曲著作权法保护现状

（一）我国关于音乐编曲的著作权法保护状况

我国著作权法没有关于"编曲"的定义，仅仅规定了"音乐作品"与"改编"。我国《著作权法实施条例》第 4 条第 3 款对将音乐作品定义为"歌曲、交响乐等能够演唱或演奏的带词或不带词的作品"。实践中人们常常将音乐作品简单解读为词曲二者的结合，将曲作品与主旋律等同。全国人大法工委编写的《中华人民共和国著作权法释义》也仅仅将音乐作品简单概括为旋律和节奏，❶ 可见编曲作为音乐作品不可或缺的一部分依旧被人们所忽视，编曲者的权利无法像作词者、作曲者的权利一样受到同等程度的保护。

---

❶ 胡康生. 中华人民共和国著作权法释义 [M]. 北京：法律出版社，2002：8.

虽然我国《著作权法》中没有明确地对"编曲"的概念进行规定，但《著作权法》第 13 条规定："改编、翻译、注释、整理已有作品而产生的作品，其著作权由改编、翻译、注释、整理人享有。"其中的"整理"来源于《伯尔尼公约》中的"arrangement"一词。《伯尔尼公约》分别在第 2 条第 3 款❶和第 12 条提到该词，我国政府在批准加入《伯尔尼公约》时，向世界知识产权组织提交的中文译本将第 2 条第 3 款的"arrangement of music"和第 12 条的"arrangement"分别翻译为"音乐改编"和"乐曲改编"。笔者认为《伯尔尼公约》中的"arrangement"在翻译过程中有可能被误认为中文语境下通常含义的"整理"，因而我国《著作权法》中并没有出现编曲等类似概念。

我国台湾地区"著作权法"第 3 条第 11 项规定："改作，指以翻译、编曲、改写、拍摄影片或其他方法就原著作另为创作。"第 6 条规定："就原著作改作的创作为衍生著作，以独立之著作保护。"由此，对于音乐作品进行编曲属于改作，形成的编曲成果属于衍生作品，可受到"著作权法"的保护，编曲者也可作为衍生作品的著作权人享受相应的权利。

（二）域外对音乐编曲的著作权法保护状况

1. 美　　国

《美国版权法》将"音乐编配"囊括进了第 101 条规定的演绎作品范围内，作为改编作品受到保护的音乐编配在原创性方面也具有相当的要求，编配者要想使其编曲受到版权法的保护必须作出实质性的改编。在"Woods v. Bourne Co. 案"中法院认为："一个音乐作品能够成为演绎作品，要比简单的鸡尾酒式的变化要多一些，这正是音乐行业中有才华的音乐家的基本工作。音乐演绎作品必须对声音进行不同寻常的处理，增加新的歌词，特别改动了和声，对主题篇章按新的顺序进行编排，这些增加的内容在某种程度上和旧作品一起产生了新作品，使原有作品有了新的发展。"❷ 而在"Shapiro, Bernstein & Co. v. Jerry Vogel Music Co. 案"中，

---

❶ 《伯尔尼公约》第 2 条第 3 款规定："改编、翻译、乐曲的改编以及对文学或艺术作品的变动应受到与原作同等的保护，但不得损害原作的版权。"

❷ Woods v. Bourne Co., 841 F. Supp. 118 (1993).

法院认为演绎乐曲时新增加的部分只是对原曲旋律和伴奏稍作改动，不能认定为演绎作品。❶

由此可见，虽然编曲在《美国版权法》中有所涉及，但对于编曲作品的独创性认定，美国法律并未给出具体标准，而是需要在司法实践中根据具体情况进行判断，目前美国在诸多司法判例中已逐渐明确对音乐编曲的侵权认定方式，并提出多种音乐编曲独创性判断标准，本章第四节也将引入一些美国判例对音乐编曲的独创性判断方法，此处不再赘述。

此外，《美国版权法》还规定了合理使用制度，对改编作品的使用进行了一定的限制。根据该法第 107 条的规定，合理使用制度旨在平衡原作者与使用者之间的权益，确保改编作品在合理范围内得到使用。

2. 德　　国

《德国著作权法》第 2 条明确了音乐作品是以声音或声响作为表达手段的作品，通过这些手段表现出音乐情绪。❷ 在改编作品方面，该法第 3 条要求改编作品必须具备较高的创作水准，以体现其独创性。《德国著作权法》第 24 条第 2 款提及他人创作的旋律不能作为从无到有创作的新著作的基础被明显使用，他人如若利用必须经过原权利人的许可，此处提到的旋律不仅包括其主旋律，也涵盖音乐的编曲。由此可以看出德国对演绎作品具有较高的创作水准要求，对原作者进行充分保护的同时，编曲者的地位和利益也没有被忽视。谱面的改写变奏与配器的取舍搭配在音乐领域都可以被视作创作性劳动，因为这些劳动都需要编曲者具有扎实的乐理基础，是以其自身的音乐才能为前提的。

对于编曲作品，《德国著作权法》虽然没有直接给出定义，但根据其规定，可以推断出编曲作为音乐作品的演绎形式，应受到相应的保护。在保护力度上，《德国著作权法》对原作者的权益给予了较强的保护，对未经许可的改编作品进行严格限制。

3. 日　　本

《日本著作权法》虽然没有对编曲者赋予独立的权利，但是在该法第

---

❶ Shapiro, Bernstein & Co. v. Jerry Vogel Music Co., 73 F. Supp. 165 (S. D. N. Y. 1947).

❷ 德国著作权法（德国著作权与邻接权法）[M]. 范长军，译. 北京：知识产权出版社，2013：2.

二章第 11 条中，编曲被明确纳入二次作品（改编作品）的范畴，并享有著作权的保护。《日本著作权法》第 27 条规定：作者的专有权利包括通过翻译、编曲、改变表现形式、改为剧本、拍摄成电影或其他形式改编其作品。二次作品的作者与原作者拥有同样的著作权，但对二次作品的保护不影响原作品的作者权利。综上，在日本著作权法中，编曲被视为一种重要的二次创作形式，并得到了相应的重视。

此外，域外有些国家的立法也对"音乐作品的改编"作出了具体释义。《英国版权法》规定，音乐作品的改编"是指对作品进行编排（arrangement）或是编曲（transcription）"❶；《意大利著作权法》明确规定"具有原创性的音乐改编作品"受法律保护，属于作品❷；《印度著作权法》的规定也大致类似❸。俄罗斯的著作权法规定"构成创作的音乐改编"属于"本法保护的作品"。❹ 由此可见，不少国家认为应当从著作权法的角度保护编曲，但并未能够规定编曲的具体内涵与外延。世界知识产权组织对"音乐编排"（arrangement of music）的释义为："根据特定乐器以及交响乐团的需求，或是根据歌手音域等调整音乐作品的表现形式，以适应特定目的。大部分情况是将乐曲改编成供交响乐团演奏的管弦乐，或者对乐曲转调，并非均可构成创作或演绎作品。"❺

综上，著作权法只保护具有独创性的作品，对于音乐编曲，无论采用哪种名称，只有具有独创性的编曲才能成为著作权法上的作品受到保护。

二、音乐编曲著作权法保护困境

目前司法实务中涉及音乐编曲侵权的案件中，各个法院对于音乐编曲法律属性的司法认定标准无法统一，根据笔者收集到的国内司法案例，主要是将音乐编曲者享有的权利认定为录音录像制作者权利，也有部分法院认为音乐编曲构成改编作品，甚至还有法院认为编曲者不享有任何著作权法上的权利。

---

❶ 《英国版权法》第 21 条第 3 款第（b）项。
❷ 《意大利著作权法》第 2 条第 1 款第（2）项。
❸ 《印度著作权法》第 2 条第（a）款第（iv）项。
❹ 《俄罗斯联邦民法典》第 1260 条、第 1270 条。
❺ 世界知识产权组织. 著作权与邻接权法律术语汇编［M］. 刘波林，译. 北京：北京大学出版社，2007：11.

（一）将编曲者对涉案作品的权利作为录音制作者享有的权利保护

我国《著作权法》规定，录音制作者对其制作的录音制品享有录音制作者权。"录音制作者"通常指的是安排并统筹整个录音制作的工作并支付成本的投资人，一般是唱片公司而非单纯的录音师。在现代音乐产业中，唱片公司一般需负责租赁提供录音棚与录音设备，聘请录音师、乐手、编曲人以及混音师并支付报酬。因为录音制作者在录制歌曲中付出了大量的成本和精力，所以著作权法赋予其享有录音制作者权利，这与电影的著作权归属制片方的原理类似。因此，一些法院会认定编曲者对涉案作品享有的权利为录音制作者权利。

如在"田某与北京乐海盛世国际音乐文化发展有限公司等侵犯录音制作者权纠纷案"中，对于原告主张享有《香烟爱上火柴》的"音乐版权"，一审法院认为，从其所诉事实及提供的相关证据看，其主张的"音乐版权"本意应是基于对涉案作品在录制过程中进行的编曲、混音、录音等劳动享有的权利，该权利属于录音制作者享有的权利。二审法院认同一审法院的分析：田某主张除歌手演唱的声音外，《香烟爱上火柴》中的其他声音均由其制作，因此《香烟爱上火柴》属于音乐作品。但由于这些声音不属于《著作权法实施条例》规定的音乐作品，该主张缺乏法律依据，故法院不予支持。❶ 在法院看来，田某实际上主张的是对涉案作品在录制过程中进行的编曲、混录音等劳动享有的权利，也就是其作为录音制作者享有的权利。又如在"李某诉李 1、陈某、蔡某庆侵犯邻接权纠纷案"中，原告主张对涉案音乐伴奏的编曲享有著作权和邻接权，法院经审理认为：本案中，歌曲编曲并没有具体的曲谱，原告主张的权利的劳动表现为录音过程的一系列程序，需要被固定。考虑到编曲无法在离开乐器演奏、电脑编程和其他因素配合后独立表达，因此一般不存在独立的编曲权。原告主张的"编曲权"应为"录音制作者权"。❷ 在该判决中，法院首先认定原告最终形成的劳动结果与原始音乐作品不同，具有独创性，但又以编曲无

---

❶ 北京市第一中级人民法院（2009）一中民终字第 5897 号民事判决书。
❷ 北京市海淀区人民法院（2003）海民初字第 9033 号民事判决书。

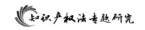

法离开乐器演奏、电脑编程和其他因素配合后"独立表达"为由认定原告无法享有编曲权。笔者认为，音乐本就应当以聆听为主，乐谱为辅。特别是在现代音乐产业中，比起乐谱，音乐制作人更多使用电脑制作音乐文件，因此最终形成的音乐作品必然无法离开电脑编程等各要素独立存在。如果以此为由否认编曲者的权利，是不合理的。

认定编曲者并不享有著作权而仅仅享有录音录像制作者权利的理由主要有两方面：首先，编曲人对于原有的音乐作品本身不享有著作权。编曲人一般没有参与原有音乐作品的创作，无创作自然不享有著作权。其次，编曲人对于其完成的编曲成果也不享有著作权。除了表演者外，著作权法没有为编曲人以及其他参与歌曲录制环节的人员分别规定专有权利，但是著作权法对于包括编曲人在内的歌曲录制参与人员付出的劳动其实已经给予了保护。《著作权法实施条例》第5条规定："录音制作者，是指录音制品的首次制作人。"录音制作者对其制作的录音制品享有录音制作者权。这里的录音制作者或首次制作人并非指录音师，而是指统筹安排整个录音制作工作并且承担成本的投资方，如唱片公司。录音制作者需要租赁录音棚、录音器材，聘请制作人、编曲人、乐手、录音师、混音师并支付相应的报酬。如同电影的著作权归属制片方的原理一样，录音制作者投入大量的成本录制歌曲，著作权法赋予其享有录音制作者权。录制完成后，录音制作者可以许可他人复制、发行，通过信息网络向公众传播录音制品来收回成本、获取利润。录音制作者如唱片公司与编曲人签订委托编曲制作合同，在性质上相当于承揽合同。编曲者的智力劳动成果作为录音制作工作的一部分，与录音、缩混、后期制作等一起凝结为录音制作者权，受到著作权法的保护。只不过权利主体不是编曲人、录音师等，而是投资方。但大量的音乐实践表明："'编曲'在多数情况下是具有独创性的智力成果，反映了编曲者个人的思想与情感，对音乐作品最终的呈现效果具有不可或缺的作用。因此，编曲者理应因其所产生的智力成果而被赋予相应权利，受到著作权法保护。"❶

---

❶ 张耕，刘超. 论音乐作品编曲的可著作权性［J］. 西部法学评论，2016（2）：23−30.

（二）将编曲作为改编作品保护

将编曲认定为改编作品的案例主要集中于民间歌曲中，目前流行歌曲暂无相关案例。赫哲族主要聚居在黑龙江省的饶河县等地，《想情郎》和《狩猎的哥哥回来了》作为赫哲族民歌，长期以来在赫哲族人民中传唱，并于20世纪50年代被记录收集下来，两首曲调基本相同。郭某、汪某才、胡某石于1962年到乌苏里江流域的赫哲族聚居区进行采风，在此基础上共同创作完成了一首广为人知的、具有浓厚赫哲族民族特色的歌曲《乌苏里船歌》。1999年，在中央电视台举办的某晚会上，郭某演唱了这首歌曲，主持人介绍这是郭某的原创歌曲。对此，赫哲族乡政府认为《乌苏里船歌》应为赫哲族民歌的改编作品，并非原创，并将郭某告上法庭，北京市高级人民法院审理认为：经鉴定，《乌苏里船歌》的中部主题曲调有一定创新但与赫哲族民歌《想情郎》《狩猎的哥哥回来了》的曲调旋律基本相同，《乌苏里船歌》开头和结尾部分为创作。《乌苏里船歌》的中部是主要展示歌词的部分，在整首乐曲中重复了三次，无法舍去，否则整首乐曲会失去根本，因此中部为整首歌曲的主要部分。考虑到中部为《想情郎》《狩猎的哥哥回来了》的曲调改编而成且构成主部，虽然首部与尾部为新创作内容，《乌苏里船歌》仍应为改编作品。❶ 通过该判决，法官根据著作权法上的改编概念定义了音乐作品的改编：改编是指以原作品为基础，通过改变作品表现形式，在原有作品的独创部分创作出具有独创性的新作品；音乐作品的改编是指使用原音乐作品的基本内容，在原作品旋律不消失的基础上对其作出创造性的修改。

三、音乐编曲著作权法保护困境成因

（一）音乐编曲的独创性认定标准难以明确

对音乐编曲是否具有独创性进行确认是十分困难的。首先，因为音乐编曲的构成元素复杂，所以对于音乐作品以及其改编作品的独创性认定就

---

❶ 北京市高级人民法院（2003）高民终字第246号民事判决书。

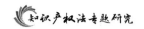

具有很大的难度。音乐作品的构成元素包括旋律、节奏、和声、音色等多个方面，对于哪些元素或者元素的组合具有独创性需要进行十分精细化的判断，这就需要法律人具有较高的音乐相关知识水平。其次，对于基于原始作品的编曲在什么情况下足以构成改编作品，一方面，需要确定原曲的风格和原曲各音乐要素的选择；另一方面，要判断改编与原作分离后能否达到新的独创性的要求。最后，音乐作品的创作过程往往涉及多个环节和多个创作者的合作，因此在判断音乐编曲的独创性时，要充分考虑创作过程的复杂性。实践中对于编曲的内涵与外延以及法律性质都不甚明晰，其中，独创性的认定是最困难的环节。

（二）音乐编曲的定性难以统一

前文中笔者阐述过，我国法律中还没有明确的"编曲"概念，仅有的司法实践是将编曲者享有的权利纳入录音制作者权中或者将编曲视为改编作品进行保护，其中有诸多不合理之处，不同国家对于编曲的定义也各不相同。编曲作为一种艺术形式，一直以来引发了关于其性质和地位的讨论。在《伯尔尼公约》中，adaption 与 arrangement of music 并列指代编曲，古典乐的"orchestration"也可译为编曲。"编曲"到底仅仅是一种劳务性工作，还是可以纳入邻接权乃至构成作品受到著作权法的保护呢？对于编曲在法律上的定性是十分困难的，目前主要有以下几种观点。

1. 将编曲定性为录音制品

我国著作权法规定录音制品是指任何对表演的声音和其他声音的录制，《世界知识产权组织表演和录音制品条约》规定录音制品是对表演等各种声音进行的录制。❶ 编曲是对原始音乐素材进行改编、重新组合的创作过程。编曲家通过巧妙的和声、编排和音乐结构等手段，赋予原曲全新的表达和艺术价值。录音制品并非创作作品，本质上仍属于劳务加工品，将编曲作品归类为劳务加工作品忽视了其独创性。劳务加工作品通常是指在他人作品的基础上进行修饰或加工，缺乏独创性的作品。然而，编曲作

---

❶ 《世界知识产权组织表演和录音制品条约》（WPPT）（1996 年）第 2 条（b）款："录音制品"系指除以电影作品或其他音像作品所含的录制形式之外，对表演的声音或其他声音或声音表现物所进行的录制。

品并非简单地加工或修饰，而是在充分理解原曲的基础上，运用个人的艺术创造力和音乐才华进行创作。编曲家通过选择合适的乐器、改编曲调和节奏，创造出独特的音乐效果，使原曲获得全新的艺术魅力。因此，将编曲作品归类为劳务加工作品是对编曲独创性的否定，也是对编曲家创作成果的不公正评价。对于编曲作品的认定，我们应该重视其中的表达创造行为与承载编曲的载体及其外化过程之间的关系。编曲作为一种表达艺术形式，其创作过程不仅仅是对音乐的技术运用，更是对音乐表现形式的深入理解和个人的艺术创造力的展现。编曲家通过选择合适的编曲风格、运用独特的和声手法和音色组合，使原曲在音乐语言上达到更高的艺术境界。因此，编曲作为一种表达创造行为，具备独创性，值得得到应有的认可和保护。许多法律从业者因未能认识到编曲的这一特性，混同编曲的创造性本体与其形式载体外化过程的关系，所以将编曲统一定性为录音制品。❶确实有部分简单的编曲可以排除独创性，但不能一概而论地否定编曲的独创性。至于编曲的独创性问题，后文笔者会重点探讨。

2. 将编曲定性为改编作品

持这一观点的学者认识到了编曲的独创性，他们从一般的音乐创作流程来看，初期，歌词和音乐作者创作词句和旋律，奠定音乐基础。接下来，编曲者会在此基础上进行精心的编曲工作，运用专业的音乐知识和技能，通过增加和声、调整节奏和音调以及进行精细的旋律微调，使音乐更加丰富和谐，更具艺术性和感染力。因此，这些编曲工作不仅是对原作主旋律的深入解读，更是对原作的一种创新和改编，使作品展现出独特的个性和风格。尽管在流行音乐创作中，歌手或词曲作者有时会亲自进行编曲工作，但编曲者的身份并不会影响其在法律上的独创性认定。无论是歌手或词曲作者自己完成的编曲，还是委托给其他专业编曲者完成的编曲，都应该受到法律的保护，享有相应的权益。这种观点虽然认识到了编曲的独创性，但是其仅仅将编曲局限于基于原作主旋律的改编这一类型，未能涵盖所有的编曲类型，因此缺乏全面性和准确性。

---

❶ 赵一洲. 论音乐"编曲"的著作权保护——误读、澄清与制度选择 [J]. 电子知识产权, 2020 (7)：4-15.

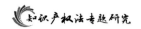

3. 将编曲定性为音乐作品

在某些音乐类型，例如在嘻哈音乐这一流派中，编曲——beat，往往先于主旋律诞生，成为歌曲创作的基础。这种创作模式，使得伴奏制作人（beatmaker）这一职业应运而生，他们专注于制作伴奏，为嘻哈音乐注入独特的韵律和节奏。值得注意的是，这种编曲作品具有极高的独创性，其产生的音乐表达并非基于原作品的演绎或改编，而是基于 beatmaker 自身的创意和技巧。这种独立于歌曲主旋律和歌词的创作，无疑赋予了编曲作品新的生命和价值。除了嘻哈音乐以外，还有多种运用编曲优先于旋律创作模式的音乐类型，它们产生的作品可以作为独立的音乐作品存在，与歌曲的其他元素相互辉映，共同构成完整的音乐作品。在越来越多元化的创作模式下，"编曲"已经超出了改编作品的范畴，这些类型的编曲作品具有独创性，可以被视为独立的音乐作品，其独创性不依赖于原作品的表达。❶ 无论是通过记谱方式呈现的编曲曲谱，还是直接录制的编曲录音，它们都是编曲者的智力劳动成果，体现了其独特的创造力和艺术审美。改编作品与原创音乐作品在独创性认定上存在差异，特别是从"创"的角度来看，需要在保留原作品基本表达的同时，展现出与原作品的显著差异。❷ 而音乐作品的独创性认定会更加明确。因此，在后文中，笔者会对编曲进行分类，认定不同类型编曲的性质。

第四节　音乐编曲的作品属性认定

我国《著作权法》第 3 条将作品定义为"文学、艺术和科学领域内具有独创性并能以一定形式表现的智力成果"。编曲作为一首乐曲中主旋律以外的其他部分，和主旋律一样可以被固定在某种形式的介质上以一定形式表现出来。编曲成果完成后既可以形成区分不同声部的乐队谱，也可以在导出之前以多轨工程文件的形式存在于编曲软件之中，无论是固定谱面

---

❶ 赵一洲. 论音乐"编曲"的著作权保护——误读、澄清与制度选择 [J]. 电子知识产权，2020（7）：4 - 15.

❷ 王迁. 著作权法 [M]. 2 版. 北京：中国人民大学出版社，2023：124.

还是工程文件都使得编曲者的劳动成果可以被重复演奏，并且为他人所感知和利用。由此可见，编曲能否构成著作权法意义上的作品的主要争议点在于编曲成果是否具有独创性。

一、音乐编曲是否具有独创性

独创性是作品获得著作权保护的首要且最为关键的决定性条件，判断音乐编曲是否具有独创性应当从"独"和"创"这两个方面入手。

独创性中的"独"既有可能是劳动者从零到一独立进行的创作，也有可能是在已经存在的作品基础之上的再创作，编曲对应的显然是后者。尽管编曲者在多数情况下是在已有旋律的基础上加以和声、配器、电脑制作进行编配，其形成的乐曲也与单声部、单线条的旋律存在显著的、可以被客观识别的差异，显然与独创性中"独"的要求相符。

独创性中的"创"则代表着被认定为作品的劳动成果必须达到相当的智力创造高度。编曲人在为旋律进行和声编配时，会根据想要表达的情绪和从大量和弦中挑选契合的搭配，并且选择不同音高、音长、音量、音色的乐器进行演绎，这些和声与配器的选择体现的是编曲人所具有的乐理知识与情感偏好，具有相当的创造性。❶ 在美国的法律实践中，有判例对编曲和声的创造性给予了肯定。在"Tempo Music，Inc. v. Famous Music Corp. 案"中，法官指出，尽管旋律的产生逃不开有限的和弦的排列组合，作曲家创作过程中仍然可以通过不同的选择从而表现其思想感情，具有独创性的正是这种选择，因此法院作出了和声也存在成为版权保护客体的可能性的裁决。❷

尽管无论是英美法系国家的版权法还是大陆法系国家的著作权法都对作品的独创性提出了一定的要求，但二者的程度并不相同。即便不再采用"额头流汗"标准，英美法系国家对独创性中"创"水平高低的要求仍然远远低于大陆法系国家。这也就使得在英美法系国家可以受到保护的作品

---

❶ 大卫·J. 莫泽. 音乐版权［M］. 权彦敏，曹毅搏，译. 西安：西安交通大学出版社，2013：32.

❷ Tempo Music，Inc. v. Famous Music Corp. 838F. Supp. 162（1993）.

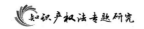

客体在大陆法系国家很有可能仅能作为邻接权的客体，而无法以作品的地位受到著作权法的保护。我国《著作权法》对二者都有所借鉴，但对于"创"的高度并没有作出具体界定，这也就使得司法实践中难以进行衡量判断。加之编曲作为一个笼统的概念，其内部可以进一步划分为不同种类，不同类型的编曲由于创作方式各不相同，创造性高低也有所差异。

笔者根据编曲的特征和创造性的高低，将编曲分为以下三类，并结合分类对其独创性高低进行分别探讨。

（一）歌曲伴奏

我国流行音乐产业语境下的编曲通常是指歌曲的伴奏，即歌曲中人声之外的、起到伴随衬托作用的器乐演奏。它又可以进一步分为两种类型：根据主旋律的走向所作的伴奏和配合主旋律但并没有利用主旋律的独立伴奏。前者可以看作对歌曲人声演唱部分的改编，在著作权法意义上可以构成一种演绎作品。《美国版权法》第 101 条在对演绎作品进行定义时将"music arrangement"纳入其中，《日本著作权法》将以编曲方式形成的作品列入了第二次作品（演绎作品）的类型之中，在第 28 条规定编曲者对第二次著作物享有相应的专有权利。对于第二种类型而言，这类伴奏虽然对人声主旋律起到衬托作用，但是完全可以脱离主旋律单独存在，有时甚至先于主旋律产生，比如通常与说唱配合的"beat"类伴奏。这类伴奏并非围绕主旋律的表达创作产生，具有相当的独创性，可以被视为独立的音乐作品。

（二）音乐编配

音乐编配与伴奏的不同在于其编排的对象不限于主旋律之外的部分，很多情况下还包括主旋律本身。编曲者利用真实乐器或电声乐器，根据其各自的音色、音区、调性等特征进行组合，使已有的单线条旋律转化成为听感均衡、表现力丰富的立体状乐曲。这种编曲类型同样以主旋律为基础进行进一步创作，因此也应当理解为著作权法意义上的演绎作品。❶

---

❶ 赵一洲. 论音乐"编曲"的著作权保护——误读、澄清与制度选择［J］. 电子知识产权，2020（7）：4 – 15.

　　值得留意的是，对旋律进行移调、大小调转换等改编，如将中国大调转换为日本小调，这种方式虽然使得音乐产生整体情绪色彩的变化，但由于调式之间的转换属于技术性的改写，并不产生新的独创性表达，因此简单通过移调形成的音乐并不属于演绎作品。

（三）民歌编曲

　　民歌的创作和流传通常不会以谱面固定下来，对于民歌的旋律、歌词进行记录并且搭配以恰当的音调、节奏、速度进行整合、加工可以视作一种编曲行为，整理者在对主体旋律进行加工再创作的过程构成对原作的改编，形成的音乐属于演绎作品。

　　尽管改编作品通常以原作作者的同意为前提，但民歌长期流传在特定地域往往作者不详。"国内民间音乐诉讼第一案"——"《乌苏里船歌》案"中，涉案歌曲因创作过程中采纳了赫哲族民歌《想情郎》的旋律而被法院判定侵犯其著作权，但法院仅仅要求改编者在使用时标注"由赫哲族民歌改编"以示对当地人民的尊重。民歌的署名和权利归属应当依照"民间文学艺术作品"的相关规定，虽然早在《著作权法》立法之初就确定民间文学艺术作品在著作权法保护的范围之内，其保护的具体内容与方式的规范仍需国务院另行规定从而进一步完善。❶

　　在创作技术和创作模式都发生巨大变化的现代，编曲的艺术价值应当结合当下流行音乐语境进行讨论。尽管当代音乐领域在创作手法、风格以及审美观念上呈现出多元化的趋势，对传统的音乐创作观念提出了挑战，但在以调性音乐为主要创作体系的流行音乐中，"通过组合不同音乐元素构成作品"的基本创作逻辑依然占据主导地位。编曲者实际上是对尚未完成的音乐材料进行再创作，赋予既有音乐材料全新的艺术价值，编曲毫无疑问的是构成流行音乐价值的重要部分，其创造性艺术创作对流行音乐的整体价值和听觉效果具有不可或缺的贡献。

---

　　❶　张娜. 论民间音乐的著作权保护——从《月亮之上》《乌苏里船歌》案谈起［J］. 法律适用（司法案例），2018（16）：109－115.

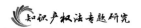

二、乐曲各要素的独创性判断

乐曲的各个要素是构成音乐的重要部分，它们各自承载着独特的艺术功能，通过相互融合、相互影响，共同创造出丰富多彩的音乐作品。美国"Williams 案"中法院认定旋律、标志性乐句、低音线、和弦、和声结构、副歌等音乐元素以及元素的组合在足够原创的条件下可以受到著作权法保护，❶ 陪审团认为以上元素即使单独不受保护，也可以累积或进行组合从而获得保护。❷ 还有判决认为这些元素"数量足够多且选择编排足够原创可以受到保护"❸。要论证音乐编曲具有独创性，首先需要明确乐曲各个要素的独创性。

（一）旋律角度

旋律作为音乐的核心要素，体现了每个音符音高和长短的连续运动，这种运动不仅包括时间（节奏）的运动，也涵盖音高（旋律线）的运动。这种双重运动赋予旋律独特的生命力和表现力，使其成为音乐中最引人注目的部分。旋律自带节奏特性，节奏是旋律不可或缺的表现形态。节奏与旋律的同步出现，共同构建了音乐的骨架，使音乐作品能够在时间的流逝中展现出层次感和动态美。音乐作品是将思想或感情以旋律表现的著作，独创性的旋律可以构成著作权法意义上的曲作品。并非所有旋律都能满足著作权法对独创性的要求。简短的音阶型旋律或单纯的音乐动机，由于其机械性和过于简短的特点，往往难以体现出足够的独创性，因此无法受到著作权法的保护。音阶是按照特定顺序排列的一系列音符，它们通常是按照全音和半音的关系来构成的。不同的音阶为作曲家、编曲家和演奏家提供了丰富的创作和表现手段，是音乐创作领域的公共财产，属于"思想"范畴，不具有独创性，因此以音阶为基础的简短音阶型旋律不具有独创性。在歌曲旋律写作中，音乐动机通常只是创作的起点，仅有音乐动机并不足以构成一个完整的、具有独创性的音乐作品。通常，作曲家需要以音乐动机为基

---

❶ Williams v. Gaye, 895 F. 3d 1117 (9th Cir. 2018).

❷ Williams v. Gaye, 895 F. 3d 1120 (9th Cir. 2018).

❸ Satava v. Lowry, 323 F. 3d 805, 811 (9th Cir. 2003).

础，通过运用各种音乐创作手法，如重复、模进、对比等，将其扩展成更丰富和复杂的乐句或乐段。在这个过程中，作曲家需要展现出独特的创作思路和技巧，使旋律在音高、节奏、和声等方面都呈现出与众不同的特点。只有当旋律在整体上达到一定的复杂性和独特性，才能够被认为是具有独创性的音乐作品，从而受到著作权法的保护。

（二）和声角度

和声在音乐创作中的确扮演着举足轻重的角色，它是一组同时发声的音的组合，能够根据不同的调性形成不同的和弦，为旋律提供丰富的背景和支撑。同一段旋律在不同的编曲人手中，可能会得到截然不同的和声编配，这些和声进行旨在烘托和强化主旋律，使音乐作品呈现出独特的风貌和情感。当和声进行脱离旋律，仅作为纯伴奏存在时，它的功能确实变得单一，失去了与旋律的相互呼应和融合。在这种情况下，常见的和声进行编配往往因为缺乏足够的独创性而不被认定为著作权法意义上的作品。这些常用的和声进行如果被认定具有独创性而专属于某一音乐人，会对音乐的创新和音乐产业的发展产生不利影响。但这不意味着完全可以排除和声具有独创性的可能，随着音乐制作技术的不断发展和编曲理论的深化，编曲人有可能创作出具有独特性的和声进行，这些和声进行甚至可能带有独特的旋律线，从而展现出高度的艺术价值和独创性。比如在爵士乐中，很多爵士音乐家在演奏的同时会以爵士标准曲为基础进行即兴创作，他们在以标准曲旋律为基础扩充一些和弦的同时，这些和弦可能本身会带有独特的旋律线。这类具有独特性的和声进行或编曲成果，虽然在传统上可能不被视为具有著作权法意义上的独创性，但也不能完全排除其享有著作权的可能性。著作权法的目的是保护创作者的独创性表达，如果编曲人能够通过和声进行或编曲成果展现出独特的艺术构思和创造性，那么这些成果应当得到著作权法的适当保护。因此，在判断和声进行或编曲成果是否享有著作权时，需要综合考虑其独创性、艺术价值以及是否体现了编曲人的创造性劳动。随着音乐创作领域的不断发展和创新，对于著作权法的理解和应用也应当与时俱进，以更好地保护创作者的权益和推动音乐艺术的繁荣发展。

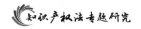

（三） 调性角度

调性是音乐理论中的一个核心概念，包括调的主音以及调式的类别。调式是指围绕一个稳定音中心，根据特定的音程关系有机组合而成的体系。这种音程关系的不同导致各种调式在听觉上呈现出独特的韵味。歌曲的调性，作为音乐创作中的基本框架，可以被视为一种"通用公式"，它属于思想范畴。在著作权法的视角下，思想本身是不受保护的，只有思想的具体表达形式才能受到保护。因此，尽管大小调、各种民族调式等歌曲调性在音乐创作中被广泛应用，但它们作为通用的调性并不受著作权法的保护。

（四） 节奏角度

虽然音乐作品中也存在鼓乐类的作品，单独的节奏也可以视为一段音乐，但由于节奏本身的速度、强弱变化等十分有限，且运用到完整乐曲后重复性强，所以一般认为抽离旋律、和声等音乐要素后的单纯的节奏不具有独创性，不能构成音乐作品。

三、确认编曲独创性表达的具体方法

（一） 最低创作长度

在音乐理论中，小节是一段音乐的有机组成部分，用于分割并组织乐曲的节奏结构，由一定数量的拍子组成，而拍子则由一系列音符组成。小节的起始通常由一个重音或节拍指示标志，以帮助演奏者保持节奏。小节的划分有助于演奏者更容易理解和演奏乐曲，同时也为作曲家提供了一种组织和结构化音乐的方式。在著作权法的背景下，"创"要求作品应当具备起码的长度❶，因此，音乐作品中的小节也可以被用于辅助判断相似性和独创性。例如，"八小节雷同原则"就是基于对小节相似性的判断。"八小节雷同原则"是一个通常被用于音乐作品相似性判断的概念，它指的是

---

❶ 王迁. 知识产权法教程［M］. 7 版. 北京：中国人民大学出版社，2021：74.

在两个音乐作品中，如果有连续的八小节以上的雷同部分，可能构成实质相似。对此，法律人误以为这是音乐业界标准，[1] 音乐人则误以为这是国家法定标准甚至是国际标准。[2] 八小节雷同原则实际上是要求音乐创作构成独创性表达至少要具备连续八小节的长度，将小节数量作为音乐作品独创性的要求是否合理呢？答案应该是否定的。判断音乐作品是否具有独创性涉及更广泛的因素，包括旋律、和声、节奏、歌词等元素的创新性。八小节雷同原则更多的是在具体案例中被法院和专业音乐鉴定师参考，而非被规定为硬性的法定标准。首先，对于一般长度的歌曲，八小节可能涵盖了整个主题乐句或是包含了歌曲中的关键元素。对于较短的歌曲，尤其是在一些流行音乐或短曲形式中，可能八小节已经覆盖整个作品。在特定案例中，例如"《笑翠鸟》诉《澳大利亚》案"，《笑翠鸟》全曲仅有四小节，但法院仍然认定其具有独创性，这反映了法院在判定独创性时的弹性。判断独创性的标准不仅是作品的长度，还包括创意和独特性。即使是短小的乐曲，只要表现出作者的风格和个性，也有可能被认定具有独创性。[3] 音乐创作一定要达到八小节不符合实际，另外，小节的存在是音乐理论和表现的一种方式，但不同的作曲者和音乐风格可能采用不同的小节划分方式。"很多音乐作品可能以散板的方式进行旋律发展，而无法划出具体的小节；现代记谱法中经常忽略小节和小节线。"[4] 如果法律将著作权的认定与固定的小节数量挂钩，可能导致一些音乐人为了符合法律标准而采用更为细致的小节划分，这可能不利于音乐创新和创造性表达。音乐创作是一门艺术，它的灵感和创意可能涵盖各种形式和结构，不应仅局限于传统的小节划分方式。将著作权的认定与小节数量等细节挂钩可能会限制音乐人的创作自由，导致一些人刻意迎合法律标准而牺牲音乐的创新性和独创性。另外，要求独创的八小节必须连续，会限制一些立足于前人作品的音乐创作，尤其是改编作品的创作。在现实中，许多音乐作品包含对前

---

[1]　蒋凯. 中国音乐著作权管理与诉讼 ［M］. 北京：知识产权出版社，2008：23.

[2]　赵凯茜. 采样、致敬还是抄袭？嘻哈音乐文化冲击下的版权迷思 ［EB/OL］.（2017 – 12 – 14）［2023 – 09 – 10］. https://www.sohu.com/a/210545058_109401.

[3]　Larrikin Music Publishing Pty Ltd. v. EMI Songs Australia Pty Limited,［2010］FCA 29.

[4]　陈志强. 音乐作品及其权利研究 ［D］. 福州：福建师范大学，2012：109.

人作品的引用、借鉴或改编，这是音乐创作过程中常见的现象。有时候，音乐人可能会从不同的部分或不同的作品中汲取灵感，并将其融合到自己的创作中，形成新的作品。这种创作方式可能导致独创的部分分布在全曲不同的部分，而不是连续的八小节。如果法律要求连续的八小节才能获得著作权保护，那么确实会对这种创作方式造成限制，很多改编创作无法获得著作权保护。

在美国的 Three Boys Music v. Michael Bolton 案中，原告三个男孩公司（Three Boys Music）指控被告迈克尔·波顿（Michael Bolton）的歌曲《爱是一件美妙的事情》（*Love is a Wonderful Thing*）复制了它的同名歌曲的副歌部分。原告主张该副歌部分，包括歌词和对应的旋律，具有独创性，并因此应受到著作权法的保护。法院认可了原告的主张，即尽管副歌部分的歌词和旋律在细节上可能不具有明显的独创性，但它们的结合构成了意义完整的乐句，是整首作品中最吸引听众注意力的部分，因此具有独创性。这个案件的判决也反映了八小节作品长度并非音乐作品独创性的必要条件。即使是短小但有识别性的部分，如副歌，也可以构成受著作权法保护的作品。❶ 音乐作品的独创性并不依赖于特定的长度要求，而是取决于其是否能够体现作者的个性思想内容。相较于文字作品，音乐作品在表达完整意义时，至少需要一个乐句或乐段。音乐作品中，短小却独特的旋律或和弦重复段，即使不单独构成完整作品，与非独创部分结合后，创作者仍对整体乐句或乐段享有著作权。歌曲中最具识别性、难忘的部分，可能是一段难忘旋律、吉他和弦重复或副歌中的个别字眼，这些即歌曲之"心脏"。❷ 很多音乐人都是基于一个创作"动机"而创作出一整首作品，"动机"即简短的音乐创意，一个动机可以被认为是一个最小的、可辨别的音乐想法，在流行音乐中可能是一段旋律、一种节奏型或者某一个连续段（riff）。

综上所述，在判断编曲是否具有独创性时，不应将小节数量作为创作长度的硬性要求，应当关注作品是否体现了作者的个性思想内容。即使某

❶ Three Boys Music v. Michael Bolton, 212 F. 3d 477（9thCir. 2000）.

❷ Alan Korn. Copyright Infringement［EB/OL］.［2023 – 09 – 10］. http：//www. alankorn. com/article – copyright – infringe. html.

些音乐创作在长度上可能较短，无法达到八个小节，但只要它们足够独特和具有识别性，就能够构成受著作权法保护的作品。在评估音乐编曲的独创性时，应当注意那些短小但有显著识别性的部分，这些部分虽然可能不构成独立的音乐作品，但当它们与其他元素结合时，仍应受到著作权法的保护。

（二）抽象分离法与整体观感法相结合

抽象分离法（Abstraction – Filtration – Comparison Test）是用于著作权法中判断侵权的一种方法。这一法律原则主要用于处理涉及计算机程序、软件、音乐等创作的侵权案件中，是指通过抽象的手段，将作品中不受版权保护的功能性或普通元素与受版权保护的原创性元素予以分离，对比原创部分，判定两部作品是否构成实质性相似。❶该方法对于判断编曲独创性也可以起到一定借鉴作用。测试分为三个步骤：抽象、过滤、比较。表现在音乐作品侵权案件中，首先法院会抽象出音乐作品的最基本和一般的元素，例如旋律、和声、节奏等。在这个阶段，法院会分析作品的核心创造性。接下来，法院会过滤掉那些不受著作权保护的元素，例如常见的音乐元素、惯例和功能性元素。这些元素被认为是普通的、共有的，不足以构成独创性。在比较阶段，法院将着眼于作品受著作权保护的核心部分，即在抽象和过滤的过程中确定的具有独创性的元素。法院将这些元素在两个作品之间进行直接比较，以判断是否存在相似性，是否达到了构成侵权的标准。该方法从细节出发，精确客观地判断音乐作品的独创性表达，美国法院在音乐侵权案中常结合适用两步分析法，综合考虑主客观因素评估作品相似性。这种方法包括两个主要步骤：客观"外在"测试和主观"内在"测试。❷外在测试通过专家证词评估音乐作品相似表达，依赖专家分解客观要素并对比，英美法系专家证人制度确保专家专业性和当事人自愿性。❸如果在外在测试阶段专家证人认为两首作品间存在相似表达，则需由陪审团运用内在测试法，即不采用分解分析或专家证言，而是将作品交

---

❶　梁志文. 版权法上实质性相似的判断 [J]. 法学家，2015（6）：4 – 5.

❷　Swirsky v. Carey，376 F. 3d 841，845（9th Cir. 2004）.

❸　丁丽玮，戴志昌. 英美法系专家证人资格研究 [J]. 湖北警官学院学报，2013（7）：4 – 5.

由"普通、理性"的非专业受众，让这些非专业的普通听众从整体观感上评判相似表达是否构成实质性相似。❶ 对比内在测试与外在测试，可以发现，内在测试更偏向于整体观感法，而外在测试中，专家证人，即有专业知识的音乐人会对音乐作品进行抽象分离。这种抽象分离法在形式上适用了思想表达二分法原则，通过分离客观元素片段来对片段进行比较，缺点在于可能不适当地降低了版权保护力度。❷ 音乐作品的创作方式，决定了其并非各类要素的简单相加而是有机结合。在 Swirsky v. Carey 案中，原告斯韦尔（Swirsky）指控被告凯莉（Carey）的音乐作品抄袭了她的原创歌曲。在案件审理过程中，地区法院主要采用了抽象分离法，几乎只关注了旋律的音高排列，进行了所谓的"音符对音符比较"，以确定两部作品是否相似。然而，美国第九巡回上诉法院推翻了这一判决。上诉法院认为，地区法院的这种分析方法过于狭隘，忽略了音乐作品中的其他重要要素，如节奏、和声进行、速度等。上诉法院强调，这些要素共同决定了每一个音符在作品中的位置以及它们被听到的效果。因此，固守旋律单一要素论，仅仅对旋律进行音符对音符的比较，而不考虑其他音乐要素，是不全面的，也可能导致对权利人独创性表达的不公平缩小。❸ 即抽象分离法的适用对象不限于旋律，因为"音乐作品由许多要素组成，包括旋律、和声、节奏、音高、和声进行、乐器部分、歌词、速度、分句、终止等"❹。"在此类案件中，地区法院面临巨大困难。……对于音乐作品的外在测试法的应用，少有先例可循，可以称得上是不可能的任务。"❺ 除音乐要素抽离方式的模糊性，专家证人制度在外在测试中也面临一些挑战。虽然这些专家能够提供专业的证词，但他们的意见往往受到个人专业知识和经验的影响。在某些情况下，专家可能会偏向于某一方的立场，导致评估结果的公正性和客观性受到质疑。同时，专家证人的费用和时间成本也相对较高，增加了案件的复杂性和诉讼成本。总之，在探讨音乐作品侵权问题

---

❶ Smith v. Jackson, 84 F. 3d 1213, 1218 (9th Cir. 1996).

❷ 梁志文. 版权法上实质性相似的判断 [J]. 法学家, 2015 (6)：4 - 5.

❸ Swirsky v. Carey, 376 F. 3d 841, 847 - 48 (9th Cir. 2004).

❹ Straughter v. Raymond, Case No. CV 08 - 2170 CAS (CWx) (C. D. Cal. Aug. 19, 2011).

❺ Swirsky v. Carey, 376 F. 3d at 848 (9th Cir. 2004).

时，我们必须要认识到音乐作品创作过程中的复杂性和多元性。音乐作品并非凭空产生，而是基于前人的创作、传统的元素以及公有的音乐语言进行创新的。在评估一部作品的独创性时，我们不能简单地将公有领域的内容全部过滤掉，否则可能会误判或低估作者的真正贡献，因此，还需要引入整体观感法。

整体观感法强调听众对音乐作品的整体感知和印象，而不是对各个音乐元素进行逐一分析。❶ 整体观感法的核心原理是，一个音乐作品的整体印象和感觉是由多个音乐元素共同构成的，包括旋律、和声、节奏、音色等。听众在欣赏一首歌曲时，通常不会单独关注某一个音乐元素，而是对整个作品进行综合感知。因此，整体观感法认为，如果两首音乐作品在整体上给听众带来了相似的感受，那么这两首作品可能构成实质性相似。在应用整体观感法时，法院或陪审团通常会邀请普通听众作为评审团，让他们分别听取原告和被告的音乐作品。评审团成员被要求忽略作品中的具体音乐元素，而是专注于作品给他们带来的整体印象和感觉。如果大多数评审团成员认为两首作品在整体上相似，那么法院可能会认定被告的作品侵犯原告的版权。整体观感法强调普通听众的整体感知，这更符合大多数人在欣赏音乐时的实际体验。通过忽略具体音乐元素，整体观感法可以避免对音乐作品进行过度拆解和分析，从而更加全面地评估作品的相似性。但整体观感法也有其局限性，首先，容易涵盖过多种类的音乐要素。整体观感法无法像抽象分离法那样，对每种音乐元素都进行细致分析，难免会将一些不受保护的音乐元素纳入保护范围。例如一首音乐可能仅仅对音色进行了改动，但整体听感会发生变化，导致听众产生改动后成果具有独创性的错误认识。其次，容易纳入过多的公有领域内容，这与抽象分离法是相对的。在"Jean et al. v. Bug Music 案"中，原告创作的《拍手歌》（*Hand Clapping Song*）包含特定的歌词"clap your hands"以及与之相对应的三个音符 CB♭C 的旋律组合。原告认为被告创作并发布的《挚爱》（*My Love is Your Love*）存在与《拍手歌》中相似的歌词和音符组合，因此指控被告抄

---

❶　许波. 著作权保护范围的确定及实质性相似的判断——以历史剧本类文字作品为视角 [J]. 知识产权，2012（2）：4 - 5.

袭了他们的作品。法院在审理此案时，首先考虑了原告提出的指控，即被告的歌曲抄袭了他们的歌词和音符组合。关于歌词"clap your hands"，法院认为这是一个非常常见的表达，用于描述鼓掌的动作。由于这种表达在多种文化和语境中都很常见，因此它不被视为具有独创性的表达，因此不受著作权法的保护。关于三个音符 CB♭C 的旋律组合，法院同样认为它缺乏独创性。法院指出，音乐创作中的音符组合是有限的，而且许多常见的音符组合都可能在不同的歌曲中出现。仅仅因为这三个音符在原告的歌曲中出现过，并不意味着被告不能使用相同的音符组合。除非这些音符组合的方式和排列方式具有独特的创意和新颖性，否则它们将被视为公有领域的内容，不受著作权法的保护。基于以上考虑，法院驳回了原告的指控，认为被告的歌曲并没有抄袭原告的作品。❶ 如果利用整体观感法，这两个元素的组合很容易让人产生相似的错觉。流行音乐领域，一些音乐元素组合因符合听众喜好，出现频率高，流行音乐本身整体长度较短，这些组合的独创性就更要大打折扣。一些所谓的差异和独特性可能包含大量公有领域的内容。另外，整体观感法依赖于评审团成员的个人感知和印象，因此可能存在较大的主观性和不确定性。由于整体观感法侧重整体印象和感觉，因此很难用具体的量化指标来评估作品的相似性。

综上所述，在确认音乐编曲能否构成作品时，整体观感法为主、抽象分离法为辅的做法能够确保音乐编曲的整体独创性得到充分考虑，同时也不忽视其中具体音乐要素的独创性贡献。音乐作为一种艺术形式，其魅力往往来自于整体的和谐与美感。旋律、节奏、和声、音色等各个要素在音乐中相互作用，共同构成一个完整的作品。因此从整体的角度出发，考虑作品给听众带来的整体印象和感受至关重要，能够更好地保护作品的完整性和独创性，避免因为过于关注个别要素而忽略作品的整体价值。然而，整体观感法并非万能。在某些情况下，音乐编曲中的某些要素可能具有独创性，而这些要素可能在整个作品中并不占主导地位。因此，以抽象分离法为辅是必要的。抽象分离法可以对音乐编曲中的各个要素进行逐一分

---

❶ Jean et al. v. Bug Music, No. 00 Civ. 4022, 2002 WL 287786, 2002 U. S. Dist. LEXIS 3176 (S. D. N. Y. Feb. 25, 2002).

析，评估其独创性。这样做可以确保那些具有独特创意的要素得到充分的保护，避免因整体观感法而忽略这些要素的独创性贡献。确认音乐侵权应先整体感知再抽象分离，以避免忽视多类音乐要素和作品整体的独创性，确保选择、协调或编排的独创性得到识别。遵循先整体观感法、后抽象分离法的顺序也是基于音乐作品特性的考虑。首先从整体的角度出发，评估作品的整体印象和感受，可以确保作品的整体独创性得到充分考虑。然后，通过抽象分离法对作品中的各个要素进行逐一分析，评估其独创性。这样做可以确保在整体评估的基础上，对作品中的具体要素进行细致的审查，从而更全面地保护音乐作品的独创性。此外，为了避免整体观感法的弊端，可以采取一些手段来排除干扰判断的音乐要素。这样做可以让评审团或法院更加专注于作品本身的音乐性和创意性，而不是被外在的音色等因素所干扰。

（三）看听结合统一判断法

在音乐侵权诉讼中，法官对涉案音乐作品的深入感知和细致分析至关重要，是确保结果客观公正、保障案件处理质量的关键步骤。音乐的独特之处在于它能够通过旋律、和声、节奏等多种元素触动人心，传递情感，作为一种高度抽象的艺术形式，其内涵和魅力往往超越了简单的乐谱记录。法官在判断音乐编曲是否具有独创性以及是否存在侵权时，必须深入理解音乐编曲的各个元素，包括旋律、和声、节奏、音色等，并综合考虑它们在整体作品中的作用和影响力。因此仅依赖乐谱这一单一形式是远远不够的。乐谱虽然能够记录音乐的音符和节奏，但它无法完全还原音乐编曲的全部内涵和魅力。然而在音乐侵权案中，我国法院多依赖乐谱分析，仅少数采用听觉比较。不同的感知方式会影响法官对音乐作品保护范围的判断，导致判决差异。

在数字技术不断发展的现代，音乐创作方式愈加多元化，乐谱并非音乐创作的必要载体，甚至一些音乐家会在表演过程中进行创作，例如在爵士乐中，演奏者常常会即兴创作，这些创作不通过乐谱记录，仅需要录音即可被固定下来。在音乐侵权诉讼中，仅凭乐谱对比判定侵权的局限性也十分明显。首先，乐谱缺乏动态和表演信息，无法体现声音效果和演奏技巧，难以全面捕捉乐曲内涵。乐谱主要记录的是音乐的音符、节奏以及和声等基本结构信息。然而，音乐不仅是这些符号的组合，还包括音色、音量、演奏技巧、动态变化、情感传达等多个维度的内涵。这些要素对于理解和评估音乐作品的价值和独特性至关重要，但它们往往无法完全通过乐谱来体现。乐谱是静态的，它无法记录音乐表演中的动态变化，如渐强、渐弱、快慢节奏的变化等。同样，它也无法体现演奏者的个人风格和技巧，如演奏时的情感投入、音色控制等。这些动态和表演信息对于评估音乐作品的独创性和侵权行为的认定至关重要。其次，乐谱易受视觉解读的影响，且依赖专业知识。乐谱是以视觉形式呈现的，因此在进行乐谱对比时，人们可能会受到视觉解读的影响。例如，即使两首音乐作品在听觉上非常相似，但如果它们的乐谱在视觉上存在差异（如音符排列、符号使用等），那么这些视觉差异可能会误导评估者，导致对音乐相似性的错误判断。乐谱对比需要具备一定的音乐专业知识，如和声学、曲式学等。然而，不是所有的法律从业者或普通受众都具备这样的专业知识。因此，在进行乐谱对比时，可能需要依赖音乐专家来提供意见，这可能会增加诉讼的成本和复杂性，并可能导致判断的主观性和不确定性。目前，在音乐侵权诉讼中，尚未建立起一套标准化的乐谱对比评估方法。不同的评估者可能会采用不同的方法和标准来进行乐谱对比，这可能导致评估结果的差异。

著作权法保护音乐作品的目的之一是避免侵权作品抢占原作品的市场，分流原作品的听众，继而损害原作者的利益。从这一角度来说，听众的听感也应作为音乐侵权的判定方式。听觉对比的最大优势在于其能够完整呈现音乐的声音效果和演奏者的表现。与乐谱相比，听觉对比不受视觉解读的影响，能够直接捕捉到音乐中的动态变化、音色差异、演奏技巧等细微之处。这些因素对于评估音乐作品的独创性和侵权行为的认定具有重要意义。此外，听觉对比还能够反映编曲者的个人风格和表现。不同编曲者对于同一乐谱的编排，也会因为个人的编曲技巧和风格差异而产生不同的声音效果。这种个性化的表现是乐谱所无法体现的，却是评估音乐作品相似性和独创性时不可忽视的因素。然而，仅仅依赖普通听众进行听感对比，因其对声音细节辨认能力有限，听觉对比准确性难以保证。音乐是一种高度专业化的艺术形式，其声音细节和演奏技巧需要具备一定的专业知识才能准确辨别。因此，在进行听觉对比时，如果仅仅依赖普通受众的听觉感受，可能会导致评估结果的准确性和客观性受到影响。为了解决上述问题，音乐侵权诉讼中通常会引入音乐专家来进行听觉对比和分析。音乐专家具备丰富的音乐知识和经验，能够更准确地辨别音乐作品中的声音细节和演奏技巧。他们的专业分析对于确保听觉对比的准确性和客观性具有重要意义。然而，过于依赖音乐专家的分析也可能导致结论的公平性受到影响。音乐专家作为专业人士，其个人偏好和主观判断可能会对评估结果产生影响。因此，在进行音乐侵权诉讼时，需要确保音乐专家的评估过程透明、公正，并充分考虑其他评估方法和证据，以确保结论的公平性和准确性。

综上所述，在音乐编曲的独创性判断与侵权诉讼中，单一依赖乐谱对比或听觉对比都可能存在局限性。因此，结合乐谱对比和听觉对比的"看听结合"感知方法成为一种更加全面和准确的评估手段。这种方法能够充分发挥乐谱对比和听觉对比各自的优势，实现优势互补，从而更准确地评估音乐作品的相似性和独创性。在"看"的方面，在进行乐谱对比之前，可以邀请音乐专家对乐谱进行处理。音乐专家可以对乐谱进行标注、分析和整理，以制作对比乐谱或音乐图像。这样不仅可以使乐谱对比更加准确和高效，还可以减少普通受众在参与对比时的困惑和误解。在进行乐谱对比和听觉对比时，需要区分提供的乐谱是否足以表现所有音乐要素。如果不足以表现所有音乐要素，那么需要根据实际情况进行调整和补充，这样可以确保对比的基础更加准确和完整，从而提高对比结果的可靠性和公正性。在"听"的方面，可以邀请表演者进行现场表演或制作对比录音，注意减少音色差异等干扰因素。在进行现场表演或录音时，需要选择合适的表演录音片段并保证表演和录音的质量，同时，通过选择相同的乐器、相同的录音环境等方式，尽可能减少音色差异等干扰因素。

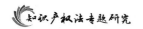

第五节　音乐编曲著作权法保护模式与选择

一、多种编曲保护模式的可行性评价

（一）以邻接权单一途径保护

邻接权在传统上被定性为"作品传播者权"，[1] 主要保护的是那些在作品传播过程中起到重要作用的主体。而如前文所述，编曲是一种具有独创性的创作行为，而非仅仅是作品传播行为。首先，将编曲纳入邻接权体系进行保护，可能会忽略其作为创作行为的本质，无法充分体现其独特的艺术贡献。其次，尽管一些国家的法律实践对邻接权的保护对象进行了扩展，但这并不意味着邻接权可以无限扩大其保护范围。[2] 将编曲纳入邻接权保护，可能会使邻接权的边界变得模糊，增加法律适用的不确定性。再次，对于一些将编曲视为"纸面表演"继而归入表演者权的观点，笔者认为十分牵强。持此种观点的人认为，编曲是对音乐作品的"纸面表演"，而非演绎行为，即通过组织乐器和落实各声部实现对同一首音乐作品的不同表演效果。[3] 若将编曲者的权利作为表演者权归入邻接权中，首要前提便是认定编曲者付出的劳动等同于表演者在表演中付出的劳动和地位。在现代音乐产业中，编曲应被视为作品创作的环节之一，而非仅仅是录音制作的后期工作。虽然编曲过程包含"记谱"这一行为，但它与实际的表演活动仍存在显著区别。因此，将编曲简单地解释为"纸面表演"并归入"表演"范畴，这种做法并不恰当。最后，对于将编曲认定为录音作品的观点，笔者已在上文进行了否定，此外，录音制作者权主要为提供资本和技术支持的公司所设。将编曲纳入录音制作者权保护虽可能增加唱片公司

---

❶ 郑成思. 版权法 [M]. 修订本. 北京：中国人民大学出版社，2009：56.

❷ 王超政. 著作邻接权制度功能的历史探源与现代构造 [J]. 华中科技大学学报（社会科学版），2020（4）：98.

❸ 袁博. 不可忽视的"编曲权"和"编曲者权"[J]. 电子知识产权，2015（4）：50.

收益，但无法保证收益最终惠及个体编曲人，并不利于提高个体编曲人的收入并激励创新创作。因此，编曲权利不宜简单地归入邻接权中进行单一保护。

（二）以著作权单一途径保护

编曲与改编作品，因为二者都带有"编"字，有人会直接把编曲等同于改编作品。目前我国尚未出现将编曲视为原始音乐作品进行保护的案例，以著作权单一途径进行保护的观点也更多是指将编曲作为改编作品进行保护。有一些编曲是符合改编作品的要件的，但不宜将编曲一律视为改编作品进行保护。编曲作品作为音乐创作的一个重要环节，其核心价值在于通过和声节奏的改编以及新元素的融入，为原作品赋予新的艺术表现力。音乐元素的重新组合和创新，体现了编曲者独特的艺术构思和技巧。有些编曲作品在创作编排时并没有原始作品的存在，因此这类编曲作品在具有独创性时可以独立构成音乐作品。编曲作品被视为一种独立的创作形式，根据实际贡献给予相应的法律保护，是更为合理和恰当的。如果将编曲作品一律视为改编作品，不仅无法全面反映其独特的艺术价值，还可能给创作者带来不必要的授权困扰。在现有法律框架下，改编作品的使用需要同时征得原作者和改编者的同意❶，可能导致创作者在使用编曲作品中的新元素时面临复杂的授权问题。这不仅会打击创作者的积极性，也可能阻碍音乐产业的创新和发展。另外，有些编曲劳动对于音乐的创造性贡献相对较小，无法享有著作权。因此，本书主张对编曲作品进行分类讨论，根据其创作过程和实际贡献给予适当的法律保护。

（三）分类型进行保护

对音乐编曲者的权利进行单一划定，无论是将其归为邻接权、改编作品著作权人享有的权利，还是音乐作品著作权人享有的权利，都显得过于简化和片面。这种单一的分类方式无法全面反映编曲作品的多样性和复杂性，也无法充分保护编曲者的合法权益。编曲作品的形式和特点多种多

---

❶ 方姮. 编曲的著作权法保护问题研究 [J]. 齐齐哈尔大学学报（哲学社会科学版），2018（3）：81－84.

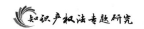

样，前文也列举了目前我国音乐市场对编曲的主要分类，有些编曲作品可能更侧重对原作的改编和再创作，而有些则可能更强调对音色、乐器编配的原创选择，不同类型的编曲独创性程度不同。因此，对不同类型的编曲作品划入不同的权利归属并采取不同的保护策略是更为合理和有效的做法。例如，对于改编性质的编曲，可以重点保护其改编创作的独创性；而对于独立创作，具有独特音色和乐器编配的编曲，则可以更注重保护其原创性。为了更准确地判断编曲作品的独创性，可以采用上文提到的"抽象分离法与整体观感法相结合""看听结合统一判断法"等方法。抽象分离法与整体观感法相结合，能够全面评估编曲作品的独创性，从细节到整体进行综合分析；而看听结合统一判断法则能够充分利用乐谱、演奏视频和听觉感受等多种信息来源，从多个角度对编曲作品进行评价。通过将这两种方法综合运用，我们能够更准确地判断编曲作品的保护方式，确保其在法律上得到合理的保护。下文将详细论述不同类型的编曲如何判断独创性程度并界定权利类型。

二、分类讨论编曲性质并进行保护

（一）构成原始音乐作品的编曲

原始作品是指作者独立自主创作而成的作品，应当源于作者本人且具有智力创造性。对于原始音乐作品而言，其创作过程要求音乐创作者通过独立思考与创新，对旋律、和声、节奏等音乐元素进行精心设计和个性化处理，最终创作出具有独特音乐性和个性化表达的音乐作品。原始音乐作品不仅是音乐创作者个人思想与音乐审美观的体现，更要求在音乐元素的运用、处理和组合上具备创新性。此外，原始音乐作品应达到一定长度并具备独立完整性，能够作为一个完整的艺术实体存在，而非零散的音符或乐段的简单堆砌。在创作原始音乐作品时，作者需注重独创性音乐元素的融入，如独特的旋律线条、和声进行、创新的节奏模式等，同时可以对音乐元素进行新颖组合与独特处理。还可以对作品的音乐结构进行独创性设计，包括创新的曲式安排、和声进行的设计，以及对乐器的巧妙运用等。

编曲先行模式下创作的编曲在满足作品构成要件后可以构成原始音乐

作品。以职业编曲者所创作的 beats（嘻哈音乐中的伴奏，以下简称伴奏）为例，伴奏的创作往往是不以任何原始音乐作品为基础的。职业编曲者创作伴奏的过程通常涉及音乐元素的选择、编排、混音等多个步骤：首先需要确定歌曲的基本节奏和鼓点，选择适当的鼓声样本、设定每分钟的速度（BPM）并设计整体的鼓点模式。在确定基本鼓点后，职业编曲者会选择和声和其他音乐元素，如和弦、音效等，通过在伴奏中添加和弦进行、音乐样本、合成器效果等，以创造出富有层次感和独特性的音乐效果。有些职业编曲者还会使用采样技术，即从其他音频来源中提取音频片段并将其融入伴奏中，他们会对采样进行处理、切割、变调、变速等，以使其与整体伴奏更好地融合。职业编曲者还需要设计伴奏的整体结构，包括引子、主歌、间奏和尾声等部分，在对音乐结构和曲式充分了解的基础上，确保伴奏有一个有机的发展和流畅的过渡。在完成以上步骤后，进入混音阶段，即均衡各个音轨的音量，调整音频效果如混响、合成器效果等，以使伴奏具有更好的声音质量。在创作过程中，职业编曲者通常会进行实时演奏，即通过键盘、控制器或其他设备来即兴创作和调整，以便更直观地调整节奏、和声等元素。整个创作过程中，职业编曲者的创意、审美观念和音乐技巧都发挥了重要作用。职业编曲者通常具有音乐专业背景和丰富的创作经验，他们在音乐创作中展现的专业性和创造力使得他们的作品足够达到原始音乐作品的标准。

（二）构成演绎作品的编曲

演绎音乐作品是在原有音乐作品的基础上进行改编、重新演绎或创造的新音乐作品，包括对旋律、和声、节奏等元素的变化和创新。在演绎作品的创作过程中，创作者会借用原作的部分元素，包括旋律、和声、节奏、歌词等，然后通过重新编曲、改变音乐风格或加入新的元素，创造出新的音乐表达。如果编曲仅仅是对原始音乐的简单改编，没有添加独创性的元素，则难以构成独立的演绎作品，一些常规的编曲或翻奏不足以达到独创性的标准。如果编曲涉及新颖的编曲手法、独特的音乐元素以及对原作的创新处理，编曲者在编曲过程中表现出独创性，那么可能构成演绎作品。构成演绎作品的编曲应该反映出创作者的音乐个性，使演绎作品在整

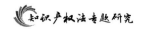

体上能够与原始作品有所区分，还需要具有独立完整性，不能仅是对原始音乐的部分修改，而是能够独立存在、形成一个新的音乐作品。

在单旋律乐曲基础上进行"编配"的编曲和民歌新编类型的编曲在满足独创性的条件下，可以构成演绎作品。单旋律乐曲基础上进行的"编配"的编曲行为指对原始单旋律音乐作品进行改编和重新编排，以丰富音乐的层次和表达，通过增加乐器的数量、改变和扩展和声结构、调整节奏和速度，以及其他手法使原始单旋律更复杂和多样化。在整个"编配"过程中，编曲者可以进行改编和创新，加入新的音乐元素，重新构思旋律的发展，或者进行一些音乐实验，以使编曲更独特，赋予原始乐曲不同的情感色彩。总体而言，在单旋律乐曲基础上进行的"编配"通过对原始单旋律音乐作品的重新构思和改编，编曲者可以创造出富有个性和多样性的改编音乐作品。这种编曲行为既保留了原始作品的基本主题，又为其注入了新的生命和创意，因此可以作为演绎作品受到著作权法的保护。在民歌新编类型的编曲过程中，编曲者首先需要进行深入研究和发掘，找到具有民间音乐特色的原始素材或乐曲，对传统曲谱、口传乐曲、地方性音乐等进行调查和整理，深入理解和研究原始民歌，对旋律、和声、节奏以及其他音乐元素进行分析，确保对原作的基本结构和特点有充分的把握。在理解原有主旋律的基础上，编曲者通过改变和声结构、调整节奏、添加新的乐器编配，以及对旋律进行变奏等，使原始音乐得以重塑。编曲者在改编的过程中需要注入个性和创意，采用独特的编曲手法、创新音色或者通过加入新的元素来丰富音乐表达，以使新创作具有自己的音乐风格。同时，编曲者通常会努力保留原汁原味，确保新创作仍然能够体现民间音乐的特有风格和情感。在上述过程中，编曲者的编曲行为通过对民间音乐的重新诠释和改编，创造出新的音乐作品，如果改编过程达到了著作权法对演绎作品的独创性要求，可以被视为演绎作品。还要注意的是，单纯地对民间音乐进行收集整理的行为不构成改编。

（三）落入邻接权保护范围的编曲

如前文所列，我国一些司法案例的判决将原告主张的对于自己编曲的权利认定为录音录像制作者权，这些案例的原告，即录音制作者主要负责录音过程和后期制作工作。在录音过程中，录音制作者负责创建一个适合音乐创作和表演的录音环境、配置和校准录音设备、提供指导以协助表演者在录音时达到最佳的演出效果、通常通过耳机实时监控录音过程，根据需要进行调整，以保证录制的音轨符合预期。在后期制作中，录音制作者需要根据音乐类型和风格进行混音、添加各种音频效果，如混响、合唱效果、均衡器调整等，最后进行格式转换和最终输出。录音制作者在音乐录制过程中的许多工作是技术性和实用性的，在很多情况下不满足著作权法对于独创性的要求。在音乐产业中，有一些标准的录音和制作流程，录音制作者通常需要遵循这些行业标准以获得一致的音频质量。这使得他们的工作更注重实践性而非独创性。录音制作者的工作通常是在音乐创作完成后进行的，他们对于音乐的创造性贡献相对较小，但至关重要。尽管录音制作者的工作对于音乐制作至关重要，但这些工作不能满足著作权法对于独创性的要求，因为它们更倾向于在已有框架内运用技术和操作，而非创造新的艺术形式。因此，作出这些工作的人员虽然有时候名义上被称为"编曲人"，但他们的作品只能受到邻接权的保护。

结　　语

音乐编曲涉及和声、多声部旋律、音色选择、节奏等丰富音乐元素的组织安排，不仅仅是对音乐进行简单加工的环节，更是关键的创作步骤。现代音乐的编曲与古典音乐配器有着相似性，对塑造歌曲音乐价值与听觉形象至关重要，是音乐艺术价值的重要组成部分。结合音乐产业现状，可将音乐编曲分为对单旋律乐曲进行编配、伴奏以及民歌新编三种类型。

目前司法实务中涉及音乐编曲侵权的案件面临编曲人权利保护不适当的困境，其成因主要在于音乐编曲的独创性认定标准难以明确且音乐编曲的定性难以统一。音乐编曲在工程量、工作时长以及在音乐创作技术和技术门槛方面，均呈现出极高的复杂程度，其创造性艺术创作对音乐的整体价值和听觉效果具有不可或缺的贡献。在判断编曲独创性时，首先需要明确音乐各个要素的独创性。在此基础上，运用抽象分离法与整体观感法相结合判断法、看听结合统一判断法。一方面，运用抽象分离法与整体观感法相结合的判断方法，通过整体观感法，将编曲作品作为一个整体进行考察，评估其整体艺术效果和表现力并考虑作品给听众带来的整体印象和感受，确保作品的整体性和完整性得以识别；辅以抽象分离法，对编曲作品中的音乐要素进行抽象分离，分别考察其旋律、和声、节奏等要素的独创性。通过分析这些要素本身的独创性并与已有的音乐作品进行比较，可以判断编曲作品在这些方面是否具有新颖性和独特性。另一方面，运用看听结合统一判断法，将视觉和听觉相结合，通过查看编曲作品的乐谱、聆听现场演奏等多种形式，对编曲作品的独创性进行综合判断。

不同类型的编曲的产生过程、形式、特点各不相同，采取单一路径保护模式，对音乐编曲者的权利进行单一划定是不合理的。我们需要对编曲的性质进行分类讨论，编曲先行模式下创作的编曲可以构成原始音乐作品；在单旋律乐曲基础上进行"编配"的编曲和民歌新编类型的编曲在满足独创性的条件下，可以构成演绎作品；负责录音过程和后期制作工作的编曲人虽然名义上被称为编曲人，但只能受到邻接权的保护。只有厘清编曲的性质，具体情况具体分析地根据编曲人智力创造成果的独创性高低对编曲进行分类，在分类的基础上对编曲创作者的权益予以充分并且合理的保护，才能激发其创作的活力与积极性，从而维护整个产业的秩序，推动其健康蓬勃发展。

第四章　体育赛事直播画面著作权保护探究[*]

第一节　体育赛事直播画面概述

一、体育赛事直播画面的定义与相关概念辨析

体育赛事直播画面，是指体育赛事组织者、广播电视台以及其他主体拍摄而成的并经导播进行实时编辑加工后，实时传输的记录体育赛事或相关活动过程的影音画面。❶ 一般是由专业的摄像团队拍摄，基本内容是专业的体育比赛，依靠多名专业导播、摄影师在赛场上预设多个机位对场地进行摄影，并将不同机位捕捉的影像进行剪辑、重组，最终利用直播技术实时呈现给观众的直播画面。这类直播画面包含对体育赛事的实况录制，以及慢动作回放、运动员特写、现场观众特写等画面。它们是一系列连续画面的组合，旨在通过镜头讲述赛场上瞬间发生的故事，其目的是力求在数秒或数十秒内将赛事精彩瞬间生动地展现给观众。

（一）体育赛事与体育赛事直播画面

体育赛事和体育赛事直播画面是两个不同概念，必须予以明确区分。

＊ 本章由姚远航撰写，孙玉荣对部分内容进行修改和删减并融入了《体育赛事节目著作权保护探究》一文的部分内容，该文发表于《科技与法律（中英文）》2021年第3期，作者：孙玉荣、李心航。另有少部分内容发表于《北外法学》2022年第2期，作者：孙玉荣、卢润佳。
❶ 崔国斌. 体育赛事直播画面的独创性标准选择［J］. 苏州大学学报（法学版），2019（4）.

体育赛事，即竞技体育比赛活动，如世界杯、奥运会、中超足球联赛、美国男子职业篮球联赛（NBA）等，是运动员或运动队之间在裁判员的主持下，按照统一的裁判规则进行的实时竞技比赛活动，它是客观发生的，并没有预先设计的比赛动作、经过和结果，因此具有唯一性和不可复制性，不属于文学、艺术和科学领域内具有独创性并能以某种有形形式复制的智力成果，不是著作权法保护的作品。

与体育赛事不同，体育赛事直播画面是反映体育赛事的表达，将普通的体育赛事赋予了人类的智力成果，是一种具有观赏性质的表达，使体育赛事以一种精彩程度不亚于现场观赛的形式呈现出来。同时，体育赛事直播画面不同于电影画面之处是，体育赛事直播画面虽然依从固定的赛制和规则，但比赛过程及结果并没有固定的剧本，赛场形势瞬息万变，不同的体育赛事画面的摄制角度、光影的选择均有不同，其具有很高的不确定性和独创性表达，而且体育赛事直播画面为即录即播，保证体育赛事场内观众和场外观众看到的体育赛事赛况一致，不管是在何种场合，所看到的画面是一致的，让所有的观众都能够看到精彩激烈的赛况。

（二）体育赛事直播信号与体育赛事直播画面

体育赛事直播画面是由专业的摄像团队拍摄，基本内容是专业的体育比赛，依靠多名专业导演、摄影师在赛场上预设多个机位对场地摄影，并将不同机位捕捉的影像进行剪辑、重组，随着转播电视台将其通过信号向外传输，最终呈现在观众终端设备上。这一过程中涉及"体育赛事直播信号"和"体育赛事直播画面"两个不同的概念。

首先，信号的本质是传输画面的载体，可以用来传递各种画面，而体育赛事直播画面是依托于信号传输的具体内容。❶直播画面的信号实质上是一个传输媒介，它承载着体育赛事直播的实况画面，并通过专业人员的二次加工，制作出一段连续、有音效的画面，以便让观众在场外通过信号接收终端观看。因此，体育赛事直播的画面和信号是相辅相成的，如果将信号比作邮递员，那么直播画面便是邮递员投递的邮件。其次，在我国著

---

❶ 林子英. 体育赛事网络转播画面的知识产权保护［N］. 中国知识产权报，2015 – 07 – 24（10）.

作权邻接权二分的著作权法体系下，体育赛事直播信号可以受到邻接权的保护，而体育赛事直播画面则有可能被认定为视听作品以著作权保护。体育赛事直播团队在制作直播画面时，不仅要考虑如何使直播更加精彩，而且也需要关注著作权的利用，确保所有内容都是合法使用的。

（三）体育赛事节目与体育赛事直播画面

体育赛事节目是通过拍摄机位的设置、摄像镜头的选择、主持人解说、字幕、回放镜头或特写、采访、编导的参与等方面，对体育赛事活动进行制作加工后的一种客观记录之上的表达和呈现。体育赛事直播画面，是指体育赛事组织方、电视台、其他机构或个人拍摄的并由导播实时编辑加工而成的记录体育比赛或活动过程的影音画面。体育赛事直播画面和体育赛事节目是联系紧密但又有区别的两个概念。体育赛事节目比体育赛事直播画面在内容上更加丰富和饱满。体育赛事直播画面是构成体育赛事节目的一个最基本也是最重要的要素。有学者认为，每一个相对独立的体育赛事直播画面在一般情况下并不能成为著作权法保护的作品，但并不能否认体育赛事直播节目的可版权性，认为其达到了著作权法对于作品的构成要求。❶ 本章将着重就体育赛事直播画面著作权保护问题进行探讨。

二、现代体育赛事直播画面的制作概述

体育赛事直播的制作，传统意义上认为是体育学、传媒学的讨论范畴，但是学科与学科之间应当有机结合研究，笔者试图在本部分通过介绍专业体育赛事直播制作团队的制作理念、制作方法等专业知识，从体育赛事直播制作人员的角度来证明，体育赛事直播画面中饱含人类的创造性智慧劳动。

（一）体育赛事直播的制作理念

现代体育赛事直播的制作思想体现为"公平、平等、无偏见""运动、激情与美感"。这些理念适用于所有的体育赛事的直播制作，以篮球项目

---

❶ 丛立先. 体育赛事直播节目的版权属性及其内容 [EB/OL]. (2018 – 05 – 25) [2023 – 12 – 31]. https：//www.sohu.com/a/232968024_221481.

为例，运动员身体对抗的碰撞、潇洒飘逸的投射、势大力沉的灌篮、精妙的团队配合时时刻刻展示在赛场上。篮球赛事的直播画面制作不只要求记录比赛的真实情况，还要求把比赛拍摄得像电影一样精彩，为无法亲临现场的观众呈现一场视觉盛宴。❶ 同时，还要考虑到篮球明星的偶像效应，把明星球员在比赛中的表现向观众充分展现。

体育比赛中，运动员是赛场上的主导者，体育赛事直播的制作者团队不仅要公正、平等、无偏袒地记录比赛的全过程，还需要导播、摄像、灯光等多部门的协调配合。为了体现赛事自身的流畅进程，制作人员通过镜头的流畅切换来展现比赛过程中的各种变化和高潮。同时，观众也可以通过现场画面、声音、慢动作回放和字幕等多种手段获得更多的信息和内容，深入了解比赛的情况和背景。此外，运动员在比赛中所挥洒的汗水、流露出的或喜或悲的情感，以及裁判员对于比赛局面的掌控力和现场观众观看比赛时紧张激动的心情等都为比赛气氛增添了色彩，使得直播观众感受到运动员们在竞技场上所付出的努力和热情。因此，制作人员必须把握这些细节画面，并且充分展现"运动、激情与美感"的理念。

（二）体育赛事直播的制作手段

笔者在观看某场 NBA 比赛转播时，对央视篮球解说员杨健的一句话至今记忆犹新："现场的导播在用镜头语言为我们讲故事。"从专业的体育赛事直播画面制作的角度来看，这正映衬了体育赛事直播制作的另一理念——"内容的故事性、戏剧性与创造性"。随着现代体育赛事直播制作越来越专业化、科学化，赛事直播的导演不仅要负责创作，还要统筹规划赛事直播的各个环节并向下分工，直播的每一个环节都由专人所负责，改变了以往由一名导播包揽所有工作的情况。这是从"导播制"向"导演制"的转变，体现了制作理念上的革新。

制作体育赛事直播，需要涉及广泛的技术和人员，包括现场摄像、音频与视频编解码、信号传输、数据分析等多个领域的知识和技能。体育赛事直播的现场摄像使用的摄像机要求具有高质量的图像传感器、镜头和机

---

❶ 杨斌，任金州. 体育赛事电视公用信号制作标准指南 [M]. 北京：中国传媒大学出版社，2007：178.

械结构，以便能够捕捉到高清晰度、高帧率的比赛画面。同时，现场摄像还需要进行准确定位、稳定固定和迅速调整等操作，以确保画面稳定、清晰。在音频采集上，为了获取清晰的现场音频，通常使用多个高品质的麦克风，如平板麦克风、话筒麦克风等。对于大型的现场场馆，可能会使用阵列式麦克风或环绕声麦克风来获得更好的音效。体育赛事直播过程中包含大量的数据采集，现场的数据采集需要使用计时器、得分板、传感器等设备，以获取选手的成绩、速度、位置等数据。这些数据可以用于实时分析、展示和比赛回放，使观众能够更深入地了解比赛情况。体育赛事直播画面在播放的同时也伴随着大量的现场视频剪辑，专业人员对现场采集的画面进行实时编辑和调整，以便将重要场景和瞬间传达给观众。这需要使用专业的视频编辑软件和硬件，以实现高效的实时剪辑、转码和编解码。为了将现场采集的视频、音频和数据信号传输到制作中心，需要使用专业的信号传输技术，如光纤、卫星信号、网络传输等。这些技术可以实现高速、稳定的信号传输，并且可以将信号传输到全球范围内的观众。总之，体育赛事直播的制作需要协调众多的技术和人员，以确保观众可以获得高质量的实时直播画面，专业技术的进步也为直播观看用户带来了良好的用户体验。

以 2022 年卡塔尔世界杯决赛直播为例，比赛的直播团队需要给观众创造一个观赏情境。国际足联在体育赛事直播方面经验丰富，利用高科技手段可以为赛事直播观众营造出身临其境的现场氛围，打造出"超越真实"的世界杯决赛直播效果。此次世界杯决赛用球是阿迪达斯的"ALRIHLA"，它内置了 NFC 芯片，可以和智能手机互动；球场上安装了数十个高指向性麦克风，无论身处何地，都可以清晰感受现场声音，甚至比现场观众还要更清楚地听到球员触球一刹那的声音；决赛场馆中摆放了 17 台摄像机，可以捕捉到球场中每一个角落的画面；操作摄影机的摄像师均是国际顶尖水平的摄影师，他们对决赛双方有深入了解，能够熟练控制镜头精准拍摄运动员，捕捉运动员矫健的身姿和细微的表情。

一场足球赛事的直播中，转播角度并非单一固定，而是借助场内摄制的多台摄像机对远景、中景、近景不断切换组合。镜头远景、中景、近景的切换是为了让直播观众能够更好地感受比赛的场面和气氛。镜头远景和

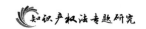

全景可以覆盖整个足球场和所有的运动员，有利于反映比赛的进程和情况，也可以让观众感受到现场观众的热情和声势。镜头特写、近景和中景可以让直播观众欣赏运动员的技术细节、表情、眼神、动作等，从而让观众更加投入地观赏赛事直播。在足球比赛直播中，镜头远景、中景、近景的切换是一种有效的手段，它可以使直播既有宏大又有细腻，既有客观又有主观，展现运动之美、人性之美。

同样以 CBA 篮球比赛直播为例，一场篮球比赛的直播画面至少需要 6 个岗位的人员协同工作，他们分别是总导演、助理导演、场地导演、慢动作导演、字幕导演和切换员。科学化的岗位分配既能让导演有更多的时间和精力去指导整个直播流程，又能让导演有更多的创意空间，用"讲故事"的方式记录比赛的精彩瞬间。赛事直播团队一方面要在比赛直播时保持默契和配合，另一方面比赛前的准备工作也尤为重要。例如比赛"故事主线"的选定、明星运动员的热点追踪、运动员生涯的数据统计等，只有在这些要素齐备时，才能为观众们讲好一场比赛的故事，制作出精美的体育赛事直播画面。

笔者认为，在深入了解体育赛事直播的制作理念与制作手段后，其背后付出的创意与劳动自不必多言。体育赛事直播画面的制作者们讲好一个"故事"的筹备与付出，甚至不亚于一位专业的电影导演。对体育赛事直播画面的独创性认定，并不是像某些反对意见所说的"体育节目的创作性较差，是因为制作的内在表达需要遵循一定的规律，缺乏新意。"收看体育赛事直播，一方面，观众希望看到客观、真实的比赛全过程；另一方面，一般情况下，观众希望在何时看到何种内容都是有可预测性的。赛事制作者的个性化创作空间有限，且并非所有展现出个性化、因人而异的智力创作成果都是作品。❶

---

　　❶　王迁. 体育赛事现场直播画面著作权保护若干问题——评"凤凰网赛事转播案"再审判决 [J]. 知识产权，2020 (11)：30－49.

第二节　体育赛事直播画面的可版权性分析

体育赛事直播画面是否属于著作权保护的客体？按照《著作权法》，回答这个问题的关键是要看它是否属于文学、艺术和科学领域内具有独创性并能以一定形式表现的智力成果。很明显，在体育赛事直播画面可归属于文学、艺术和科学领域内的智力成果这一点上是没有什么争议的。在当今的技术条件下，体育赛事直播节目都是在对节目稳定录制在录像带或硬盘上的同时进行播出的，符合"以一定形式表现"的这个条件。因此，判断体育赛事直播画面是否具有独创性是其能否构成作品的关键所在。

一、体育赛事直播画面的独创性分析

我国《著作权法》2020 年修订后依然没有对如何判断"独创性"进行明文规定，因此纷争各方对体育赛事直播画面的作品属性问题仍然没有达成共识，但无论是《著作权法》修订前还是修订后，正反两方在"独立创作完成"这一点上是没有争议的，都认可体育赛事节目具有一定程度的独创性，只是对于其是否达到作品独创性的要求方面有所争论。究竟是以"独创性"的高低，还是有无独创性来判断体育赛事直播画面的作品属性？在《著作权法》2020 年修订前，主张体育赛事直播画面不能构成作品的专家学者认为，既然我国著作权法秉承大陆法系的传统，分别规定了电影作品和录像制品，那么电影作品当然要具有较高独创性，以此为前提进行法律推理，则体育赛事直播画面未达到电影作品所要求的独创性高度，故不是著作权保护的客体。反对意见则认为体育赛事直播画面只要满足普通作品的最低限度的独创性要求即可，我国著作权法只是要求电影作品是"一系列有伴音或者无伴音的画面"，并没有规定独创性的高度，笔者对此表示赞同，且我国《著作权法》2020 年最新修订已经将"电影作品和类似摄制电影的方法创作的作品"修改为"视听作品"。我国著作权法虽然继承了大陆法作者权体系的衣钵，但也吸纳了英美法系实用主义的做法。若是将录像制品与另外两类邻接权客体——版式设计和广播节目信号进行对比，可以发现后者甚至并不具备作品意义上的最低限度的创造性，这是否意味着录像制品也一样可以完全没有任何创造性？由此是否可以得出"独创性的有无"才是区分视听作品和录像制品的标准呢？从比较法的视域来考察，英美法系在设定作品受保护的条件时，对独创性的标准要求较低，美国将体育赛事直播画面作为作品提供保护。《德国著作权法》区分"电影作品和以类似摄制电影的方法创作的作品"与"活动画面"，德国法学界通说认为体育赛事直播画面不能构成电影作品，只能以其第95条规定的"活动画面"予以保护。但同是大陆法系的日本在对于体育赛事直播画面作品属性的认定时，更愿意将其视为作品。虽然《日本著作权法》也对狭义著作权和著作邻接权进行区分，但是日本著作权法仅规定了录音制品作为"唱片制作人"的邻接权客体，并没有将录像制品纳入邻接权的保护对象。有学者认为，我国多年来学界及实务界有关体育赛事节目作品属性的争议根源在于我国著作权法中有关邻接权的规范设置，并建议，要么通过司法途径赋予体育赛事节目以作品的著作权保护（解释论）；要么在利益平衡的基础之上，适当扩充录像制作者的权利内容（立法论），或者直接扬弃录像制品这一概念。❶ 笔者对此表示赞同，"作品"与"制品"确实难以区分，易生混淆。录像制作者权的存在带来的问题比其解决的问题更多。在现代版权法中，也很少存在分别规定视听作品与录像制品并作区别对待的立法例。独创性标准在不同国家存在较大的差别，即便是同属大陆法系的德国法和日本法，在独创性标准这一问题上也存在较大差别，这种差别也直接体现在体育赛事直播画面独创性的认定上。造成不同国家之间独创性标准存在差异的原因有很多，比如不同国家所处的法系不同、国家社会经济文化背景上的差异或者不同国家基于法律体系设计上的考量等，这些原因使各个国家的独创性标准存在差异，这些差异也带来了不同的影响。例如在浪漫主义文化的影响下，法国著作权法要求作品的独创性能够体现作者的个人特点，表现为作品所反映作者个性的标记，这种立法设计在结果上弱化了作者的影响，提高了作品本身的地位，使作品成为作者的化身，独创性要求也相对更高，独创性标准适用起来也更复杂。相比之

---

❶ 卢海君. 论我国邻接权制度的改进——以"体育赛事节目"的著作权法保护切入 [J]. 知识产权，2020 (11)：50–58.

下，英国的独创性要求就低很多，英国要求作品的独立完成和对作品有劳动的投入，这种劳动投入既可以是智力投入，也可以是体力或者金钱的投入，这种判断标准则使作品的保护范围过大，同时该标准并不精确，导致司法实践中自由裁量的空间过大。总结不同国家的独创性标准差异，设定作品独创性标准时，在把握作品的独立完成这一共识的基础上，应当全面考虑主客观因素，降低自由裁量权的过度使用，保证司法裁判的统一性。

我国有学者在对独创性判定标准进行比较研究的基础上，将"创作性"限制性地解释为智力活动成果，即只体现为作者智力的投入，同时这种智力投入的多少也代表作品独创性程度的高低。❶ 笔者对此观点表示赞同，这种"独立完成＋智力投入"的判断标准实质上是借鉴了英国"独立完成＋劳动投入"的双重标准，并在这一标准的基础上又进行了限制，将劳动投入仅限制在智力的投入，而不包括体力或者金钱的投入。笔者认为，"独立完成＋智力投入"的判断标准比较适合我国实际。之所以采用这样的判断标准，主要有以下的几点考量：

第一，"独立完成＋智力投入"标准有利于在司法实践中明确对于作品独创性的判断，降低自由裁量权的适用，保证裁判的统一性。采用该标准对作品的独创性进行判断，可以避免像英国法那样过于宽泛且笼统的缺点，同时又不至于缺失对于"创造性"解释。创造性的"创"的要求体现在一定程度上的"智力创作性"，能够体现出作者独特的智力判断与选择，展示作者的个性。❷"智力投入"的标准正是体现了这一要求。

第二，"独立完成＋智力投入"标准的适用具有灵活性，而非简单机械地适用。该标准在其一般标准的基础上可以针对不同的作品类型，也可以根据作品对社会文化经济发展的贡献制定更加细致的标准，宽严相济，明确作品的归属。我国《著作权法》致力于"鼓励有益于社会主义精神文明、物质文明建设的作品创作与传播，促进社会主义文化和科学事业的发展与繁荣"，当某种新类型表达有益于人民的精神文明享受，为了促进社会经济发展，在对该种表达的"智力投入"要求便可以适当降低。

第三，"独立创作＋智力投入"标准符合利益平衡原则的要求。《著作

---

❶ 姜颖. 作品独创性判定标准的比较研究 [J]. 知识产权，2004（3）.

❷ M. 雷炳德. 著作权法 [M]. 张恩民，译. 北京：法律出版社，2005：2.

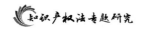

权法》包含在激励作者创作和思想不受限制地传播的社会利益之间平衡的内在要求，❶ 传播与创新之间的平衡并非一成不变的，而是随着社会、文化、科技的发展不断调整的动态平衡。采用上述标准，更能在这种动态平衡中不断作出更加细致的调整，平衡作者与公众之间的利益，推动社会进步。

确定体育赛事直播画面是否具有独创性需要考虑多个因素。除了独立创作、智力创造和满足最低限度的创新性之外，还应该考虑到创作目的、是否体现创作者个性、创作者所付出的劳动和投资等因素。例如制作成本高昂的 NBA 赛事直播、UFC 赛事直播，诸如此类的现场直播需要高额的财力成本与人力成本，仅凭个人投入的劳动、创造及智力很难实现，因此它们的独创性更多地依赖投资方的资金保障。正因如此，此类创作目标明确、投入了大量资源而创作的赛事直播，理应享有著作权保护。适当的著作权保护有利于激励创作活动的持续发展，更能为体育迷带来更精彩的赛事。

体育赛事直播画面的内容包含或者呈现了体育比赛的全过程和各个环节，但是直播团队本身的表达理念，决定了比赛赛事的呈现状态。由此可见，体育赛事直播画面的形成并非简单的信号传递，而是一种在举办方许可的前提下，直播机构进行再次创作而呈现的画面，既涵盖体育赛事的过程画面，也有直播团队对其的精细化加工。在体育赛事直播画面呈现方面，编导发挥了重要作用，是整个创作的主导人员。首先需要通过对体育赛事进行摄影记录来获得素材，这并非一种单纯的简单录制，而是通过镜头的选择以及不同镜头之间的合理衔接，形成一种连贯的且具有独特性的镜头表现。编导人员在这一创作过程中，可能会考虑到选手关注程度或者试图营造的某种氛围，所以不能将体育赛事直播画面看作原始比赛的简单呈现，而是编导以及整个直播团队进行的个性化创作表达，满足独创性的基本要求。在体育赛事直播画面的制作过程中可以通过观众席上观众的表情和特写来营造比赛的氛围，让电视机前的观众也能感受到现场直播的紧张和赛事的精彩之处；在运动员出现伤病时通过镜头捕捉现场观众或者队

---

❶ Brian A. Carlson, Balancing the Digital Scales of Copyright Law, 50 SMU L. Rev. 825, 826 (1997).

友紧张的神色，侧面反映运动员的伤情，不直接拍摄运动员受伤的特写，体现人文关怀。

　　与此同时，其独创性也体现在拍摄机位的设置。一般情况下比赛会设置多个机位，对比赛进行全方位拍摄，这主要是为了不错过任何一个精彩的比赛画面，全方位拍摄每一位选手，甚至现场观众的表现。这就要进行构思和设计，不只是简简单单地机械操作，如在 NBA 的进球中，对一个球员的进球动作的特写往往会成为一个经典，比如乔丹的经典扣篮动作成为一代人的标识。相较于一两台的少量摄影机录制，大量摄像机在不同机位下提供的拍摄画面可以为编导创作提供更充分的素材，正是由于不同角度画面的组合而产生更大的创作空间。多元机位实现不同镜头之间的切换和衔接，编导通过镜头切换而创造出一种蒙太奇式的影像画面，让观众产生更强烈的视觉感知，通过不同画面的组合来呈现整个运动过程，凸显出运动之美，让观众融入整个氛围当中，产生强烈的情感共鸣。为改善观众的欣赏体验，体育赛事往往会设置现场主持人，现场解说和氛围调控是现场主持人在体育赛事中的主要职责，在转播过程中也是体育赛事直播画面所展示出来的独创性因素。

　　笔者认为，拍摄技巧、音频采集、视觉后期制作、镜头切换以及直播主题的选择等方面，都具有很大的创作空间，制作者可以利用这些方面来发挥自己的独创性，创作出高水平的作品，在体育赛事直播画面中充分展示出独创性因素。体育赛事和纪录片在讲述内容、制作手段、希望呈现的内容等方面有着高度的相似性，纪录片的作品性质无可争议，体育赛事直播画面具有的独创性至少不会低于纪录片，❶ 体育赛事直播画面的制作和转播融入了创造性智力劳动，并非对原始赛事的机械录制。体育赛事直播画面作为一种具有独创性的智力成果，理应受到保护。

二、体育赛事直播画面可构成视听作品

　　我国 2020 年《著作权法》为适应文化和科技融合所催生的文化新业态，对作品定义进行修改，将原有的"作品类型法定模式"变成"作品类

---

❶　崔国斌. 体育赛事直播画面的独创性标准选择 [J]. 苏州大学学报（法学版），2019 (4)：1 - 12.

型开放"的格局,并且用"视听作品"取代"电影作品和以类似摄制电影的方法创作的作品",但仍保留了"录像制品"的概念,对于视听作品的定义以及视听作品中的电影作品与录像制品的区分标准也并没有作出明确规定。因此,2021 年 6 月 1 日《著作权法》修正案的实施并不必然导致所有学者从此都会赞同将体育赛事直播画面认定为视听作品的观点,我国法学理论界和实务界关于体育赛事直播画面的作品属性认定及其保护模式问题依然没有达成共识。结合前文的分析,首先,专业体育赛事直播团队摄制的体育赛事直播画面具有其独创性,可以认定为作品。同时,体育赛事直播画面包含声音和图像等多种元素,这些元素相互作用,形成完整的艺术创作体系。比如,观众可以通过图像看到运动员的动作、比赛现场的氛围等,同时也可以听到现场的解说员或者其他声音,这些元素共同构成一个完整的视听作品。其次,体育赛事直播画面具有独立的艺术性和表现力。直播画面的导演和摄影师可以通过选取不同的画面、角度和镜头等手段来呈现比赛的精彩瞬间,营造出紧张激烈的氛围,从而让观众更好地感受到比赛的激烈程度和荣誉感。最后,体育赛事直播画面具有一定的社会价值和文化意义。体育赛事作为一种全球性的文化现象,具有重要的历史、文化和社会意义,其直播画面也承载了这种文化和历史的记忆和遗产。

在体育赛事直播中,观众可以通过电视、网络等设备观看直播画面,同时听到现场的解说员的声音,以及现场观众的欢呼声、助威声等。这些声音与图像一起传达了比赛的实时情况,让观众能够感受到比赛的紧张氛围,同时了解比赛的细节和结果。体育赛事直播中的图像也非常重要,它可以帮助观众更好地理解比赛的情况。比如,在足球比赛中,直播画面可以通过多个摄像头捕捉不同的角度,让观众可以看到球员的动作和球场上的情况。这些图像还可以通过慢动作、回放等技术来展示重要瞬间,帮助观众更好地理解比赛的情况。综上所述,体育赛事直播画面符合视听作品的定义。它通过图像和声音来传达信息和情感,可以通过机械或设备进行展示,让观众能够感受到比赛的紧张氛围,同时了解比赛的细节和结果。故笔者认为,体育赛事直播画面应当落入视听作品的保护范畴。

三、广播组织权对体育赛事直播画面保护的不足

无论是在理论界抑或实务界，对于体育赛事直播画面的保护方式，在著作权法框架下采取作品保护模式抑或邻接权项下的广播组织权保护模式一直是主要的争议焦点。

在 2020 年修订的《著作权法》中，为广播电台、电视台增设了信息网络传播权，并明确禁止他人未经许可转播的形式包括无线和有线，但由于广播组织权的主体仍是广播电台、电视台，故网站无法作为广播组织权的原始权利主体。❶ 同时，无论广播组织者权的客体是其播出的节目信号还是其播出的节目本身，在新《著作权法》框架下，广播组织权的权利客体均不包括网播的节目或信号，主体也仅限于广播电台、电视台，故网站对于未经其许可通过信息网络向公众传播其网播的体育赛事节目或信号的行为，仍无法通过广播组织权主张权利。

此外，随着三网融合的不断深入，广播电台、电视台也不再固守广播、电视这些传统传播媒介，而往往直接通过自己的网站传播体育赛事直播节目。如前所述，即使在新著作权法为广播电台、电视台增加"网络转播禁止权"的情况下，其也无法通过该项权利对他人未经许可的网络转播行为提出主张。

无论是从国际条例的制定情况分析，还是从广播组织权的邻接权属性分析，均不宜将广播组织权进行扩张解释。首先，《世界知识产权组织版权条约》和《世界知识产权组织表演和录音制品条约》均未将网络传播纳入广播组织权，1997 年开始组织起草的《世界知识产权组织保护广播组织条约》的草案虽将计算机网络转播纳入广播组织权的范畴，但该条约尚未通过。其次，我国新修改的《著作权法》对于各种邻接权仍采取严格的知识产权法定主义，并未规定兜底性权利条款，因此并未给法律适用留下扩张解释的空间。在我国著作权法及我国参加的国际条约均未将广播组织权的保护范围扩展至网络环境的情况下，不能仅仅因为新技术的产生或发展给权利人带来新的挑战，就超越立法时的权利边界对我国著作权法体系中

---

❶　谢甄珂. 新著作权法视角下的体育赛事直播节目保护［J］. 版权理论与实务，2021（4）.

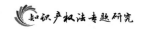

的广播组织权作扩大性解释。❶

综上所述，无论是从体育赛事直播画面的自身性质出发，抑或广播组织权的保护范围，都不应将体育赛事直播画面纳入广播组织权的保护范畴，将体育赛事直播画面认定为作品，适用狭义的著作权保护无疑更为符合法理与现实需求。

第三节　我国体育赛事直播画面的著作权司法保护现状

随着现代网络信息技术的不断发展，通过网络直播体育赛事的方式已经成为一种主流，这种方式不仅方便了人们了解和关注体育运动，高额的转播利润也给体育产业带来了丰厚的收益。同时，体育赛事直播网络盗播的现象日益严重，盗播体育赛事直播画面能够为侵权人带来巨大的流量与收益，这也导致越来越多的侵权案件出现。由于对体育赛事直播画面的作品属性认定问题，我国理论界和实务界存在很大的分歧，各种观点纷繁复杂，莫衷一是，也导致实践中法官审判有关案件出现同案不同判的现象。因此，研究我国体育赛事直播画面的著作权司法保护问题很有必要。

一、我国体育赛事直播画面的著作权司法保护模式

（一）适用邻接权提供保护

体育赛事直播画面是否具有作品所需的独创性，在司法实践中存在较大争议。多数法院认为，体育赛事直播画面只是对现场赛事的客观记录和传输，并未体现出作者独特的智力判断与选择。录制者在拍摄过程中受到赛事本身和直播操作规范的限制，无法充分展现个性化的表达和创造性。因此，体育赛事直播画面应当按照录像制品来保护，并适用邻接权制度。例如，在"央视国际网络有限公司诉世纪龙信息网络有限责任公司侵害信息网络传播权纠纷案"❷、"央视国际网络有限公司诉华夏城视网络电视股

---

❶ 北京市第一中级人民法院（2014）一中民终字第 3199 号民事判决书。
❷ 广东省广州市中级人民法院（2010）穗中法民三初字第 196 号民事判决书。

份有限公司著作权侵权及不正当竞争纠纷案"❶ 中,法院认为,体育赛事直播节目拍摄的目的在于为观众呈现真实,导播对不同机位画面的取舍、剪辑均为了实现这一效果。导播无法控制比赛进程,体育赛事节目的性质决定了导播、摄制者并非处于主导地位,节目制作人按照自身意志能作出的表达和选择有限。虽然导播对图像摄像角度、效果选择编排等有智力投入,且不同团队进行直播的画面有所区别,但创作性尚不足以满足以类似摄制电影的方法创作作品的要求,因此涉案体育赛事直播画面应认定为录像制品,央视国际网络有限公司享有录音录像制作者权。

(二) 适用著作权提供保护

法院在近年的判决中,越来越多地将体育赛事直播画面视为具有独创性的作品,并给予保护,未经授权转播体育赛事节目被视为侵害原告的著作权。"北京新浪互联信息服务有限公司诉北京天盈九州网络技术有限公司侵犯著作权及不正当竞争纠纷案"❷ 被称为我国"体育赛事直播第一案",一审法院判决,认定被告北京天盈九州公司侵犯了原告北京新浪互联信息服务有限公司对涉案体育赛事直播画面享有的著作权。二审法院推翻了一审法院对于体育赛事直播画面构成作品的认定,认为天盈九州公司的行为不构成对新浪公司著作权的侵犯,撤销一审判决,驳回新浪公司的全部诉讼请求。2020 年 9 月 23 日,北京市高级人民法院作出终审判决,认定北京新浪互联信息服务有限公司关于涉案赛事节目构成类电影作品的再审主张成立,判决撤销北京知识产权法院作出的二审判决,维持北京市朝阳区人民法院(2014)朝民(知)初字第 40334 号民事判决。还有其他类似的案例,比如,"央视网络公司诉上海聚力公司案"❸ 和 "央视网络公司诉风行公司案"❹,都涉及被告未经原告允许在自己网站上盗播原告对欧冠锦标赛和巴西世界杯赛事的独家转播权。法院都判定原告对涉案体育赛事直播具备独创性,并且被告损害了原告的著作权及相关权益。在判断体

---

❶ 广东省深圳市福田区人民法院(2015)深福法知民初字第 174 号民事判决书。
❷ 案情简介参见北京市朝阳区人民法院(2014)朝民(知)初字第 40334 号民事判决书。
❸ 北京知识产权法院(2021)京 73 民终 1819 号民事判决书。
❹ 北京市海淀区人民法院(2015)海民(知)初字第 14494 号民事判决书。

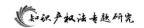

育赛事直播画面是否构成作品时，关键在于是否具备独创性，而不是独创性的高低程度。体育赛事直播画面的独创性来源于摄像机的位置、慢镜头的运用、画面的切换、精彩瞬间的捕捉、导演的个性化呈现等方面。

（三）反不正当竞争法的补充适用

在法院审理的一些案件中，有些当事人认为自己拥有体育赛事直播画面或节目的著作权，因此指控对方未经许可转播了他们持权的赛事直播画面或节目，侵犯了他们的著作权并构成不正当竞争行为。但是，并非所有法院都同意体育赛事直播画面属于"作品"的范畴，权利人依据著作权侵权提起的诉讼无法得到法院的支持。不过，这种行为仍然违反了《反不正当竞争法》的规定，因为它损害了原告的合法权益和市场秩序。

例如，在 2015 年深圳市福田区人民法院审理"央视诉华夏城视案"❶时，认为体育赛事直播画面只是对比赛过程客观、真实的再现，并没有足够的独创性，所以不能构成《著作权法》中的作品。但是，被告与原告之间存在同业竞争关系，并且被告未经授权转播了原告拥有合同授权或自制制作权利的节目内容。这种行为显然违背了诚实信用原则和商业道德，因此构成不正当竞争行为。类似的，在 2015 年"央视诉广州动景案"❷ 和 2016 年"央视诉上海悦体案"❸ 等案件中，法院也都否认体育赛事直播画面构成《著作权法》意义上的作品。但是，在这些案件中原被告双方均为新媒体企业且彼此互相竞争，被告并未经许可地转播了原告拥有合同授权或自制制作权利的节目内容。这种行为也完全符合不正当竞争的构成要件。《著作权法》归属于知识产权法体系，而《反不正当竞争法》分属于经济法法律部门。二者调整的范围存在一定交叉，在权利人确有受损但《著作权法》无法适用的情况下，《反不正当竞争法》可以对侵权人的行为作出规制。

---

❶ 深圳市福田区人民法院（2015）深福法知民初字第 174 号民事判决书。

❷ 北京知识产权法院（2019）京 73 民终 3095 号民事判决书。

❸ 上海闵行区人民法院（2015）闵民三（知）初字第 1057 号民事判决书。

（四）诉前禁令的事前救济

我国法律规定，诉前禁令是行为保全的一种，其适用于著作权人或与著作权有关的权利人能够提供证据证明他人正在实施或即将实施侵犯其权利、妨碍其实现权利的行为，而不采取即时制止措施将导致其合法权益受到无法弥补的损害。根据《著作权法》第 56 条和《民事诉讼法》第 104条的规定，此类权利人可以在起诉前向人民法院申请采取财产保全、责令作出某些行为或禁止作出某些行为等措施。

2022 年北京冬奥会举办期间，中央广播电视总台在互联网上发现有一款 App 未经授权擅自转播赛事节目，侵犯了其著作权。为避免损失进一步扩大，中央广播电视总台于 2022 年 2 月 12 日向管辖该案的上海浦东新区法院提出诉前禁令申请，要求该 App 立即停止转播冬奥会节目。次日，法院颁布了（2022）沪 0115 行保 1 号临时禁令书，命令该 App 从收到禁令之日起直到冬奥会结束为止不得再转播冬奥节目。这是中国法院第一次针对未经授权在互联网上转播体育节目的行为作出诉前禁令，体现了法院对知识产权保护的重视和效率。

同样，2022 年卡塔尔世界杯，作为全球极具吸引力的赛事转播也蕴含着巨大的商业价值。世界杯开幕前，国家版权局专门发布预警，将卡塔尔世界杯赛事节目列为版权保护重点作品。央视国际公司作为本届世界杯赛事节目在中国境内信息网络传播平台唯一合法授权方，拥有以直播、延播和点播形式向公众传送本届世界杯所有 64 场比赛节目的独家著作权。然而，在本届世界杯期间，央视国际公司发现有两家分别名为"足球直播网"和"盘球吧"的 App，未经其许可或授权，在互联网上擅自转载本届世界杯部分比赛节目，并通过设置专门页面来吸引用户点击观看，共同构成对著作权的明显恶意侵害。"足球直播网"由上海悦保科技有限责任公司运营，"盘球吧"由沈阳盘球网络科技有限责任公司运营。这两家 App明知央视国际公司拥有本届世界杯赛事节目在中国境内信息网络传播平台的独家著作权，却故意无视其合法权益，通过非法手段获取并传送本届世界杯部分比赛节目，给央视国际公司造成巨大损失。为了维护自身合法权益，央视国际公司向上海浦东新区法院提出行为保全申请，要求该院依法制止两家 App 的侵权行为。上海浦东新区法院根据《中华人民共和国民事诉讼法》第 100 条的规定，审查了申请，并认为有充分的理由支持。因此，该院作出以下裁定：第一，命令上海悦保科技有限责任公司不得再通过"足球直播网"提供 2022 年卡塔尔世界杯赛事的"观看直播"功能，并断开与沈阳盘球网络科技有限责任公司及其他第三方非法网站的链接；第二，命令沈阳盘球网络科技有限责任公司不得再通过"盘球吧"或其他任何方式侵犯 2022 年卡塔尔世界杯赛事节目的权利，否则将承担法律责任。该院于 2022 年 11 月 25 日作出（2022）沪 0117 民保字第 1 号民事裁定书，并通知两被申请人在收到禁令后立即执行，直至 2022 年 12 月 18 日卡塔尔世界杯结束。❶

《最高人民法院关于审查知识产权纠纷行为保全案件适用法律若干问题的规定》第 7 条规定了人民法院在审查行为保全时应当综合考虑的五个方面。央视国际公司在"2022 年卡塔尔世界杯盗播案"中得到了裁定，上海浦东法院从以下四个方面对此案进行了审查：申请是否有事实和法律支持、是否存在无法弥补的损失、是否会导致利益严重失衡、是否会影响社会公共利益。经过审查，法院认定 2022 年卡塔尔世界杯赛事节目是具有独创性的视听作品，央视国际公司经合法授权，在中国境内拥有通过互联网传播 2022 年卡塔尔世界杯赛事节目（包括直播、延播和点播等形式）及转授权他人传播的权利，并可以进行维权，其请求保护的知识产权有效。而被申请人上海悦保科技有限责任公司运营的"足球直播网"上设置了"观看直播"的跳转链接，链接到被申请人沈阳盘球网络科技有限责任公司运营的"盘球吧"网站中提供世界杯比赛直播页面（包括实时或延时），向公众提供 2022 年卡塔尔世界杯赛事节目在线观看服务，因此有较大可能性构成侵权。央视国际公司提出行为保全申请有事实和法律支持。2022 年卡塔尔世界杯具有极高社会关注度和影响力，相关赛事节目是时效性极强、经济价值极高、能给央视国际公司带来较大经济利益的知识产权。如果不采取行为保全措施，被申请人可能会继续通过互联网传播 2022 年

---

❶ 未经授权直播卡塔尔世界杯赛事 法院：裁定立即停止［EB/OL］.（2022 - 12 - 14）［2024 - 06 - 11］. https：//www. hshfy. sh. cn/shfy/web/xxnr. jsp？pa = aaWQ9MTAyMDI4MDQ2NiZ4aD0xJmxtZG09bG01MTkPdcssz.

卡塔尔世界杯赛事节目，给央视国际公司造成无法弥补的损失或者导致案件判决无法执行等后果。因此，央视国际公司存在无法弥补的损失。同时，采取行为保全措施后不会使当事人间利益显著失衡，也不会影响社会公共利益。最后，上海浦东法院作出上述裁定。这是中国法院在知识产权保护方面的一次重要创新，也是对卡塔尔世界杯赛事版权的有力保障。

　　浦东法院审查了申请人的请求是否有事实和法律支持，有三个方面值得注意。一是世界杯赛事节目是否属于视听作品，能否受到著作权保护。浦东法院指出，世界杯赛事节目利用多机位设置、镜头切换、慢动作回放等技术手段，不仅真实反映了赛事信息，而且突出展现了赛事的冲突和悬念，体现了创作者对连续画面的选择、编辑、处理等意志支配行为，具有"独创性的表达"，符合视听作品的定义。二是央视国际公司是否为世界杯赛事节目的权利人或者受权人，从而有权申请诉前禁令。浦东法院认为，国际足联是世界杯赛事节目的著作权人，并且已经合法授权央视国际公司通过互联网以直播、延播和点播等方式传播世界杯赛事节目。因此央视国际公司可以针对侵权行为提起维权诉讼。三是被申请人是否存在侵权行为及其可能性。浦东法院认为，被申请人上海悦保科技有限责任公司在其网站设置"观看直播"的跳转链接，链接到被申请人沈阳盘球网络科技有限责任公司网站的世界杯比赛直播页面，向公众提供了在线观看服务。该行为属于通过信息网络向公众传播视听作品，具有较大的侵权可能性。综上所述，央视国际公司提出的保全请求有充分的事实和法律支持。

　　前文在分析体育赛事直播画面与体育赛事直播节目之间关系时指出，在体育赛事直播节目中最核心、最重要的部分就是赛事画面。浦东法院在认定世界杯赛事节目可以作为视听作品加以保护时，在裁定书中着重说明了体育赛事直播画面制作手段、表达方式等方面，并认可了创作者对连续画面进行选择、编辑、处理等意志支配行为所表现出来的"独创性"。虽然申请人请求保护的客体是"体育赛事直播节目"，但是裁定书中均围绕最核心部分——体育赛事直播画面进行论述。这样一来，在司法层面上明确了体育赛事直播画面具有视听作品属性，也为持权方后续维权提供了明确依据。

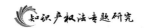

二、我国体育赛事直播画面的著作权司法保护的现存问题

（一）体育赛事直播画面的著作权立法缺失

关于体育赛事直播画面保护方面，产生争议最重要原因就在于对其性质没有统一标准，理论界均难以达成共识。受到立法技术的限制，导致立法上对于独创性标准有所回避，在个案中具体认定独创性是更符合现状的裁判模式。而《著作权法》和《著作权法实施条例》没有对独创性标准进行解释说明，这也引发了理论界与实务界关于独创性标准是"高低"或是"有无"的争论；同时对视听作品的定义也欠缺共识，对于其"固定性"，是否需要一定机械设备播放仍存有争论。

反观体育赛事直播画面的司法实践层面，司法实践经历了由不统一到趋于一致的过程。对于体育赛事直播画面的司法认定，最初的裁判观点认为其摄制手段较为机械，欠缺独创性，多数只能认定为录像制品；时至今日，虽然尚未有适用新修订的《著作权法》裁判的成文判决，但是从2022年卡塔尔世界杯浦东法院发布的诉前禁令等案例中不难看出，审判法院对于体育赛事直播画面定性的态度的转变，对于高水平摄制团队制作、涉及广泛公共利益的高质量大型体育赛事直播画面、体育赛事直播节目，司法界已然承认了其作品属性，笔者相信后续发生的案件亦会遵循此裁判思路进行审判。

虽然司法实践中对于体育赛事直播画面的作品性质认定已经趋于统一，但是究其根本，我国的体育赛事直播画面司法保护仍需要以法律明文规定为准绳，不同法院的裁判文书仅起到指导作用，对于独创性标准认定不明确、视听作品定义需要进一步细化以及体育赛事直播画面是否落入视听作品的保护范围，最合理的解决办法仍是尽快出台与新修《著作权法》相配套的《著作权法实施条例》以及司法解释。实践中随着体育直播产业的不断发展，转播技术的迭代更新，相应的法律问题也会逐渐浮现。对于体育赛事直播画面的司法保护唯有法律条文的明文规定才能予以明确，从而避免法官在审判案件中的自由裁量空间过大，法律理解参差不齐，在性质认定上产生分歧，发生同案不同判的现象。

（二）体育赛事直播画面的保护路径不统一

体育赛事直播画面的作品属性认定问题会影响到体育赛事节目的保护模式和路径选择。我国知识产权法学界对此问题进行探讨时焦点多集中于作品保护模式和邻接权保护模式两种。我国产业界强烈呼吁将体育赛事节目纳入狭义著作权保护，即作品的保护模式，以"近乎偏执的态度进行着作品性质定义的争取"。❶ 从权利人的角度来看，这确实是最好的选择。2020 年 11 月 16 日，最高人民法院印发《关于加强著作权和与著作权有关的权利保护的意见》，指出要高度重视互联网、人工智能、大数据等技术发展新需求，依据著作权法准确界定作品类型，把握好作品的认定标准，依法妥善审理体育赛事直播等新类型案件，促进新兴业态规范发展。笔者认为，应当从著作权法立法根本目的、产业现实的需求和促进体育产业健康发展的需要这几个方面出发，认真思考体育赛事直播画面的保护模式和路径选择。既然我国著作权法并没有对作品构成要件的独创性作出明确的高度要求，法院也没有必要为作品设置较高的独创性标准，况且何为"较高"在我国著作权法中也并无量化标准。今后在审理涉及体育赛事直播画面作品属性认定的著作权纠纷案件中，若涉案体育赛事节目符合视听作品构成要件的，完全可以作为作品受到著作权法的保护，这并不存在法律障碍和风险。体育赛事直播画面能否构成作品的标准是独创性的有无，而非独创性的高低。除了上文介绍的北京市高级人民法院 2020 年 9 月 23 日再审判决认定新浪中超赛事直播节目和央视世界杯赛事节目构成类电影作品，在"央视国际网络有限公司诉上海聚力传媒技术有限公司著作权侵权及不正当竞争纠纷案"中，上海浦东新区人民法院经审理认为，涉案足球赛事节目作为经过素材选择、机位设置、画面的剪辑、编排等步骤，并融入回放、特效等因素，属于文学艺术领域的"独创性的表达"，且具有可复制性，可以作为类电影作品加以保护。❷

若是将体育赛事节目定性为"录像制品"，根据我国《著作权法》的

---

❶　郭晨辉. 关于体育赛事转播权保护的产业思考（上辑）［EB/OL］.（2019 – 08 – 09）［2019 – 12 – 26］. http：//www. sohu. com/a/332743778_503725.

❷　上海浦东新区人民法院（2017）沪 0115 民初 88829 号民事判决书。

规定，录像制品制作者对其制作的录像制品仅享有许可他人复制、发行、出租、通过信息网络向公众传播并获得报酬的权利，这一邻接权的保护范围明显要比作品的著作财产权范围狭窄，还无法对网络同步转播等危害较大的侵权行为进行规制。除了欧盟《数字化单一市场版权指令》等特例之外，目前也没有其他涉及录像制品的国际公约，这会使得我国的体育赛事节目无法通过国际法在其他国家和地区得到保护。

另外一种邻接权保护模式是通过广播组织权对体育赛事节目进行保护。广播组织权的客体是广播组织播放的广播、电视节目还是载有广播电视节目的信号？我国学界对此争议较大。主张"信号说"的学者认为，只有将载有节目的信号作为广播组织权的客体，才能既保护广播组织的利益，又不至于造成法律逻辑的混乱、权利归属机制与授权机制的错位和对公有领域的侵蚀。❶ 而反对者则认为，信号说不仅与我国现行《著作权法》的规定相左，其论证逻辑也存在商榷之处。❷ 2014 年 6 月 6 日的《中华人民共和国著作权法（修订草案送审稿）》第 41 条规定："本法所称的广播电视节目，是指广播电台、电视台首次播放的载有声音或图像的信号。"这实际上是将广播电视节目和载有节目的信号等同看待了，意味着两个概念是可以互换使用的。从我国《著作权法》（2020）第 47 条的规定来看，广播组织权的客体表述依然含糊不清，其中的"广播、电视"，与《著作权法》（2010）第 45 条规定的广播组织权客体表述相同，那么这里的"广播、电视"到底是指广播电视节目还是指载有节目的信号，尚需司法解释予以确定。广播电视节目和载有节目的信号究竟是两个含义不同的概念，还是可以互相代替？产生争议的根源在于对这两个概念本身缺乏立法或司法上的解释。

我国《著作权法》2020 年最新修改，扩大了广播电台、电视台的广播组织权的控制范围，不仅明确"转播"的形式既包括无线也包括有线，并且将信息网络传播权的内容纳入广播组织权，实质上表明广播组织权的保护范围延伸至互联网环境，以技术中立的方式对广播组织权的主体和其享有的转播权扩张，使其主体范围可以涵盖网络广播电台和电视台，并能对

---

❶ 王迁. 广播组织权的客体——兼析"以信号为基础的方法"[J]. 法学研究, 2017 (1)：100.
❷ 卢海君. 论广播组织权的客体 [J]. 苏州大学学报（法学版），2019 (4).

网络实时转播行为予以规制。有学者主张，最新修改的《著作权法》实施后，在因体育赛事现场直播被未经许可转播而引发的纠纷中，无须讨论直播时形成的连续画面的独创性，也无须讨论该连续画面是否以"信号"为"介质"，法院都可以适用修改后的广播组织权中的转播权，制止他人通过各种技术手段，包括通过互联网转播电视台的赛事直播，从而实现此次《著作权法》修改广播组织权中转播权条款的目的；如果认定现场直播时产生的连续画面属于视听作品，判决被告侵害视听作品的著作权，将会架空此次《著作权法》修改中最重要的成果之一——为广播组织以技术中立的方式规定转播权。❶ 这表明，即使在《著作权法》2020 年修改之后，关于体育赛事直播画面的作品属性问题的争论仍然在继续。

第四节　完善我国体育赛事直播画面的著作权司法保护的建议

体育赛事直播画面作为视听作品，是否能够受到著作权法的保护，一直是理论界和司法界争论不休的问题。本节从著作权法框架下的视听作品定义、体育赛事直播画面的创造性、保护需求和司法政策等方面进行分析，认为体育赛事直播画面应当被视为视听作品，享有著作权法的保护。

（1）体育赛事直播画面就是由影像与声音相结合，并可用于再现、传播或者表演的客体。因此，从形式上看，体育赛事直播画面符合视听作品的定义。

（2）从内容上看，体育赛事直播画面具有一定程度的创造性。虽然体育赛事本身不属于人类智慧创造成果，但是体育赛事的拍摄者在拍摄过程中会对机位安排、角度切换、场景变化等方面进行主观取舍与调整。这些选择和安排反映了拍摄者对体育赛事特点和观众需求的理解和把握，并且能够影响观众对比赛过程和结果的感知和评价。因此，在独创性裁量标准较低的情况下，可以认为体育赛事直播画面达到了构成视听作品所需的最

---

❶ 王迁. 体育赛事现场直播画面著作权保护若干问题——评"凤凰网赛事转播案"再审判决［J］. 知识产权，2020（11）：30－49.

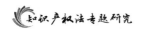

低创造性要求。

（3）从实践上看，给予体育赛事直播画面著作权保护符合产业利益诉求、社会公共政策方向以及司法政策要求。一方面，在技术进步和产业发展背景下，"转播权"已经成为体育产业最大的利润来源之一。为促进体育产业健康有序发展，我国需要有效地保护"转播权"购买者免受侵害行为损害，并且激励投资者组织更多更高质量的体育赛事节目传播活动。另一方面，《关于加快发展体育竞赛表演产业指导意见》明确提出要建立健全"知识产权制度"并打造"具有自主知识产权"的"精品赛事"等目标。给予体育赛事直播节目著作权保护正符合国家战略规划与社会公共利益之间协调统一之需要。同时，《最高人民法院关于审理侵害信息网络传播权民事纠纷案件适用法律若干问题的规定》也明确将"网络视频"纳入信息网络传播范围，并将"录像制品"的概念扩大至包含"电子数据存储介质"，以适应新技术发展带来的新形势。因此，从司法政策上看，也有必要给予体育赛事直播画面著作权保护。

总之，本书认为体育赛事直播画面应当被视为视听作品，采取狭义的著作权保护路径。这不仅符合著作权法框架下的视听作品定义和创造性要求，也符合产业利益诉求、社会公共政策方向以及司法政策要求。当然，这并不意味着体育赛事直播画面的著作权保护应当是绝对或者无限制的。在具体案件中，还需要考虑其他因素，如公平使用、转载许可、竞争法限制等，以实现著作权保护与其他利益之间的平衡。

一、法院及时发布诉前禁令裁定

诉前禁令是一种行为保全的制度，它允许权利人在遭受或者面临侵权行为时，向法院请求采取紧急措施，阻止或者制止侵权行为的发生或者继续，以避免自身合法权益受到难以弥补的损害。它是一种临时性的诉讼保障措施，不取代正式的诉讼程序，而是为了保障判决的有效执行或者权利人的实际利益。对于现实中形势紧迫亟待保护的著作权，诉前禁令是一种重要的临时救济措施，旨在及时制止正在实施或即将实施的侵害著作权的行为，防止权利人遭受无法弥补的损害。诉前禁令可以有效地保护著作权人或与著作权有关的利害关系人（如被许可人、继承人等）的合法权益，维护市场秩序和公共利益。

体育赛事直播画面具有极高的经济价值和社会影响力。然而，在互联网时代，赛事直播画面也面临盗播、转载、抄袭等侵权行为的困扰。这些行为不仅损害了持有转播权的转播商的合法权益，也破坏了体育赛事市场秩序和公平竞争环境。例如，在北京冬奥会和2022年卡塔尔世界杯期间，优酷、爱奇艺、腾讯视频、新浪微博、B站、抖音、百度等多个平台上出现大量涉嫌盗播赛事直播节目的链接和账号。尽管中央广播电视总台多次警告不得盗播，并通过行政机关进行打击整治，但效果并不理想。

对于这种情况，诉前禁令可以发挥重要作用。诉前禁令可以在赛事直播画面即将播送或者正在进行时及时制止侵权行为，防止侵权造成无法挽回的损失。因为体育赛事直播画面具有很强的时效性和独特性，一旦被盗播或者转载后就失去了观看价值和吸引力。如果等到正式起诉后再寻求救济，则可能已经错过最佳维权时机。例如，在2014年巴西世界杯期间发生的"暴风影音公司盗播中央电视台直播节目案"❶中，中央电视台于2015年起诉暴风影音公司，并于2021年获得北京高级人民法院终审判决支持其主张。但此时距离赛事结束已经过去7年，中央电视台所遭受的损失已经无法弥补。

因此，在处理体育赛事直播画面侵权案件时，应当充分考虑诉前禁令制度的意义和作用，并根据《民事诉讼法》等相关规定对申请人提出的申请进行审查。主要从以下四个方面进行审查：（1）申请人是否有证据证明被申请人正在实施或者即将实施侵犯其合法权益的行为；（2）申请人是否能够证明如不及时制止被申请人的行为，将会对其合法权益造成难以弥补的损害；（3）申请人是否能够提供适当的担保，以保证诉前禁令不会导致被申请人利益显著失衡或者无法恢复；（4）申请人是否能够说明诉前禁令不会损害社会公共利益或者违反国家法律规定。

从浦东法院在"北京冬奥会盗播案"与"2022年卡塔尔世界杯盗播案"中的裁定可以看出，法院对上述四个方面都进行了重点审查，并及时发布了诉前禁令，有效制止了侵权行为并维护了当事人的合法权益。这些

---

❶ 北京市高级人民法院（2020）京民再127号民事判决书。

案件也体现了诉前禁令制度在体育赛事直播画面侵权案件中的重要价值和实际效果。

诉前禁令是一种强有力的维权手段，但也需要慎重使用。诉前禁令只是一种临时性和紧急性的措施，它不能取代正式的诉讼程序，也不能预判正式判决结果。因此，在申请和裁定诉前禁令时，应当遵循合法、必要、适度、公平等原则，避免滥用或者误用该制度。同时，在获得诉前禁令后，申请人应当及时提起正式诉讼，并按照法院要求履行相应义务和责任。否则，可能会承担违约责任或者赔偿责任。

总之，在互联网时代，体育赛事直播画面侵权案件呈现出新特点和新趋势。为了有效地保护转播商等权利人的合法权益，防止侵权行为给市场秩序和社会公共利益带来负面影响，需要充分发挥诉前禁令制度在这类案件中的作用，并根据具体情况进行审慎运用。

二、以著作权法保护为主，慎用反不正当竞争法

笔者认为，从有利于对体育赛事节目的保护和体育及传播产业的健康发展角度出发，应停止对体育赛事直播画面的作品属性的争议，尽快对体育赛事节目的保护模式及其路径选择达成共识，促进产业健康有序发展，才是解题关键。对于符合作品构成要件的体育赛事节目可以用狭义著作权保护模式，即认定为视听作品。《著作权法》2020 年最新修订已经将广播权的调整范围从"无线广播＋以有线或无线方式转播"扩大为"以有线或无线的方式传播或转播"，这一修改将使普遍存在的网络非交互式传播行为落入广播权的规制范围，直击当前网络直播行业存在的侵权乱象。依据修改前的《著作权法》，权利人通常只能以"其他权利"这一兜底条款或不正当竞争为由主张自己的权益，而各地司法机关往往对此持有不同意见，极易造成同案不同判的现象，诉讼结果具有高度不确定性。通过本次修法，不论是体育赛事网络实时转播、网络直播，还是网络定时播放，均可以依法对其进行规制。此次修法关于广播权的重构实际上参考了《世界知识产权组织版权条约》中有关"向公众传播的权利"的规定，意图将各类传播行为囊括进法律调整范畴，消除了广播权与信息网络传播权之间存在的真空地带，切实增强了对著作权人的保护力度。对于不符合作品构成

要件的体育赛事节目可以考虑用邻接权予以保护。至于反不正当竞争保护模式对体育赛事节目的保护，是 2020 年《著作权法》修改之前的权宜之计，反不正当竞争扩展保护的限度应该是明确的，不能无限度将反不正当竞争法的扩展保护适用于所有的知识产权领域。

《反不正当竞争法》虽然在一定程度上可以保护体育赛事直播画面免受侵害，但并不能成为常规的维权手段。《反不正当竞争法》与《著作权法》有着明显区别，在立法目标、参与主体等方面各自承担着不同的职能和定位。《反不正当竞争法》旨在确保市场秩序稳定、公平竞争、有效促进市场经济健康发展，其重点在于维护社会公平正义而非个别权利人利益。如果遇到盗播等侵害情况，该法只能通过一般原则进行保护，缺乏具体有效的条款规范，难以真正实现权利人利益保障。因此，《反不正当竞争法》如果被任意使用，则可能导致扩大司法裁量权、削弱维权依据、损害权利人利益。

相比之下，《著作权法》则是为了保障创作者智力成果所享有的私权而制定，通过合同为基础对创作者进行保护，激励行业创新活力，坚持平等自由原则，平衡各方民事主体利益，维持市场正常秩序。《著作权法》立足于保障创作者智力成果这一初衷，与体育赛事直播画面保护需求相契合，在著作权体系内实现对体育赛事直播画面相关权益保护具有重要意义。

三、发布指导性案例提供参考

在《最高人民法院关于完善统一法律适用标准工作机制的意见》中明确作了如下规定：典型案例、指导性案例的发布，是对审判实践经验的总结、属于对法律法规适用标准统一、提高审判质量、维护司法公正的重要措施，同时在指导全国人民法院在日常审判以及执行工作开展中具有重要的作用。最高人民法院审判委员会对各级人民法院所推荐的典型案例进行讨论，并统一发布在法律适用标准的统一以及确立规则上有指导意义的指导性案例。

从前文分析中可以看到，在对体育赛事直播画面相关案件的判决中我国法院存在同案不同判的情形，因此需要出台相应的司法解释或者提供体育赛事直播画面的指导性案例，让法官在审理相关案件时进行参考。虽然我国不属于判例法国家，但是也应该对法官的自由裁量权进行一定的范围限缩，而不能任凭法官的个人直观感受来对裁判行使决定权。出现诸如一审、二审和再审三者完全不同的裁判结果，这对司法的公信力会造成严重的影响。因此，针对体育赛事直播画面案件出台相关的指导案例是非常有必要的。

结　　语

数字经济时代，随着 5G、VR 等新兴技术的应用和发展，体育赛事直播画面已经超越了简单的机械录制，而是需要运用一定"技能"与"判断"的独创性作品。因此，在多种法律保护路径并行的情况下，应当选择最有利于行业发展的路径。在体育赛事直播画面的著作权司法保护中，各级各地方法院应当审慎行使自由裁量权，注重司法与产业利益的平衡，并借鉴国际上成熟经验和做法。笔者希望在不远的将来能够形成一个统一、明确、可预期的立法规范和司法裁判标准，使体育赛事直播画面能得到著作权法的切实保护，真正为我国体育产业蓬勃发展保驾护航。

第五章　人工智能数据训练
合理使用问题探究[*]

第一节　引　　言

　　近年来各大科技公司不断创新，研发出生成式预训练模型（Transformer），以模拟人类对话的形式，为用户提供针对性信息服务，均颠覆性地采用了拥有预训练技术的大模型。与传统的预训练模型相比，生成式人工智能（AI）不仅使用超大规模的语料数据进行不断的训练，而且在优化学习过程中充分运用近端策略，再加以人工标注的辅助，从而使学习实效、模型智能化得到大幅提升。[●] 在这一系列模型搭建过程，数据训练处于关键地位。AI 模型的研发力度不断加强，经历了一个非常复杂的训练过程，凭借数千亿语料的投喂，生成式 AI 结合自身算法、算力形成几乎全方位、全领域的数据库训练，大规模参数的"滋养"提高了模型训练的准确性、高效性，在此过程中 AI 不断提高其自身学习能力，从而能够在与人类的对话中更好地理解上下文语境，把握用户千差万别的语义背后丰富的诉求和语言的复杂性，输出更符合人类语言逻辑的答案。以 ChatGPT 为代表的生成式人工智能给社会带来巨大便利的同时，也存在隐藏的版权风险。

　　生成式 AI 为作品创作提供了新工具，但对既有著作权法立法与司法也

---

　　[*]　本章由杨昊撰写，孙玉荣对其内容进行部分修改和删减。

　　[●]　郭全中，张金熠. ChatGPT 的技术特征与应用前景［J］. 中国传媒科技，2023（1）：159－160.

带来了新的风险与挑战，生成式 AI 在学习过程中关于训练数据获取和使用的合法性问题，引发了社会各界的广泛关注。2020 年我国新修《著作权法》中引入了一般条款和兜底条款，在一定程度上提高了合理使用制度的灵活性，但仍存在制度僵化的问题。在当前数字经济飞速发展的智能时代下，世界各国都在借助数字信息技术，实现更加高效、合理的经济产业新布局。❶ 尤其是互联网信息技术不断发展，生成式人工智能方兴未艾，训练数据的使用主体不再局限于人类，人工智能生成过程中的文本数据挖掘，难免会使用被著作权法所保护的作品数据，侵权纠纷发生频率也会随之增加。随着生成式人工智能技术的广受欢迎，不论是 ChatGPT 还是文生图、文生视频带来的挑战，我国著作权法均需要对此作出回应，AI 生成过程中的数据挖掘、训练等行为是否具有合理性、合法性？人工智能利用深度学习技术，进行大规模的数据收集、分析和训练操作，已经在文学、科学等各个领域被大量运用，但在 AI 模型训练过程中要进行数据输入。生成式 AI 需要在输入端完成模型的建立、训练过程，此阶段需要挖掘、复制大量的作品数据，所以极有可能损害他人著作权；在输出端，最终的 AI 生成物也有可能侵犯著作权，不论是输入还是输出，都应该充分考虑其是否构成版权豁免。

AI 数据训练过程中对版权作品的大量使用是构成侵权，还是属于合理使用？数据挖掘是 AI 数据训练过程的关键步骤，而我国著作权法中没有明确将"数据挖掘"规定为合理使用。张平教授认为，在输入阶段，如果将大量受著作权保护的作品用来训练人工智能，这本身看似出于学习目的，实则最终服务于商业目的，很难使用现有的著作权合理使用制度规避侵权责任。❷ 进行文本与数据挖掘行为可能会侵害复制权。也有学者认为，如果挖掘文本数据前未取得许可或者授权，就对复制提取的文本与数据在生成过程中进行改编，该行为可能会被纳入改编权的调整范围。❸ 这种文本与数据挖掘的行为具有侵犯改编权的风险，因为单纯的"转码"行为只是

---

❶ 马长山. 迈向数字社会的法律［M］. 北京：法律出版社，2021：72－94.

❷ 张平. 生成式人工智能实现突破创新需要良法善治——以数据训练合法性为例［J］. 新经济导刊，2023（8）：26－28.

❸ 王文敏. 文本与数据挖掘的著作权困境及应对［J］. 图书馆理论与实践，2020（3）：28－34.

简单改变了作品的表达方式，但在外在形式、内在实质方面，都没有改变作品的本质内容。但也有学者主张文本与数据挖掘是以识别、分析和提取海量的数据为基础，形成专属的数据模型，继而产生新的内容，在本质上不属于在原作品的基础上加以改编。❶ 可见，学界对此问题尚未形成统一意见。有学者主张在当前人工智能发展背景下，采用法定许可制度更加合适，也能够兼顾各方利益。❷ 为了能够给技术创新足够的空间，林秀芹教授认为可以根据合理使用制度的一般判断标准，并结合列举的具体情形，综合判断文本数据挖掘行为。❸ 大部分学者认为应该用著作权合理使用制度进行规制，认为对于 AI 生成过程中的数据挖掘行为可以采用转换性使用制度重新构建合理使用制度，以此方式实现版权豁免。❹ 吴汉东教授提出，为促进人工智能产业的发展，我国合理使用制度应有所回应。可供选择的制度回应方案有两个：一是借鉴欧盟和日本的做法，增设"文本数据挖掘"的合理使用情形；二是学习美国的做法，在著作权合理使用制度中增加一般条款，同时通过兜底条款进行控制。❺

　　本书认为，为了维持著作权人和使用者之间的利益平衡，也为了促进人工智能产业的良性发展，我国有必要将人工智能数据训练行为认定为合理使用。鉴于目前我国著作权合理使用制度仍存在改进空间，本章通过生成式 AI 创作过程可能面临的侵权风险和目前合理使用制度所面临的困境，在参考域外有益经验基础上，提出相应的完善对策，建议我国著作权合理使用制度采取开放的立法模式，并参考"转换性使用"对合理使用进行判断，继续完善人工智能时代我国的著作权合理使用规则，从而减少侵权案件的发生，让生成式人工智能为我国的科技产业发展提供新动力，以促进和保障人工智能产业的健康有序发展。

————————

　　❶ 马忠法，肖宇露. 论人工智能学习创作的合理使用 [J]. 山东科技大学学报（社会科学版），2020，22（5）：32 – 38，47.

　　❷ 刘友华，魏远山. 机器学习的著作权侵权问题及其解决 [J]. 华东政法大学学报，2019，22（2）：68 – 79.

　　❸ 林秀芹. 人工智能时代著作权合理使用制度的重塑 [J]. 法学研究，2021，43（6）：170 – 185.

　　❹ 周玲玲，杜静，费晓燕. 数字环境下合理使用立法的重新建构——基于文本与数据挖掘的发展与分析 [J]. 浙江社会科学，2018（5）：50 – 55，49，157.

　　❺ 吴汉东. 人工智能生成作品的著作权法之问 [J]. 中外法学，2020，32（3）：653 – 673.

第二节　人工智能数据训练面临的合理使用困境

人工智能训练数据是指人工智能在数据挖掘的过程中，用于训练数据挖掘模型的数据，训练数据的获取直接关系到模型训练的顺利开展。训练数据具有多样性、海量性以及高质量的特点。而数据挖掘是一个以计算机为基础，从文本或数据导出或组织信息的过程，是获取训练数据的关键步骤。数据训练是一种机器学习的过程，它可以帮助机器学习系统自动从数据中学习规律，并将其应用于实际问题。数据训练可以帮助 AI 模型更好地理解数据，并从数据库中提取有价值的信息，从而提升机器学习系统的科学性。训练数据广泛应用于生成式人工智能，客观上为生成式人工智能的普遍应用奠定了数据基础。通过模拟人工神经网络技术，人工智能深度学习技术通过前期不断对已有的版权作品进行数据复制，搭建自己专属的训练数据库用以训练，经过不断的模型训练就能够基本掌握学习能力，但不容忽视的是这一过程容易产生著作权纠纷。为了顺应当前大数据时代的发展需求，尽可能减少著作权侵权纠纷、降低人工智能研发成本、保持多方利益的平衡，需要对此作出回应，明确当前人工智能模型训练面临的著作权问题，厘清人工智能为获取训练数据使用版权作品给合理使用制度带来的挑战，将人工智能挖掘作品数据、深度学习行为纳入合理使用情形，助力我国 AI 产业的经济发展。因此，首先要明确生成式人工智能运行的技术原理，才能掌握人工智能模型训练的特点，从而更有针对性地分析其面临的著作权侵权风险。

一、数据训练存在的著作权侵权风险

AI 生成过程中需要进行数据训练，这一过程需要依托大量的训练数据。AI 会独立使用人工神经网络系统自行处理最初的数据，在不同层次、不同情境下了解数据信息的内涵区别，通过信息的内容组建专属的模型，之后在此模型中进行训练，然后生成创新性的产物。人工智能能够凭借自己的技术能力，例如检索、计算等，掌握某一领域的基本状况和具体特

点，从而根据指令的需求生成内容，基本符合人类学习知识并运用的过程特点，西门子的智能云 MindSphere 便是一个很好的例子。生成式 AI 的深度学习体现在以下阶段：最初建立模型过程中，首先要选定训练的初始模型，这类模型基本上技术都较为成熟。研发程序员需要建立人类偏好数据、打分模型，不断训练借以提高模型回答的准确度。其次，训练模型，借用算法技术不断计算，对初级模型进行全面完善。然后，源源不断地进行作品学习、训练，尽力使最终模型与人类的思维模式和行为特征无限接近，在满足目标标准后，就可以将模型固定。通过运用编程技术、数据序列化传输技术等，将已有的作品固定在物质载体中，制作作品复制件的过程❶，就是复制。当前《著作权法》中对复制权范围的规定增加了"数字化"方式，由此可知信息网络环境下，著作权法对作品存储在机器中形成复制件的行为予以保护。❷ 在建模时的收集、预处理数据阶段，AI 需要复制足够数量的相关数据，才能形成自身独有的数据模型，其中就会存在大量受著作权法保护的作品。

AIGC（Artificial Inteligence Generated Content）的著作权归属事关利益分配问题，而输入端的数据学习与使用问题直接影响着 AIGC 技术的发展，因此与 AI 生成物的可版权性相比，AI 输入端的模型训练的法律性质更值得关注。近期有关 AIGC 训练数据获取及合法使用问题在司法实践中也呈爆发式增长，例如美国的"Reuters v. Ross 案""Tremblay v. OpenAI 案""Michael Chabon et al v. Meta 案""Getty Images（US）v. Stability AI 案""Andersen v. Stability AI 案""Silverman et al v. OpenAI 案""Michael Chabon et al v. OpenAI 案"等❸，都是版权人起诉 AI 服务商版权侵权的案例，案由大部分都是版权人起诉生成式 AI 的技术开发商未经授权使用原告的作品，或者未经许可复制其作品，主张生成式 AI 服务提供商侵犯他们的著作权。

---

❶ 崔国斌. 著作权法：原理与案例［M］. 北京：北京大学出版社，2014：577 - 627.
❷ 吴汉东. 著作权合理使用制度研究［M］. 3 版. 北京：中国人民大学出版社，2013：36 - 38.
❸ M. M. Grynbaum, R. Mac. The Times Sues OpenAI and Microsoft Over A. I. Use of Copyrighted Work［N］. The New York Times, 2023 - 12 - 27.

生成式人工智能的发展便利了人类生活，也推动了教育、科研、生产等各个领域的变革，但不可避免地给著作权带来极大的风险挑战。人工智能模型训练为获取训练数据对作品的挖掘、使用行为可能构成著作权法上的以下侵权行为。

（一）复制权侵权风险

为了获取训练数据进行模型训练，生成式 AI 服务商可能通过爬取等方式，未经授权便复制他人已公开的著作权作品，在模型训练过程中采取自然语言处理、OCR 识别等技术来复制、挖掘作品，从而转换成机器可以读取的形式，这就导致海量的作品未经许可被用于模型训练。生成式 AI 之所以能够生成高质量内容，是因为经过了一系列的数据转换过程，利用自有数据库不断进行强化学习，才能保证 AI 生成物内容科学准确。但是目前各大科技公司并未公开生成式 AI 所使用的训练数据来源，而训练数据又在 AI 生成中起着关键作用。我们对 AI 生成过程的算法内容无从得知，对数据库的训练数据信息更是一无所知。

在收集训练数据过程中生成式 AI 可能会侵犯作品复制权，训练数据对于生成式 AI 来说就是机器阅读的物料，在该过程中会使用到海量未经他人授权的作品，因此很可能会侵犯他人复制权。我国《著作权法》第 10 条第 1 款第（10）项规定，如数据爬取、文本作品转化等各种收集素材的方式都已列入法律规制。人工智能需要大量的训练数据作为支撑，建立自己的数据库，建库过程不可避免会实施复制行为。若复制的作品数据未得到原作品著作权人授权，那么就可能侵犯原作品著作权人的复制权。不仅如此，人工智能服务商也会通过其他方式来充盈数据库，比如，未获得原作品著作权人的许可或未向其支付报酬，就擅自扫描纸质版作品内容转换成电子数据存储到数据库中。对于数据收集过程中的复制行为是否属于侵权，学术界观点不一，但主流观点认为人工智能学习过程是在服务器内数据转码以后建立了自己的数据模型，该过程具有临时性，不具有侵害性。在起草《信息网络传播权保护条例》的过程中也曾涉及该问题，引起学者广泛讨论，关于临时复制的法律性质探讨此起彼伏，但并未得出统一意见，在最终官方文本中并未对此行为定性。笔者认为对于是否侵犯复制权不能孤立判断，要结合复制后的行动综合判断，并不是所有的复制行为都会侵犯复制权，如果复制之后进行出售、展览等营利行为，那么毫无疑问，该行为属于被《著作权法》所禁止的复制行为。因此，临时复制行为不会侵害原作品复制权，生成式人工智能只有在收集数据时会产生复制行为，其目的在于搭建训练数据库，用于模型训练，不构成复制权侵权。

（二）改编权侵权风险

在 AI 生成过程中可能会展示、使用大批量作品内容，属于对原作品的直接复制或者对外公开行为。由于 ChatGPT 运行过程中有使用者的指令存在，生成物会更加科学智能，内容里掺杂着自然人创作因素，因此可以认为其在一定程度上满足了作品的构成要件，但在司法实践中能否真正赋予其著作权尚有争议。

人工智能训练数据为模型训练提供物料支撑，模型训练会接触到海量作品数据，不断训练才能提升 AI 的系统分析能力，这可能会涉及原作品的改编权。改编权要以原作品的独创性表达为基础，自主生成具有独创性的新作品。通过分析生成式人工智能训练数据对原作品独创性表达的利用程度，从而判断其是否侵犯原作者的改编权。人工智能利用训练数据进行创作的结果有三种：其一是 AI 生成物为全新作品，与原作品完全不同，此类型生成物不构成侵权，并且有利于作品的利用与传播；其二是 AI 生成物与原作品构成实质性相似，如果该类型生成物实质性相似的是思想，不构成侵权，如果表达实质性相似，则侵犯复制权；其三是 AI 生成物在原作品基本表达的基础上添加了新的独创性内容，该类型生成物便存在侵犯改编权的风险。目前新研发的大部分生成式 AI 是在已有的训练数据信息库中，根据使用者的指令挑选适合的数据，然后生成一个全新的作品，这类作品的表现形式、内容特色往往风格迥异，与原作品千差万别，与以往在某个蓝本上直接进行修改的形式不同，因此大部分的 AI 生成物几乎不影响改编权。但是也有一部分 AI 生成过程比较特殊，可能会侵犯原作者的改编权，比如 EMI（Experiments in Musical Intelligence，音乐智能实验）。EMI 模型训练过程中专门针对巴赫的创作风格进行学习，收集了大量巴赫的音乐作品，音乐节上 80% 以上的听众都以为 EMI 演出的作品是巴赫所作，假如巴赫还在世，EMI 高度模仿巴赫的独创性风格，毋庸置疑 EMI 会侵犯巴赫的改编权。这一类生成式 AI 尽管采用了自己的方式进行表达，但是受到特定范围训练数据的限制，这类生成物会因为对原作品产生替代性而侵犯原作者改编权。

二、数据训练对合理使用制度的挑战

（一）AI 作品使用与"三步检验法"的冲突

根据《伯尔尼公约》规定，对作者著作权的限制与例外，应符合以下条件：第一，限于某些特殊情况；第二，不损害作品的正常使用；第三，不得不合理地损害作者的合法利益。AI 模型训练过程中需要用到大量作品"投喂"训练数据库，传统的合理使用制度无法将其涵盖。在《伯尔尼公约》第 9 条规定的"三步检验法"的指导下，并结合 WTO 专家组的解释，对于作者排他权的使用范围，应包含一切拥有重要经济价值的作品数据使用行为，计算机的"输入""输出"都包含在作者的"复制权"的复制行为范围内。第一步"某些特殊的情况下"，结合 WTO 专家组的解释，对作品的使用应当是"狭窄的""特定的"，但人工智能获取训练数据通常需要使用"海量的""广泛的""普遍的"作品，方能开展高效的模型训练；第二步"不损害作品的正常使用"，生成式 AI 背后的资本强大，基本都是实力雄厚的技术研发公司，普通著作权人无法与这些大企业抗衡，因此在纠纷处理过程中，法院可能会偏向于弱势群体的著作权人；第三步"不得不合理地损害作者的合法利益"，大多数 AI 开发者可能都无法满足这一要求，按照著作权法规定 AI 开发者需要为原作品著作权人提供经济补偿，理论上是行得通的，但实际操作中是无法实现的。AI 生成内容的过程需要挖掘大量作品获取训练数据，进行不断的模型训练，如果为原作品著作权人提供补偿，交易成本过于高昂。AI 生成具有营利性质，显然无法满足公共方面的正当性要求。由此可知，生成式人工智能训练数据的挖掘与使用难以通过"三步检验法"的判断。

（二）现有的合理使用制度无法覆盖模型训练行为

有足够训练数据支撑的模型训练行为，使得生成式人工智能能够输出优质的内容表达。对于 2020 年新修订的《著作权法》所增加的合理使用兜底条款，当前学界的看法不一，主流观点主要有：半封闭论认为第 1 款第 13 项在立法模式上仍属于封闭式立法，但该修改在司法活动上有了一定突破。❶ 全封闭论认为第 1 款第 13 项看似开放，实则封闭，与传统的封闭式立法模式别无二致。对立统一论则认为该条款虽保持了封闭的立法模式，但在合理使用的立法本身上留下了开放空间。❷ 各主流观点有所差异，但针对该模式下很难出现司法创设的新情形的看法是一致的。生成式 AI 几乎都是由科技企业研发使用，几乎不涉及学校、科研院所，更不会属于"为个人学习、研究或者欣赏"的合理使用情形。因此，对于 AI 获取训练数据过程中所必需的使用作品的行为，无法适用当前关于合理使用的规定。

在司法活动中，虽然我国司法者对合理使用的认定具有一定灵活性❸，但是合理使用的司法解释必须受到"三步检验法"的限制。司法者只能通过"找法"来理解适用特定情形，而不能"造法"。同时学界出现了"递进累积关系论"，对"三步检验法"各个要件的适用顺序和相互关系进行讨论。"三步检验法"首先要求其适用于"特定且特殊情形下"，其次应符合"正常使用"，最后应"不得不合理损害著作权人合法利益"。❹ 因此，尽管能够根据"转换性使用"标准判断该行为是正当的，但基于"三步检验法"还是无法将其解释为合理使用。当前生成式人工智能要想进行模型搭建和成果产出，就必然需要搭建大规模的训练数据，传统的观点已无法适应当前的发展潮流。例如 ChatGPT，主要使用期刊、书籍、维基百科、

---

❶ 王迁. 《著作权法》修改：关键条款的解读与分析（上）[J]. 知识产权，2021（1）：20 – 35.

❷ 詹启智. 论新著作权法合理使用的"其他情形"——兼与王迁、蒋舸、刘佳欣同志商榷[J]. 三峡大学学报（人文社会科学版），2023，45（2）：94 – 99.

❸ 熊琦. 著作权合理使用司法认定标准释疑[J]. 法学，2018（1）：182 – 192.

❹ Reto H, Christophe G, Jonathan G. Towards a balanced interpretation of the 'three – step test' in copy – right law [J]. European Intellectual Property Review, 2008（4）：489 – 496.

Common Crawl、Reddit 社交新闻站点或者其他数据集平台上的作品数据。❶ 这些数据来源并非免费，就算有免费的数据来源，也是少之又少或者质量堪忧，要想使用这些作品，理论上都是要经过版权方的授权。谷歌的数字图书馆计划，即将海量图书扫描后以数字化储存，但是该计划在世界各国版权方的讨伐中以失败告终。❷ 面对高昂的授权成本，谷歌公司提出了"选择退出"规则，即先使用、先付费，将授权后置的"默示授权"规则。❸ "选择退出"模式不符合著作权授权的一般惯例，我国《著作权法》表明了我国版权许可为授权前置，同时"选择退出"规则的后置做法被广泛认为违反了版权授权的国际惯例。由此可见，版权壁垒的存在已严重阻碍生成式 AI 的发展道路，所以必须重新审视模型训练为获取训练数据使用版权作品难以被合理使用制度涵盖这一现象。

由于 AI 生成方式的兴起，"作者中心主义"理论被动摇，AI 生成过程与"三步检验法"也有所冲突。海量的训练数据在当前生成式人工智能模型搭建和成果产出中起关键作用，著作权保护和海量的数据需求之间失衡，该问题会极大限制生成式 AI 的进一步发展。同时，我国著作权法保持封闭模式，所列举的合理使用情形无法涵盖人工智能模型训练，尽管《生成式人工智能服务管理办法》对当前生成式 AI 存在的一些著作权问题作出了回应，能够在一定程度上保障生成式 AI 不侵犯他人著作权，但还是存在一些欠缺，比如"原作者许可模式"等问题，会导致生成式 AI 发展受阻。而且法院在认定涉案行为是否属于合理使用情形时，自由裁量权的行使空间受限，裁判依据只能出自明确列举的合理使用情形，法院无权创设新的类型，解释空间也受到法律条文的限制。

---

❶ 姚前. ChatGPT 类大模型训练数据的托管与治理 [J]. 中国金融, 2023 (6): 51 – 53.

❷ 肖冬梅. 谷歌数字图书馆计划之版权壁垒透视 [J]. 图书馆论坛, 2011, 31 (6): 282 – 288.

❸ 梁志文. 版权法上的"选择退出"制度及其合法性问题 [J]. 法学, 2010 (6): 84 – 94.

第三节　人工智能数据训练纳入合理
使用范围的必要性分析

一、借助"三步检验法"分析人工智能数据训练

目前人工智能技术的发展并不是一蹴而就的，生成式人工智能都会经历一个非常复杂的训练过程，AI模型的研发力度不断加强，凭借数千亿语料的投喂，结合自身算法、算力形成几乎全方位、全领域的训练数据，大规模参数的"滋养"提高了模型训练的准确性、高效性，在此过程中不断提高其自身学习能力，从而能够在与人类的对话中更好地理解上下文语境，把握用户千差万别的语义背后丰富的诉求和语言的复杂性，输出更符合人类语言逻辑的答案。在生成式人工智能模型训练语料输入阶段，需要挖掘大量版权作品的数据进行数据训练，可以借助"三步检验法"分析人工智能数据训练的作品使用行为，以便更好地理解将模型训练纳入合理使用范围的必要性。

首先，授权自身作品进行数据训练是否是一种可以预见的版权人正常利用作品的情形，如果答案是肯定的，那么对未经授权的人工智能数据训练进行豁免，违背了"不与作品的正常使用冲突"的要求。在实践层面，尽管目前已经有全球各地的版权人在踊跃尝试，与大模型平台主张通过付费利用作品，比如 Reddit 等内容平台已经相继宣布：会向谷歌、Open AI 等大模型公司收取内容使用许可费。针对训练数据，可以将数据收集过程中产生的"作品存储"行为纳入"复制权"范畴内；如果使用了大量较为集中的数据导致生成内容与原作品风格极为相似，影响了原作品的市场占有度，可以纳入"改编权"范围内。实际上处于核心地位的"作品处理"行为难以归入版权人法定权利范畴，权利不存在，更不用说授权问题。由此可知，在法律层面，当前生成式 AI 的数据模型对于作品内容的使用、学习无法说是一种明确的作品"正常利用的情形"。

其次，对于没有取得授权的数据训练行为，是否会对被训练作品的潜

在市场产生替代效应。显而易见，生成式人工智能的用途就是用来生成内容的，不论是空前火爆的"文生文"领域的 ChatGPT，还是方兴未艾的"文生图"领域的 Midjourney，通过它们生成的内容大多数情况下都会投入市场，进行内容使用或者传播。但不容忽视的是，生成式人工智能的生成物不是简单的重新排列，输出的内容基本不存在对被训练作品全部或者部分的复刻再现，不是过去通过统计学的概率计算进行"文字组合"或者"单字引用"的传统模式。因此，当前的生成式 AI 内容生成机制，并不会对被训练作品产生明显的市场替代效应，但可能会加剧相关内容市场的竞争。该模式也有例外情形，如 EMI 对于巴赫音乐作品的学习，如果 AI 只收集特定的作家或画家的作品数据进行模型训练，AI 使用者有故意对特定版权人作品市场进行侵占替代的可能，那就有理由质疑其正当性。

最后，未经授权进行数据训练对被训练作品市场的冲击和对公共利益的促进，是否达到了平衡。这本质上是一个价值考量和利益平衡的过程，很难对此作出精确判断。生成式 AI 发展方兴未艾，极大推进了人类生产生活的变化，AIGC 的未来发展具有无限可能，甚至有人称之为一场新的"工业革命"，足可见其对于整个人类社会的影响之大。笔者认为需要重新评估模型训练给原作品著作权人带来的影响以及对现有市场产生的效应，但如果过分强调对使用的作品、数据内容进行授权付费，就会阻碍生成式人工智能的顺利发展，不利于 AIGC 的技术进步。

二、我国著作权合理使用制度立法僵化

从立法层面来看，对于著作权合理使用，我国依旧保持封闭式立法模式，这一立法模式有利有弊，能够防止合理使用的过度扩张，从而避免著作权人的合法权益受损，并且封闭式的立法模式具有可预见性和确定性，可以让权利边界更加清晰明了。但是，当前作品使用形式纷繁复杂，作品使用主体也更加多样，生成式 AI 加入作品使用的主体行列中，人工智能进行模型训练，为了获取训练数据，就必然要使用大量的版权作品，该立法模式下的合理使用制度滞后性凸显。封闭的立法模式也影响了法院自由裁量权的行使，法官无法创设新的合理使用类型，解释空间也受到挤压。通过司法来应对当前不断出现的 AI 创作、二次创作等新型创作模式具有更大

的难度。

我国著作权法详细列举了合理使用情形，但范围过窄，灵活性不够，与欧盟国家相比，欧盟成员国在国内法律规定中平均实施了17项例外与限制，而我国实施数不及欧盟国家平均数，仅实施了11项。可见我国著作权法合理使用的范围过窄，在此情况下我国的合理使用制度无法应对人工智能时代的浪潮，极易出现僵化问题。

面对合理使用制度的滞后性，我国在立法应对方面速度也比较迟缓，导致很多合理使用问题无法得到及时解决。第一，修订频次较低，基本上十年才修订一次。相关的行政法规修改周期也很长。因此，在面对层出不穷的合理使用困境时，我国无法及时地修订法规，面临的人工智能挑战也无法得到解决。第二，即使修改，也很少涉及著作权合理使用制度，合理使用制度基本不修改。面对不断变化的著作权侵权案例类型，著作权法依旧保持封闭式立法模式，而且合理使用类型没有增加。而在行政法规中所规定的合理使用，大部分都只是将著作权法所列举的类型具体化阐释，并未有实质性的改变或者突破。可见，我国立法应对不够及时，对于新出现的模型训练、算法技术等束手无策，无法解决合理使用制度的僵化。

与之前的立法比较，《生成式人工智能服务管理暂行办法》（以下简称《管理办法》）效果卓著，规定更加完善，比如增加了算法模型备案制度。《管理办法》第7条规定，生成式AI服务商具有保证AI模型训练过程中的数据来源合法的义务，AI模型训练中用到的数据来源必须合法，不得侵犯他人版权，同时服务商也要不断进行技术开发，提升模型训练的技术水平，保障模型中训练数据的科学准确、真实合法。而且《管理办法》中也增设了安全等级评估、数据来源透明制，全方位保障生成式AI不侵犯他人著作权，保证人工智能模型训练能够在阳光下进行。

尽管如此，《管理办法》还是存在一些不足。比如对模型训练的数据来源规定有一定限制，该法采用了原作者许可模式，即只有在获得著作权人许可后，才能将合法作品的数据用作训练数据，该限制会使得生成式AI发展受阻，同时也会降低AI生成的效率。我国著作权法对于生成式AI的模型训练过程未有明确规定，究竟是属于合理使用还是法定许可等，尚未有定论，但《管理办法》作为下位法，局限性地规定了训练数据采用"原作者许可"模式，没有充分考虑到生成式人工智能发展的现实状况。在我国，违法作品的著作权也是被承认的，所以该规定局限于"合法作品"，会使得一些违法作品被侵权，这有悖于我国著作权法的初衷。不容忽视的是，人工智能获取训练数据不仅局限于合法作品，也会通过网络爬虫技术使用到一些违法作品，所以《管理办法》将保护范围限制为"合法作品"是不完善的。

三、许可模式的局限性

为了满足当前生成式人工智能获取训练数据对于挖掘数据、使用作品的需求，我国著作权法存在三种使用作品的合法途径选择，分别是授权许可、法定许可和合理使用，大部分学者都主张人工智能获取训练数据可以援引著作权合理使用制度，毕竟人工智能使用作品数量庞大，分散性去收集授权的成本过高，况且部分作品权利主体模糊，无法获得授权。❶ 在合理使用制度的实际运用过程中，有学者认为，我国可以借鉴美国版权法，采取开放模式❷，根据个案判断是否属于合理使用，从而应对人工智能时代新出现的情形。有学者提议，为了合理看待商业化的合理使用目的，应该重新构建人工智能合理使用制度。❸ 但也有一部分学者主张针对人工智能学习、使用作品应采用"法定许可"制度，从而最大限度地保护著作权人的利益，人工智能训练数据在数据挖掘过程中复制了作品，会侵犯著作权人的专有权，如果人工智能仅利用数据库进行学习、训练，而未产生新的作品，不具有转换性，不属于"转换性使用"，那么应当采用"法定许可"制度。❹ 无论是法定许可还是合理使用，都属于对著作权的限制，法定许可不用获得著作权人许可，但应该支付其相应报酬，而合理使用不仅

---

❶ 王文敏. 人工智能对著作权限制与例外规则的挑战与应对 [J]. 法律适用，2022（11）：152－162.

❷ 万勇. 人工智能时代著作权法合理使用制度的困境与出路 [J]. 社会科学辑刊，2021（5）：93－102.

❸ 高阳，胡丹阳. 机器学习对著作权合理使用制度的挑战与应对 [J]. 电子知识产权，2020（10）：13－25.

❹ 宣喆. 论分类保护视角下人工智能创作的著作权合理使用 [J]. 出版发行研究，2022（3）：81－87.

不用获得许可，而且不必支付报酬。人工智能模型训练依赖对原作品的学习，生成物可能会对原作品产生不利影响。而将人工智能获取训练数据纳入合理使用范围的同时可能会加强对著作权人权利的保护，YouTube 中上传的作品会被拿来与内容 ID 数据库进行比较，若比对过程中使用、分析作品的行为被认定为侵权行为，对版权人的利益保护毫无益处。人工智能训练数据需要以海量的作品数据为支撑，成本高昂，随着作品许可使用费的增加，产品售价也会随之提高。法定许可制度可以在一定程度上维护著作权人权益，但在后续配套措施落地方面还存在一定困难，比如报酬分配问题、执行问题等，都面临很大的挑战，法定许可制度无法解决市场失灵问题，而合理使用制度可以弥补这方面的缺陷，解决作品使用交易成本过高的问题。❶ 同时，在适用要件方面的规定，法定许可制度对于主体的限制相比较合理使用制度更加严苛，不能满足训练数据处理的需要。美国最高法院裁决中认为，利用作品、使用数据的行为如果能够取得相应的社会公益效果，那么可以经由合理使用而得以规范。❷ 可见美国将"合法获取"作为人工智能数据挖掘合理使用的要件，我国可以借鉴这一做法。

将人工智能模型训练纳入合理使用范围并不代表会保护所有的人工智能挖掘数据、使用作品的情形。"三步检验法"在合理使用认定中依旧被放在重要地位，为了保护著作权人的合法权益，分析使用行为是否对著作权人造成经济利益损害、是否产生替代性结果，从而判断作品使用行为是否属于合理使用。

四、促进人工智能技术进步、产业发展的必然要求

在人工智能生成过程中，训练数据的质量在很大程度上影响着 AI 生成物的艺术价值，为了保证 AI 生成物的优质、高效，AI 企业在进行模型训练时需要大量的高质量数据。通常情况下，使用价值高的作品往往需要获得授权和支付许可费，所以人工智能企业更倾向于使用受著作权保护的作品形成训练数据。在不侵权的前提下，如果人工智能服务商想要降低成

---

❶ 王迁. ChatGPT 生成的内容受著作权法保护吗？[J]. 探索与争鸣，2023（3）：17 – 20.

❷ 张润，李劲松. 利益平衡视角下人工智能编创使用行为的法律定性与保护路径研究 [J]. 出版发行研究，2020（11）：72 – 79.

本，可能会多使用处于公共领域的作品数据，而减少对受著作权保护的作品的使用，这样就会导致 AI 生成内容低质量、同质化，优质作品减少，不利于文化艺术的繁荣。而且，由于高成本的限制，中小企业会因为公司实力差距，训练数据的数量和质量远远落后于大型科技公司，这就导致市场竞争环境不公正，强者更强而弱者更弱，中小企业生存环境将会更加恶劣。AI 技术在新一轮的科技革命中起着主导性作用，为了推动生成式人工智能的应用和发展、提升国家竞争力，应在政策和法律上予以一定支持。❶人工智能模型训练为获取训练数据对于作品的使用行为，如果都需要授权和付费，将会阻滞 AI 技术的研发和应用，因此，应该为人工智能获取训练数据营造良好的合理使用环境。

第四节　生成式人工智能合理使用制度的域外考察

一、美　　国

作为人工智能技术发展研究较为前沿的领军国家，美国奉行"商业使用"规制模式，其合理使用制度也较为成熟。美国合理使用制度采用基于"四要素"原则❷和司法判例的开放式立法模式，在综合考量 AI 行业标准、个人著作权保护和公共利益维护的基础上，发展了"转换性使用"理论。在人工智能应用方面，美国白宫科技政策办公室还发布了一系列文件，其中《人工智能权利法案蓝图》对训练数据作出规定：收集和使用的数据仅用于训练或验证机器学习模型，且收集和使用行为应是合法、必要的。可见，美国对生成式 AI 的监管要求较少，主要强调安全原则。为了适应生成式 AI 的技术发展特点，美国提高了运用判例法的灵活性，并通过事前的法

---

❶　张金平. 人工智能作品合理使用困境及其解决 [J]. 环球法律评论，2019，41（3）：120 – 132.

❷　《美国版权法》第 107 条规定了在具体案件中判断某一行为是否属于"合理使用"时应当考虑以下四个因素：（1）使用的目的和特点；（2）被使用作品的类型；（3）被使用部分与整个作品的比例；（4）使用行为对版权作品潜在市场或价值的影响。

律规定与事后的司法审查结合发挥作用❶，提高合理使用规则的灵活性。

自从生成式人工智能问世后，"Thomson Reuters Enterprise Center GMBH and West Publishing Corp. v. Ross Intelligence Inc. 案"成为美国司法领域讨论的焦点❷，关于人工智能模型训练使用没有获得授权的版权材料是否属于合理使用的问题，美国法院在该案中强调要严格区分事实和法律问题，同时在判例法基础上指出人工智能模型训练中合理使用的认定标准。原告汤森路透公司拥有 Westlaw 数据库的版权，该数据库采用"编号系统"对司法裁判根据法律类型进行汇编，并增设批注功能，用户在使用过程中点击批注便可以进入相应的裁判文书页面，汤森路透公司拥有数据库内法律文本和材料汇编的版权。罗斯（Ross）公司将收集到的法律意见书数据转化为数据模型进行 AI 学习，其中的数据包含 Westlaw 数据库的内容。原告汤森路透公司认为罗斯公司在合作方 Legal Ease 的帮助下直接或间接复制了 Westlaw 数据库中的版权内容，构成侵权。被告罗斯公司承认训练数据中包含 Westlaw 数据库的批注，但主张该行为属于临时复制，构成合理使用，使用 Legal Ease 提供的批量法律意见书"投喂"AI 是为了培养 AI 的语言模式，他们研发的 AI 模型会在学习 Westlaw 数据库批注的基础上转换成新的内容。

美国特拉华州地方法院通过"四要素分析法"，对该案被告公司所提的合理使用抗辩，进行了综合分析。首先，"使用目的和性质"方面，美国法院指出，转换性使用是在原创基础上，转换成具有新内容的产物，从而实现版权促进公共知识传播的长远目标。要充分衡量"转换性使用"规则的运用，如果被告公司的生成式 AI 通过使用 Westlaw 数据库批注数据培养自己专属的数据模型，进行语言模式的训练，从而能够准确输出司法判例注释，那么该过程是临时复制，属于转换性使用。但是如果被告公司直接复制 Westlaw 数据库内容，没有添加新的内容，那么就不属于转换性使用。其次，"版权作品的性质"方面，"编号系统"不是该版权核心内容，

---

❶　美国版权法（附英文文本）［M］. 孙新强，于改之，译. 北京：中国人民大学出版社，2002：161 – 177.

❷　Thomson Reuters Enterprise Center GMBH and West Publishing Corp. v. Ross Intelligence Inc. , Memorandum Opinion, Sep. 25, 2023, Case No. 1：20 – cv – 613 – SB.

这一部分主要由陪审团判断，该案中陪审团的看法更倾向于该过程属于合理使用。[1] 再次，"被告使用版权作品的数量和实质性"方面，法院认为该案应该从单个批注的角度出发并进行界定，每个批注的原创性很高，原创表达不包含与判决相关联的部分，所以很有可能构成合理使用。如果复制部分不涉及核心内容，那复制数量再多也能构成合理使用。最后，"使用版权作品对版权作品潜在市场或价值的影响"方面，需综合考量。虽然原被告都处在法律研究平台市场中，但这也无法说明被告罗斯公司存在市场替代，如果被告转换性使用版权作品数据，搭建全新的、不同于 Westlaw 数据库使用目的的法律研究平台，那么就不会替代 Westlaw 数据库版权作品的市场。美国法院在判断"使用版权作品对版权作品潜在市场或价值的影响"时引用判例法，认为必须充分考虑平衡公共利益的需要，虽然复制行为可能出于营利目的，但法院还是可以考虑复制、使用作品行为带来的公共利益。技术的进步可以有效降低 AI 生成物的成本，并可以提高其答案准确性、科学性，也有可能激发原告公司以及其他同行业主体的创作热情。[2] 美国法院在判决最后指出，版权法会尽力维护保护原作者和复制者之间的平衡，鼓励产品表达坚持原创性。当前法院面临的关键问题在于：为了公共利益的需要，是否应该支持生成式 AI 使用版权作品搭建训练数据库？法院对此得出的初步结论是：生成式 AI 所带来的利益，无法由法院独立进行评估，益处颇多但带来的风险也不容忽视。所以应该充分发挥陪审团的作用，由陪审团来决定四要素的判断、被告合理使用抗辩是否成立。[3]

二、欧　　盟

欧盟《数字化单一市场版权指令》对 AI 生成过程中所必需的数据挖掘行为作出了规定[4]，明确了适用主体的范围，指令内容主要为科研人员提供便利，但也不可避免地忽视了版权人和其他使用者的利益。该指令保

---

[1]　Andy Warhol Foundation for Visual Arts, Inc. v. Goldsmith, 598 U. S. （2023）.

[2]　宋海燕. 娱乐法 [M]. 2 版. 北京：商务印书馆，2018：54 - 55.

[3]　Axel Gosseries, Alain Marciano, Alain Strowel. Intellectual Property and Theories of Justice [M]. Hampshire：Palgrave Macmillan，2008：102.

[4]　针对文本和数据挖掘行为，分别在该《指令》第3—4 条规定了强制例外制度，豁免版权法与数据库特殊权利的适用。

持谨慎的立法态度，虽然制定了非商业主体使用他人作品的标准，督促使用者能够存储好复制内容并保证研究结果的科学准确，但忽略了商业主体也有科学研究的需求。不过在该指令第 4 条中欧盟有隐晦地支持商业主体可以使用他人作品，尽管如此还是不能满足生成式人工智能的发展需求，其规定著作权人拥有作品使用的保留权利，但需要采取适当的途径和方法。事实上该条内容将会影响 AI 发展的现状，目前世界上最大的训练图像集的提供方是 LAION，该组织为德国一个以研究为目的的非营利组织，但是限于科学研究目的的合理使用，只能在一定限度内保障人工智能的发展，未来也会出现针对第 3 条进行反规避的法律手段。相比前一条规定，第 4 条规定内容为科学研究以外的数据挖掘增设了通道，但同时预设了权利人禁止他人获取的保留权。这样的规定可能会导致著作权人联合起来抵制人工智能使用版权作品形成训练数据，保留作品使用权防止生成式 AI 使用作品。同时该指令规定不明确，关于生成式 AI 训练数据的挖掘与使用问题尚未解决。

除上述指令，欧盟 2024 年 3 月出台的《人工智能法案》是全球第一部针对人工智能的法案，欧盟关于人工智能的立法一直在"法定许可"与"合理使用"之间摇摆，该法案强化了生成式 AI 服务商的义务规定。生成式 AI 必须遵循的义务有以下几点：第一，坚持透明度原则。第二，AI 训练数据要有充分全面的保障措施，确保模型训练的全过程不得损害他人合法权益并在欧盟法律规定下进行。第三，在遵守欧盟版权法的基础上，将受版权法保护的训练数据信息公开，同时做好记录。从这些规定中不难看出，该法案对于人工智能为获取训练数据使用作品的态度偏向于"合理使用"，使用者遵守上述义务规定，便可以自行使用 AI 生成物或者向公众公开。该法案进一步维护了原作者的著作权，通过规定生成式 AI 要记录好训练数据并保持透明公开，从而确保著作权人清楚自己的哪些作品被使用并自行决定是否收取许可费用等。要求生成式人工智能利用 AI 技术做好数据的安全存储，也有利于保护著作权人的合法权益。

综上所述，如果对商业主体进行过多限制，会限制生成式人工智能的发展，但由于商业主体的营利目的，AI 进行模型训练，获取人工智能训练数据不可避免地会损害其他著作权人的合法权益，所以我国在学习欧盟立

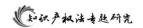

法经验时必须立足国情，维护二者之间的平衡，既要保护好著作权人的合法权益，又要促进生成式人工智能充分发展。

三、英　　国

针对生成式人工智能领域，英国在 2023 年 3 月更新了《人工智能与数据保护指引》，该法着重保护 AI 相关的个人信息、数据的保护，该做法与欧盟类似。此外，英国关于人工智能知识产权领域的立法集中在《版权、外观设计和专利法》和政府的解释文本中，其中§29A 之（1）规定，以非商业目的进行的研究，复制合法访问的作品可以适用合理使用。❶ 按照该规定，只有以非商业性的目的进行作品数据挖掘，才能够适用合理使用。英国政府对于该问题的官方意见在《人工智能与知识产权：版权和专利，政府咨询回应》中有所体现，其中将《版权、外观设计和专利法》§29A 规定的范围进行了扩张，合理使用情况扩大到了商业用途。具体明确的理由有以下两条：（1）政府决议增设新的版权和数据库权利保护例外，允许作品数据的挖掘可用于非商业性以外的目的，即任何目的。政府将会确定适当的立法，以便在合适的时候进行必要的修改。（2）增加新的商业性作品挖掘的版权保护例外将会产生广泛的受益者，科研小企业、研究人员、AI 研发人员、文化遗产机构以及参与的公民，相应的 AI 产品或服务将有利于企业和用户，科研成果也能够普惠社会大众，比如公共卫生领域的科研成果。同时也能够降低获取权利人许可的时间、金钱成本，这将极大有利于人工智能的发展。❷

不同于美国以判例的方式确立数据挖掘的合法性，英国是有条件立法模式，数据挖掘行为只有在符合条件的情况下才是合法的，即通过合法途径取得作品的主体和限于计算机分析目的与单一非商业性目的，该模式下的版权例外规定符合利益平衡的版权法宗旨，对个人利益与公共利益之间的分配进行重新调整，使得原作品权利主体的合法权益受到更强的保护，同时防止版权人将版权垄断，促进文学艺术的蓬勃发展。

---

❶ Copyright, Designs and Patents Act 1988, Section 29A.

❷ Andreas Rahmatian. Copyright and creativity: The Making of Property Right in Creative Works [M]. Cheltenham: Edward Elgar, 2011: 83 – 107.

四、日　本

日本在 2018 年新修订的《著作权法》中为模型训练适用合理使用情形营造了较为宽松的环境，增设了"不以欣赏作品原有价值为目的的利用"的合理使用条款，目的在于应对生成式人工智能和大数据的挑战。❶在"非欣赏性利用"条款之下，不区分是否属于商业情形，对于人工智能模型训练问题进行责任豁免，即人工智能为获取训练数据所实施的版权利用行为可以适用"非欣赏性利用"豁免条款，该豁免同时受到"但书条款"的限制，模型训练行为不得对版权人利益造成不当损害。生成式 AI 实际涉及的是对作品数据的可训练性能分析和模型内部的数据处理活动，而非为了将被利用作品的表达性内容向社会公众传播，日本"非欣赏性利用"责任豁免条款，能够让生成式 AI 服务商对训练技术研发有更明确的行为预期。日本政府在 2023 年 5 月对人工智能模型训练行为作出公开表态，即其不会对生成式人工智能模型训练中所挖掘和使用的内容进行版权保护。❷不论生成式 AI 服务商是出于商业目的还是非商业目的，也不论是复制行为或是其他形式，均允许生成式人工智能使用版权人作品。由此可见，日本新修订的著作权法中的"非欣赏性利用"条款，可以适用人工智能进行模型训练行为。

五、对我国的启示

（一）立法层面

我国应对人工智能训练数据相关问题做出法律上的回应。一方面，由于生成式人工智能为了进行模型训练，需要大规模地使用作品数据，形成专属的训练数据，对作品的使用是"普遍的"，不能纳入例外情形，无法将其认定为"某些特殊情况下"。另一方面，生成式人工智能通过数字化、

---

❶　文化厅：著作権法の一部を改正する法律　概要説明資料［EB/OL］.［2024 - 06 - 21］. https://www. bunka. go. jp/seisaku/chosakuken/hokaisei/h30_hokaisei/pdf/r1406693_02. pdf.

❷　日本政府将制定 AI 指导方针：仅供"参考"不具法律约束力［EB/OL］.（2023 - 08 - 12）［2024 - 06 - 21］. https://www. 163. com/dy/article/IBTM8V7805198CJN. html.

碎片化方式展示作品内容，恰好契合当前读者的碎片化阅读习惯，所以使用者阅读原作品的频率不可避免地会降低，因此无法满足"不得不合理地损害著作权人的合法权益"的要求。当出现《著作权法》合理使用制度法定情形之外的情况时，难以运用"三步检测法"规则。关于人工智能为获取训练数据的挖掘、使用行为，我国现行《著作权法》并没有将其纳入合理使用情形范围内，对于该行为合理使用的认定存在争议。在版权壁垒的限制下，生成式 AI 可能会出于成本的考虑选择免费但低质量的作品进行学习使用，这样就导致 AI 生成物质量参差不齐，无法保证效果。

为了推动生成式人工智能的进一步发展，我国应释放作品的数据要素价值，对合理使用制度进行适当调整，改变以往重保护、轻共享的模式。❶由于对司法裁量权的依赖度较高，合理使用制度的适用结果往往不可预测，标准不够明确，合理使用制度变革存在较大阻碍。当前我国多家科技企业都有使用他人作品数据构建自身训练数据的需求，出于对提升 AI 生成物质量的需求考虑，应当将人工智能为获取训练数据而使用他人版权作品的行为纳入我国著作权法规定的合理使用情形。

（二）司法层面

生成式 AI 使用他人版权作品形成训练数据的过程涉及机器学习的相关算法技术，同时还要处理大量数据资料，但 AI 算法黑箱尚未披露，技术细节也无从得知，因此法院对于合理使用的认定应该保持克制谨慎，在全方位衡量、摸清事实后再作出决定。由美国法院审理的"汤森路透公司与 Ross 公司侵权纠纷案"可知，原被告在生成式 AI 训练数据方面存在信息不对称的问题，原告对于人工智能数据模型了解较少，美国法院权衡后将相关争议的事实问题交由陪审团，由其进行判断，也反映了他们会对事实与法律问题加以严格区分。❷ 所以，在司法实践中，可以在庭审过程中展示案件事实，由原被告双方进行充分的举证质证，从而进一步揭示生成式

---

❶ Peden A. The good, the bad, and the ugly: incorporating the good or bad faith consideration into the fair use analysis [J]. University of the Pacific Law Review, 2023, 54 (1): 117 – 140.

❷ O'neill J. Lowering barriers to entry: YouTube, fair use, and the copyright claims board [J]. Media & Entertainment Law Journal, 2022, 33 (1): 176 – 220.

AI 训练数据的具体情况。❶

　　通过总结各国立法与司法实践可知，构成合理使用的情形主要有以下三类：少量使用、非商业性使用、因公共利益需要使用。我国既有的合理使用制度规定将生成式人工智能拒之门外，因此在立法无法立即作出回应的情况下，可以采用"转换性使用"标准，以此使得合理使用的边界更加明确，从而满足人工智能产业发展和著作权保护的需求，实现作品有序、大规模地使用。❷ 新作品变动性越大，就越可能构成合理使用。在生成式人工智能模型训练过程中，数据会进行转码，即内容转换，均满足"转换性使用"的标准。对于内容的转换，人工智能生成物应当改变原作品内容或者具有新内涵，尤其是要具有独创性表达或意义，而不是简单地对文字进行复制重组，不然会造成侵权，该种"转换性使用"有利于文化繁荣。❸ 将"转换性使用"标准引入我国，可以有效弥补《著作权法》的封闭性缺陷，为合理使用制度的司法裁量提供重要参考。根据查阅数据库，目前多份裁判文书中均已出现"转换性使用"的内容。但当前我国尚未明确规定"转换性使用"标准的适用要件，应当对"转换性使用"标准的实际运用进一步明确，方能有效地规制大数据时代人工智能背景下的著作权侵权风险。

第五节　构建我国人工智能数据训练合理使用制度的建议

一、增设人工智能数据训练的合理使用类型

　　生成式 AI 方兴未艾，我国法律应当允许人工智能进行模型训练，挖掘、使用他人版权作品作为训练数据。AI 生成过程存在不同阶段，不同阶

---

❶ 李杨. 著作权合理使用制度的体系构造与司法互动 [J]. 法学评论，2020，38（4）：88 – 97.

❷ Leval P N. Toward a fair use standard [J]. Harvard Law Review，1990，103（5）：1105 – 1136.

❸ 韩伟. 数字图书馆建设中著作权侵权责任风险规避路径研究：基于著作权案件司法审判引入转换性使用规则的视角 [J]. 图书馆工作与研究，2023（3）：64 – 69.

段对作品的使用也不同：针对输入阶段，这一阶段的作品使用应该纳入合理使用的范围。生成式人工智能数据库的搭建需要用到海量的数据，从而不断训练 AI 大模型。合理地学习和借鉴是生成式 AI 进步的必要步骤。AI 通过对人脑神经网络进行学习和模拟，从而掌握复杂多样的现象世界，输入端系统会在前期收集的样本库中随机抽取不定量的样本，进行模型训练。如果规定使用他人作品需要在获取权利人的授权之后才能使用，生成式 AI 的"海量性""随机性"等天然特征也无法满足该条件，过高的交易成本会阻碍 AI 企业的发展。AI 学习、训练的材料具有随机性，与作品的创作水平、艺术水准均无关，也不会涉及作品中的独创性，这个过程的目的在于通过大量阅读作品内容，进行归纳总结，训练自己模型的结构性特征，从而形成自身专属的数据库和运行规则，完全不同于传统的作品使用行为。由此可知，倘若人工智能获取训练数据的挖掘与使用行为不能纳入合理使用的范畴，AI 技术的发展将会受到极大的阻碍。生成式 AI 在输入阶段之所以大量使用他人作品，目的在于为人工智能训练提供学习的材料，以便 AI 模型训练顺利开展。输入作品的复制、整理过程仅在 AI 系统内部进行，该过程中没有人类的参与，作品内容不会与外界产生接触也不会外泄，生成式 AI 系统内部的"阅读""学习"行为未涉及实际经济价值，所以不应受传统著作权侵权理论的控制。

在著作权侵权纠纷中合理使用经常作为抗辩理由出现，不论是立法还是司法，都应该完善人工智能的合理使用判断标准。当前，大陆法系奉行规则主义，通过列举的方式将合理使用情形展现出来❶，但人工智能作品使用行为未包括在内，大陆法系国家没有及时对生成式 AI 侵权问题作出回应，英美法系亦是如此，该模糊态度会严重阻碍生成式 AI 的产业应用。我国应针对生成式人工智能模型训练的数据挖掘与使用行为给予正当性理由，虽然 AI 技术多掌握在企业手中，生成式 AI 的运用具有营利性目的，但是企业的作品使用也会推进技术的进步，笔者认为不能因为其营利目的就否认生成式 AI 的运用所带来的公益性效果，况且数据训练位于科技公司的研发阶段，这一过程并不牵涉实际营利行为。由此可知，增加人工智能

❶ 秦俭. 创新驱动背景下我国互联网合理使用制度研究——兼论《著作权法》第 24 条修订建议［J］. 科技与法律（中英文），2022（5）：76 – 122.

模型训练的合理使用类型势在必行。

因此，以著作权法的兜底条款"法律、行政法规规定的其他情形"为突破点，在修订《著作权法实施条例》时，可以增加新的人工智能使用版权作品的合理使用情形："为人工智能获取训练数据，使用版权作品进行模型训练，存储、复制他人作品，并将生成物提供于社会公众。"

二、引入"转换性使用"划定生成式人工智能的合理使用边界

在立法无法立即作出回应的情况下，可以在司法中采用"转换性使用"标准，对合理使用的边界进一步明确，以此满足人工智能产业发展和著作权保护的需求。"转换性使用"标准的判断，关键在于转换，判断新作品是否采用了新的表达方式，是否增添了新特征、新内容、新的意义或者信息。新作品相比较原作品内容变动越多，就越可能构成合理使用。❶"转换性使用"标准引入我国可以有效缓解《著作权法》的僵化问题，为法院进行合理使用类型的司法裁量拓宽空间，生成式人工智能对作品的使用如果进行了内容转换或目的转换，均属于"转换性使用"的标准。对于内容的转换，人工智能生成物应改变原作品内容或者具有新内涵，重点体现在应具有独创性表达或新颖的意义，而非对文字进行形式上的复制重组，不然会造成侵权，该种"转换性使用"有利于文化繁荣；即使 AI 模型训练时使用版权作品，原作品的目标受众也不会受影响，并且使用行为还能产生新的市场与客户群体，有利于人工智能的发展。因此，针对生成式人工智能，可以采用"转换性使用"标准，更好划定合理使用边界，应对人工智能时代对著作权合理使用制度的挑战。引入"转换性使用"规则必须明确合理使用是有限制地使用，为有效规制风险的发生，应总结生成式 AI 的输入端与输出端的使用区别，并结合不同技术端的运行原理，厘清生成式人工智能对作品"转换性使用"或"表达性使用"下的著作权侵权标准。❷ 为了能够促进算法技术的创新和人工智能产业的发展，还应采取

---

❶ O'neill J. Lowering barriers to entry: YouTube, fair use, and the copyright claims board [J]. Media & Entertainment Law Journal, 2022, 33 (1): 176 - 220.

❷ 顾男飞，方舟之. ChatGPT 等生成式人工智能使用作品的合理边界与侵权规制 [J]. 数字图书馆论坛，2023, 19 (7): 1 - 8.

有效措施维持产业发展的需要和著作权侵权风险之间的平衡。《管理办法》规定，生成式 AI 的服务提供商应当在法律规制下开展一系列模型预训练、优化训练等数据处理活动，且必须遵守相应的规定，第 7 条规定要求提供者所使用的数据必须有合法来源，并不得侵害他人依法享有的知识产权。这一系列规定有利于数据系统的健康发展，保护了作品权利人的知识产权权益，但也加强了对生成式人工智能服务提供者的监管力度，加重了其责任。第 17 条规定了事前审查制度，若事前审查的范围过于宽泛，可能会降低生成式 AI 产品的训练科学性、准确性。但也会有人质疑：生成式 AI 的模型训练过程是在文字进行重新组合后，再次表达相同的观点。其实不然，生成式 AI 在输入阶段的文本与数据挖掘行为并非简单的复制行为，当前的生成式 AI 使用了升级的 Transformer——自回归生成模型，该模型可以通过前一个词来预测下一个词的生成模型，利用统计学方法，凭借语言模型的概率分布进行预测。编码器负责对输入的文本进行编码，解码器则根据编码器的输出和之前生成的文本预测下一个要生成的词语。该模型的预测词语相比传统模式，语义更加高级抽象，且理解能力更强。❶ 例如谷歌公司的 Bert，Bert 是在大量文本上预先训练，可以为单词生成上下文嵌入，这意味着 Bert 可以理解单词出现的上下文。过去使用的命名实体识别对基于既定规则和功能的方法过分依赖，但随着深度学习技术的提升，像 Bert 这样的 Transformer 模型不断出现，命名实体识别得到了极大的提高。结合上述输入端技术实现原理，能够认定生成式人工智能的作品使用行为与原作品目的不一致，可以采用"转换性使用"标准将其认定为合理使用。❷

在输入端与输出端使用作品所存在的差异性基础上，为了满足生成式人工智能输入阶段的作品使用需要，可以调整现行著作权法合理使用制度中的适用类别，但所作的调整应该遵守"转换性使用"标准。第一，确认人工智能模型训练属于合理使用范围。数据挖掘、存储，为获取训练数据、生成内容提供了素材来源❸，后续才能够进行商业开发、科学研究等，

❶ Lim D. AI, equity, and the IP gap [J]. SMU Law Review, 2022, 75 (2)：815.

❷ 熊琦. 著作权转换性使用的本土法释义 [J]. 法学家，2019 (2)：124 – 134.

❸ Cohen A B. When Does A Work Infringe the Derivative Works Right of a Copyright Owner [J]. Cardozo Arts & Ent. LJ, 1999, 17：623 – 658.

该举措不仅有利于社会公共知识的积累与传播，也能够激发人工智能市场创作活力❶，因此将其认定为合法有一定道理。立法应保持开放、包容和灵活，不仅要借鉴"三步检测法"，还应将人工智能模型训练纳入合理使用情形范畴内，进行正面回应。第二，即使人工智能企业基于营利目的使用作品，也应予以支持。❷ 在合理使用判断中，公共利益处于关键地位，应将公共利益纳入合理使用考量范围，倘若企业出于商业性目的使用作品，有利于公共利益，那么应当对其予以肯定。第三，为了减少"与作品的正常使用相抵触"的侵权行为的发生，防止著作权人的合法权益被不当损害，配套规则的完善措施应该尽快落实，对此可以通过强制企业在 AI 生成物中清楚标注原作品的相关权利主体，维护著作权人权益。当生成式人工智能输入端的系列复制行为能够与上述条件相契合，就可以将其认定为合理使用，不符合的话就应纳入著作权侵权行为。

在判断 AI 生成物的内容侵权与否时，应结合其技术实现原理综合考虑，区分生成式 AI 与原作品的使用目的，若其满足"转换性使用"标准，即不构成著作权侵权，属于合理使用。人工智能获取训练数据过程并非简单复制，而是一个学习过程。生成式 AI 进行数据筛选和清洗，确保收集到的数据准确、可靠和无偏，基于这些大量优质且具有差异化的作品数据再进行数据预处理，将文本转换为模型可以理解的形式，并对语言进行一定的标准化处理，从而训练出优秀的通用模型，根据模型反馈情况不断调整训练数据、系统提问方式，在这一系列过程中，生成大量不同于输入作品特征值的新内容。❸ 人工智能开发者并不关心所使用作品的实质思想、内容，作品是否具有训练模型的特性才是其关注重点，且原作品被收集后不会被传播给公众，因此人工智能生成物并不会侵害原著作权。

关于合理使用的举证责任分配问题，也要做好制度规划。输出结果因指令而异，输出内容几乎全新，并且与原作品差异化极大，能更好地满足

---

❶ Lim D. Life after Google v. Oracle: three reflections on a theme [J]. IP Theory, 2022, 12 (2): 1-15.

❷ Myers G. Muddy Waters, fair use implications of Google LLC v. Oracle America, Inc [J]. Northwestern Journal of Technology and Intellectual Property, 2022, 19 (2): 155-190.

❸ Lindberg V. Building and using generative models under US copyright law [J]. Rutgers Business Law Review, 2023, 18 (2): 1-65.

不同使用者的需求，同时逐步实现"转换性使用"。● 但也有部分人工智能只是单纯复制原作品或者通过改编再现●，生成物仅为重组生成的产物，缺乏新内涵或新价值，对原作品的实质替代范围较大，属于著作权侵权。● 我国在著作权侵权判定过程中采用"接触＋实质性相似"方式，若 AI 生成物与原作品存在实质性相似，且事前未取得著作权人许可，则 AI 开发者需承担侵权责任。但目前因为"算法黑箱"问题，原权利人难以证明生成式人工智能接触了原作品，因此可以采取举证责任倒置，由人工智能开发者证明未接触原作品。同时由于人工智能的工具属性，为了合理分配侵权责任，如果因为使用者指示因素导致实质性相似，则使用者应该承担侵权责任。

为了让我国著作权法的规定能够适应新技术的发展，灵活运用合理使用制度，促进生成式人工智能的有序发展，在作品复制和内容生成阶段，笔者认为要确保"转换性使用"的标准得到满足，明确合理使用的边界。

三、采取开放式立法模式

（一）细化一般条款

生成式人工智能的发展速度飞快，侵权纠纷类型也更加多样，只有开放式立法模式才能面对相应挑战。大陆法系国家通常认为"四要素分析法"是对"三步检验法"的背离，其实不然，两种判断方法之间有着紧密的联系，二者均以平衡社会公众与作者利益的目的为出发点，不能将其看作完全对立的。我国著作权法中采用了"三步检验法"，但并非"四要素分析法"没有用武之地，在我国司法实践中法官也经常会运用"四要素分析法"进行判断。借鉴"四要素分析法"的规则，对一般条款进行细化，合理使用制度在司法实践中的运用也会更加精准。

● 顾男飞. 生成式人工智能的智能涌现、风险规制与产业调控［J］. 荆楚法学，2023（3）：70－83.

● 杨明. 私人复制的著作权法制度应对：从机械复制到云服务［J］. 中国法学，2021（1）：189－209.

● Sun H C. Redesigning copyright protection in the era of artificial intelligence［J］. Iowa Law Review，2022，107（3）：1213－1252.

首先，为了将"正常"标准进行细化，可以将四要素中的"使用行为对被使用作品的市场影响"与"不得与作品正常利用相冲突"相结合。❶如果使用者的复制行为给原版权人的市场造成不良影响，便无法构成合理使用。其次，将四要素剩余部分与"不得不合理地损害著作权人的合法权益"相结合。在作品复制的数量、程度方面，一般情况下作品使用的内容越多，就越不可能构成合理使用，如果复制内容涉及作品核心部分，那毫无疑问会构成侵权。最后，在"三步检验法"解释过程中要兼顾版权人利益和公共利益，保持利益平衡。

同时，我国著作权法中合理使用制度的更新速度较慢，极易出现规则僵化的现象，所以要及时更新合理使用制度的立法规定。但是，考虑到我国《著作权法》修订周期较长，修订的程序较为复杂，出于维护法律规定稳定性的考虑，可以通过修订行政法规的方式来应对合理使用制度面临的挑战，比如《著作权法实施条例》等。这一方面可以借鉴域外在合理使用制度方面采取的措施，在合理使用制度领域针对性地进行修改，这样在生成式 AI 迅速发展的时代洪流下，可以更灵活地应对困难与挑战。

（二）明确一般条款与特殊条款的关系

特殊条款与一般条款在运用过程中的区别在于特殊条款具有优先性，就类似于特殊法与一般法。适用过程中，要优先适用特殊条款，补充说明时辅以一般条款。著作权法在制定过程中就应明确先后适用的顺序，避免特殊条款形同虚设的现象出现。即被告主张合理使用抗辩时，应对自己行为符合特殊条款的要件提供材料进行证明，如果以一般条款规定的理由笼统带过，则不应认定抗辩成立。

结　语

世界各国都在探讨生成式 AI 带来的著作权侵权问题，积极探索维持人

---

❶ 刁佳星. 算法时代合理使用制度的困境与纾解 [J]. 中国出版，2023（3）：33-38.

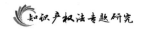

工智能产业发展与著作权保护之间平衡的途径，人工智能模型训练带来的合理使用制度适用难题亟待作出回应。以 ChatGPT 为代表的生成式人工智能的发展，加快了 AI 科学技术的研发速度，不难预料到生成式 AI 产业将拥有广阔的发展前景，不论是文学艺术还是经济，都将得益于 AI 的运用实现飞速发展。著作权法应当与人工智能时代的发展保持同步，调整合理使用制度的规定与生成式 AI 应用脱节部分，对生成式 AI 的相关法律规范进行完善。合理使用制度的设计初衷在于鼓励驱动创新、激发社会主体参与创作、促进知识公众传播等，因此，当使用者获取授权的许可费用显著高于作品利用行为所产生的社会福利时，该使用行为就应纳入合理使用制度的适用范围。我国当前的著作权合理使用制度难以覆盖生成式人工智能为获取训练数据所实施的数据挖掘与使用行为，这将会阻碍 AI 模型训练的进行。目前，世界主要数字经济体都已关注生成式人工智能的发展，各国均在采取相应措施为数据挖掘行为松绑，为 AI 模型训练营造宽松环境，为其创设法律例外。我国可以在平衡保护著作权人合法权益与促进 AI 科技创新的基础上，构建更加开放的合理使用制度，增设人工智能数据训练的合理使用类型，明确人工智能模型训练合理使用的边界，采用开放式立法模式，为 AI 大模型研发、数据训练创设充足的合理使用制度空间，以此满足人工智能产业发展和著作权保护的需求，促进作品的有序、规范与大规模使用，以促进我国人工智能产业的快速发展，提高我国人工智能产业的国际竞争力。

第六章　网络游戏规则著作权保护探究[*]

第一节　网络游戏规则的概念与分类

一、网络游戏规则的概念

网络游戏是指由软件程序和信息数据构成，通过互联网、移动通信网等信息网络提供的游戏产品和服务，既包括电脑游戏也包括手机游戏。从玩家角度出发，网络游戏是以互联网为传输媒介，以游戏运营商服务器和用户计算机为处理终端，以游戏客户端软件为信息交互窗口的多人在线游戏，❶ 与之相对的是无须互联网即可正常启动并运行的"单机游戏"。关于游戏的种类和定义还有很多，但公认的是，所有游戏都拥有规则，游戏活动须以游戏规则为准则进行，正所谓"无规矩不成方圆"，在游戏领域，也可以说"无规则不成游戏"，然而给游戏规则下定义并非易事。"网络游戏规则"并非我国著作权领域专业术语，目前理论界及实务界尚未对"网络游戏规则"形成统一认知。

游戏业内认为"游戏规则规定了能够参与游戏的玩家、玩家行为、游戏目标、胜利条件与失败条件、冲突方式、奖励惩罚机制及资源"。❷ 具体

---

* 本章由李贤撰写，孙玉荣对其部分内容进行修改，部分内容发表于《北京联合大学学报（人文社科版）》2023 年第 4 期。
❶ 李瑞森. 游戏专业概论 [M]. 2 版. 北京：清华大学出版社，2015：177.
❷ 张帆. 游戏策划与设计 [M]. 北京：清华大学出版社，2016：57 – 70.

· 161 ·

而言，游戏规则中的"玩家"包括玩家数量、玩家化身及其互动关系模式；"游戏目标"可分为长期目标、短期目标、原子目标及次要目标，能否完成目标决定了玩家能否在游戏中取胜；"冲突方式"主要通过游戏障碍、对手或两难选择来实现；合理的"奖惩机制"激励是玩家继续游戏的动力，奖励包括获得新的等级、关卡、道具等，惩罚可以是降级、扣分，也可以是直接结束游戏回合；"游戏资源"具有可用性和稀缺性，常见的包括生命值、健康值、时间、交易物、装备道具等。游戏规则的内容构成了一款游戏的机制，因此，游戏规则有时也被称为"游戏机制"（game mechanism），游戏规则是游戏机制的基础，它定义了游戏空间、时间、对象、行动本身及其限制、目标和结果。通俗来说，于玩家而言，网络游戏规则就是游戏设计者创造的用于指引玩家进行游戏的一套指令。尽管游戏规则并不直接描述玩家操作游戏的过程，但游戏规则的设计决定了玩家与游戏的交互过程及效果，进而直接影响玩家的游戏体验。简言之，游戏规则是游戏的核心内容，稳定合理的游戏规则是游戏具有可玩性和娱乐性的保证，不但决定了游戏的玩法，还是使其区别于其他游戏的关键要素，在一定程度上，游戏规则的好坏决定了游戏产品的成败。

二、网络游戏规则的分类

不同规则对游戏活动的限制不同，不同游戏规则的复杂程度也不同。著名游戏设计师卡蒂·萨伦（Katie Salen）和埃里克·齐默尔曼（Eric Zimmerman）以玩家感知程度为标准，将游戏规则大致分为基础规则（Constitutive Rules）、具体规则（Operational Rules）和隐性规则（Implicit Rules）。❶ 本书将在此分类的基础上对网络游戏规则进行更为详细的阐述。

（一）基础规则

基础规则是一款游戏产品的底层架构，决定了一款网络游戏的基本玩法，类似于小说、电影中的主题、题材，抽象程度较高。根据不同的基础规则，网络游戏可分为 RPG（角色扮演游戏）、MMOPRPG（大型多人在线

---

❶ Katie Salen, Eric Zimmerman. Rules of Play: Game Design Fundamentals [M]. Cambridge: MIT Press, 2003.

角色扮演游戏)、ACT（动作游戏）、FPS（第一人称射击游戏）、SLG（策略游戏）、SIM（生活模拟游戏）等二十余种类型。举些例子，FPS 游戏的基本规则是由玩家控制一个物体或角色，以射击的方式消灭敌人，通常会构建武器系统和弹道模拟系统；RPG 游戏的基本规则是由玩家扮演某个游戏角色，体验故事情节，一般拥有战斗系统、剧情展示系统和地图移动系统；ACT 游戏的基本规则是由玩家操作一个游戏角色战斗，以各种动作消灭敌人，内置复杂的动作控制系统。一般而言，较为简单的游戏只有一种基础规则，更加庞大复杂的游戏则融合了多种基础规则，例如游戏《暗黑破坏神》就由 RPG 游戏和 ACT 游戏组合而成，它既有 RPG 的角色育成系统，也有 ACT 的动作控制系统；MOBA 游戏（多人在线战斗竞技场游戏）本质上也是多种基础规则的组合之作，即从 ACT、RTS（即时战略游戏）和 RPG 等游戏基础规则中各取一部分融合创新而成的游戏类型。事实上，世界上的大部分游戏作品设计都不是从零开始的，借鉴已有的游戏创意是游戏设计的关键步骤，在吸收前人成果的基础上，通过直接改进、组合现有基础规则进行再创新是新游戏类型产生的重要途径。从这个意义上来说，基础规则应落入思想范畴，不应受到著作权法的保护，否则网络游戏的开发和设计将受到过度限制，未免有垄断游戏规则设计，扼杀网络游戏创新之嫌。

（二）具体规则

具体规则是在确定基础规则的前提下，为实现游戏机制的逻辑性、平衡性与可操作性而进一步细化形成的游戏规则，它主要借助游戏运行画面被玩家感知，通过游戏运行画面中的文字、声音、图像等视听元素使玩家知晓游戏的操作流程、角色技能、道具属性等规则。在司法实践中，法院给出的定义较为抽象：具体规则是在固定基础规则的基础上设置的一系列机制及机制的组合，目的是指引玩家的行为，并使得整个游戏的玩法与其他游戏相比具有个性或特质。以 FPS 游戏为例，游戏设计师会在确定游戏类型的基础上，构建与战斗目标相匹配的地图及路线，设置角色的属性、攻击模式、武器、技能参数值等内容，以上具体规则是决定玩家选择队友、行进路线、射击和躲藏位置的关键因素，最能体现网络游戏的可玩性。这些复杂而具体的游戏规则独创性较高，通常是"换皮"抄袭的主要对象，但能否受到著作权法的保护仍需法官在个案中根据具体情况进行分析判断。

（三）隐性规则

隐性规则也被称为不成文规则，是指游戏中约定俗成、未被明确描述的规则，主要包含两部分内容：一部分是指基于游戏固有设计，玩家想要通关取胜或在游戏中达到效率最高、收益最大时所需要遵守的衍生规则。通常是玩家根据自己的游戏经验以及对游戏机制、游戏版本特性等内容的理解领悟，在实际操作中探索出的最佳操作，例如在通关时应选择何种队伍配置、战术搭配等最为有利。这些规则也常被称为"游戏经验"或"游戏攻略"，受到普通玩家、游戏主播甚至职业选手的普遍认可。另一部分则是指遵守"良好体育道德"的行为准则，涉及礼仪、体育精神及其他适当的游戏行为，如禁止"跳桌行为"。隐性规则的特点之一是具有隐藏性，并不存在一个直观的用户界面供玩家知悉了解，需要玩家在游戏中逐渐掌握，经验丰富的玩家可以通过反复观察或运行游戏的方式总结经验，并以此优化操作，提高通关概率；它的另一个特点是具有非强制性，它不属于游戏中的强制设定，玩家可以选择遵守或忽视，不存在不遵守就无法将游戏进行下去的情况。隐性规则作为玩家们长期摸索得出的游戏技巧和策略，其产生和传播有利于增强游戏可玩性，虽源自于游戏本身，但超出了游戏设计的预设范围，经过了玩家们的二次"发酵"，属于玩家集体智慧，不宜纳入知识产权保护范围。

三、网络游戏规则与相关概念的厘清

无论是在有关网络游戏规则著作权保护的理论研究还是在游戏"换皮"侵权的司法裁判中都出现了许多与"游戏规则"相关联的概念，如"游戏设计""游戏故事情节"等。概念的混乱不利于保护，有必要厘清"游戏规则"与相关概念之间的区别与联系，避免因研究对象混淆导致分

析结论错误。❶

(一) 游戏规则与游戏设计的关系

从专业视角出发，安内斯·亚当斯 (Ernest Adams) 认为游戏设计是以玩家为中心，遵循严格标准或固定方法并结合美学与功能的一种工艺，包含游戏世界、人物角色、游戏规则、故事情节、用户体验等多方面的内容。❷ 杰西·谢尔 (Jesse Schell) 在《游戏设计艺术》一书中指出，游戏设计包括游戏的体验、元素、主题、机制、角色以及如何迭代改进游戏、如何推销游戏等不同模块，并从心理学、建筑学、音乐、视觉、数学等不同角度对游戏设计进行了全面阐述。在法学领域，我国学者也试图对游戏设计进行定义和解释：游戏设计是指在网络游戏的预制作阶段，设计游戏主题、环境、情节和角色的过程;❸ 在效果上，游戏设计通过设置游戏机制与玩家产生交互事件触发玩家情感，由此营造出一种沉浸式体验。❹

网络游戏的设计过程通常可分为三个阶段，分别是概念设计阶段 (concept stage)、详细设计阶段 (elaboration stage) 和调整阶段 (tuning stage)。在概念设计阶段，需要确立的是游戏概念、基本玩法和目标人群。在详细设计阶段，开发者将确定游戏的可玩性模式，即创建游戏世界观，细化游戏机制，设计具体的游戏角色、关卡、数值、故事情节等内容，并完成制作用户界面，测试、迭代游戏版本的任务。网络游戏的概念设计阶段和详细设计阶段大致分别包含基础规则和具体规则的制作。在调整阶段，开发者不再增添新的功能设计，仅对游戏的细节进行打磨和调整，保证游戏产品的整体协调性。与此同时，网络游戏的开发至少还需要策划、程序和美术三类团队，其中游戏策划负责设计整个游戏的主题、核心体验、故事情节、游戏规则等属于游戏"灵魂"部分的内容。美术和程序团

---

❶　刘鹏，王迁. 网络游戏规则可版权性问题分析 [EB/OL]. (2019 – 12 – 30) [2024 – 02 – 18]. https：//www. chinacourt. org/article/detail/2019/12/id/4750526. shtml.

❷　Ernest Adams. Fundamentals of Game Design [M]. New York：Pearson Education，2017：28 – 31.

❸　刘鹏，王迁. 网络游戏规则可版权性问题分析 [EB/OL]. (2019 – 12 – 30) [2024 – 02 – 18]. https：//www. chinacourt. org/article/detail/2019/12/id/4750526. shtml.

❹　孙磊，曹丽萍. 网络游戏知识产权司法保护 [M]. 北京：中国法制出版社，2017：44 – 45.

队则肩负传递游戏美感，实现游戏运行效果的任务，其中，美术团队负责为游戏的场景、人物、道具、特效、界面等可视化元素提供美术设计及资源制作，精美绝伦的美术资源能为游戏作品增光添彩；程序团队负责处理游戏数据、编写代码，搭建游戏程序架构，完成游戏引擎、开发工具、客户端、服务器等内容的开发。综上，游戏设计是确定游戏主体内容的过程，总揽从确定游戏声效、画面等视听元素到构建世界观、玩法规则等多方面，贯穿游戏开发的策划、美术、程序三大板块。简言之，游戏设计就是一款游戏从无到有的计划及构建过程。相比于游戏规则，游戏设计是个范围更大的概念，不能将游戏规则等同于游戏设计，游戏规则是游戏设计的组成部分，更是游戏设计的核心内容，将游戏设计中的美学、技术和故事剥离后，剩下的互动和关系就体现为游戏规则。

（二）游戏规则与游戏故事情节的关系

游戏世界观是游戏设计的重要内容之一，充满想象力、细节丰富的世界观设定可以增强游戏玩家的沉浸感，极大地提高游戏作品的吸引力。网络游戏构建的大多是脱离现实的幻想世界，要深入了解一部游戏就必须先了解它的世界观，游戏故事是展现游戏世界观的主要载体。游戏故事情节是游戏故事中按照一定的时空次序和因果关系精心组合起来的一系列事件，各事件之间具有内在逻辑联系。

游戏故事情节并不同于游戏规则，这两个概念既有联系又有区别，二者的相同之处在于它们都是游戏设计的组成部分，共同发挥着串联、组合游戏元素的作用。游戏情节需借助游戏规则固化，体现为玩家只有依据游戏规则进行操作，通过某关卡或克服某种挑战后才能触发后续情节，推动游戏剧情的展开，否则游戏情节只能停滞。同时，设计故事情节是塑造游戏角色、展示人物性格及关系的重要途径，完整的角色设置能够呼应游戏的核心规则与玩法，从而保证玩家在游戏过程中获得最佳的游戏体验。❶游戏故事情节并非游戏设计的必要内容，但其在网络游戏作品中所占的比例越来越高，因为它能够赋予游戏作品丰富的文化内涵，增强玩家的文化

---

❶ 姚晓光，田少煦，梁冰. 游戏设计概论 [M]. 北京：清华大学出版社，2018：175 – 178.

审美体验。应当明确的是，在遵循相同游戏规则的情况下，可以设计出截然不同的故事剧情，依据同一故事亦可以制作出游戏规则不同的游戏，例如《魔兽争霸》与《魔兽世界》，二者均由暴雪公司制作发行，共用一套故事背景及角色设定，然而前者是一款即时战略类角色扮演游戏，后者是一款多人在线角色扮演类游戏，游戏类型及相关规则迥然不同。

第二节　网络游戏规则的法律属性认定

在快速更新换代的游戏市场，网络游戏开发需要策划、美术、程序团队的通力合作，人力、财力和时间成本较高，打造一款成熟优秀的网络游戏往往需要耗时数年，各项花费巨大。若对现有的热门游戏进行"换皮"抄袭，不仅可以缩减设计人员，还可节省大量时间，缩短游戏制作发行的时间差意味着争取更多运营时间和机会，在竞争激烈的游戏市场多分得一杯羹，这种"雷同游戏"已经造成行业焦虑。抄袭者之所以如此肆无忌惮，除了巨大利润诱惑外，更重要的原因在于此种抄袭行为仍处于著作权侵权的灰色地带，所涉的"游戏规则"因自身法律属性存在争议，时常游离在著作权保护的边缘，是网络游戏中受法律保护较为薄弱的部分。

网络游戏规则的法律属性认定实际上就是探讨其是否具有可版权性，能否构成著作权保护客体。在著作权法视域下，网络游戏仍属于新兴事物，是否应当给予串联网络游戏各要素的游戏规则以著作权保护关系到网络游戏产业能否健康发展，事关公共利益和个人利益的平衡，不仅是司法裁判的难题，学界亦对此持谨慎态度。本书试从划分网络游戏规则中思想与表达的界限、认定作品属性、厘清法定作品类型与可版权条件三方面对网络游戏规则的法律属性进行分析。

一、区分网络游戏规则中的思想与表达

在网络游戏"换皮"侵权纠纷中，裁判焦点往往在于游戏规则的思想与表达之争，网络游戏规则究竟属于思想还是表达不能一概而论。在当前著作权客体范围扩张的趋势之下，如何区分网络游戏规则中的思想与表达

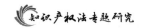

不仅关系到游戏规则的法律性质认定，也与其著作权保护范围划定息息相关，思想表达二分法对划分公有领域与私权保护具有重大指导价值，因此，合理地判定网络游戏规则的法律属性仍需要回到思想表达二分法及其例外情形这一起点。

（一）正确适用思想表达二分法

思想表达二分法（The Idea/Expression Dichotomy）是著作权法的一项基本制度，其含义为著作权法不保护思想（idea），只保护表达（expression），其功能在于确定著作权保护的边界。这一原则的形成源自判例，最早可以追溯至英国"Miller v. Taylor 案"以及"Donaldson v. Beckett 案"，美国"Baker v. Selden 案"则被公认为现代思想表达二分法原则的发端。国际条约及各国版权法对此亦有成文规定，如美国1976年版权法规定："对独创作品的著作权保护无论如何不及于思想、程序、步骤、系统、使用方法、概念、原则和发现，不论其以何种形式在作品中描述、说明、展示或体现"；❶ TRIPs协议规定："版权保护仅延伸至表达，而不延及思想、程序、操作方法或数学概念本身"。❷ 著作权法之所以不保护思想，一是因为体现作者个性的内在情感只有借助表达才能外显于人，表达是传递思想的必经途径；二是为了维护他人就普遍性思想进行表达的权利，体现了机会平等精神。❸ 尽管思想表达二分法未被系统地规定在我国著作权法中，但在我国已成为理论共识并在司法实践中广泛适用。

在网络游戏发展初期，囿于对网络游戏产品本身的不了解以及对行业认识的不充分，学界传统观点以及司法裁判均认为游戏规则属于抽象的思想而非具体的表达，不能受到著作权法的保护。法院通常将游戏规则认定为思想，如1982年的"Midway Mfg. co. v. Bandai - America, Inc. 案"，即使法院认可游戏规则的重要性，但仍将其排除在版权保护范围之外。在"Atari, Inc. v. Amusement World 案"中，法院认为，被告显然是在借鉴原告游戏的基础上完成了自己游戏的设计，即被告盗用了原告的创意，但由

---

❶ 17 U. S. C. § 102 (b).
❷ 《与贸易有关的知识产权协议》第9条第2款。
❸ 李雨峰. 为什么著作权法不保护思想 [J]. 电子知识产权, 2007 (5)：57 - 58.

于版权法只保护思想的表达而非其本身，此种行为并不被法律所禁止。❶
同样，在"Capcom U. S. A，Inc. v. Data E. Corp 案"中，法院认为，正是
因为 Capcom 公司的游戏作品中有相当一部分元素并不受版权法保护，所
以才为竞争对手留下了模仿空间。❷ 在国内，最早涉及"换皮"抄袭的网
络游戏侵权案件是"《泡泡堂》诉《QQ 堂》案"，在判决中，法院将两款
游戏的登陆、等待、实战、道具界面分别拆分为美术作品、文字作品进行
相似度比对认定，尽管采用思想表达二分法剔除其中属于通用表达的内
容，却忽略了贯穿网络游戏整体的游戏规则的存在，未能意识到此种抄袭
的本质。❸ 在"《炉石传说》案"中，主要的游戏规则体现为游戏卡牌和
套牌的组合，每张牌的角色、生命值或攻击力及与其他牌的关系各有不
同，其设置具有高超的竞技平衡性，决定了游戏的可玩性及受欢迎程度，
原告认为这样的规则体系应当受到著作权保护。法院以游戏规则属于思
想，无法成为著作权法调整的对象为由驳回了原告的诉讼请求，同时又在
判决书中指出此种抄袭行为显然具有不正当性，可以看出，法院虽认同应
当给予游戏规则一定的保护，但未能跳出思想表达二分法的限制，因而转
向反不正当竞争法寻求保护依据。

　　近年来，随着网络游戏著作权侵权纠纷的激增，司法裁判经验日益丰
富，人们逐渐意识到笼统地将游戏规则排除在著作权保护范围外带来的弊
端，观念由完全否定其保护可能性转变为部分肯定。"《太极熊猫》案"作
为首次明确游戏规则可受到著作权保护的典型案例，明确提出应对游戏规
则中思想与表达进行区分，法院认为在游戏整体系统设计中，概括的、一
般性描述的玩法规则属于思想，而具体到一定程度，足以使玩家感知到其
来源于特定作品并提供玩赏体验的玩法规则就可能构成表达。❹ 由于我国
立法及司法解释并未规定思想表达二分法的适用标准，根据现有裁判，可
确定构成具体表达的游戏规则包括游戏界面的组合布置、角色和道具技能

❶　Atari, Inc. v. Amusement World, Inc. , 547 F. Supp. 222（D. Md. 1981）.
❷　Capcom U. S. A. , Inc. v. Data E. Corp. No. C 93 – 3259 WHO, 1994 WL 1751482（N. D. Cal. Mar. 16, 1994）.
❸　北京市第一中级人民法院（2006）一中民初字第 8564 号民事判决书。
❹　江苏省高级人民法院（2018）苏民终 1054 号民事判决书。

的设定及编排、地图的布局设计等。

不少学者认为为网络游戏规则提供著作权保护可能会造成游戏规则设计的垄断，从而阻碍产业创新发展，这种观点事实上是对思想表达二分法的教条化理解，刻板地将游戏规则置于"思想"与"表达"非此即彼的境地。在作品中，在从具体表达到抽象思想，从复杂、清晰到概括、朦胧，是一个表达范围逐渐收窄的过程，呈现为"金字塔"结构，在塔底和塔顶之间总是存在一条从"量变"到"质变"的临界线，界线以上的部分属于思想不受保护，界线以下的部分则因足够具体而构成受保护的表达。❶ 同样，凝聚了游戏设计师精巧构思与平衡智慧的网络游戏规则中也存在这样一条分界线，游戏规则中既有属于公共领域的思想，也有应当受著作权保护的独创性表达，只是对于不同的游戏而言，界线的具体位置不同，需要法官在具体个案中结合游戏类型、新颖程度、玩家可感知性等情况进行自由裁量。有学者就指出，思想表达二分法属于价值法则，关乎成本收益的利益衡量及取舍，无法在事实层面为法官提供统一普适的裁判标准，需要依赖法官个人的创造性努力。❷

如上文所述，对网络游戏"换皮"行为进行法律规制，关键在于正确认识游戏规则的法律属性，区分游戏规则中的思想与表达是确定游戏规则法律属性及可版权范围的必需步骤。然而，限于文义解释的局限性，"思想"一词语义模糊，内涵难以明确，寻找"思想"与"表达"的界限比较困难，即使是在思想表达二分法适用历史悠久、裁判经验更为丰富的发达国家，借助这一方式划定版权保护范围也并非易事，这与思想和表达之间界限模糊难分的特点有关，即思想经由表达而被感知、传播，表达必然体现和承载思想。因此，法院在对网络游戏规则中的"表达"进行提炼和分析时，还应结合混同原则、场景原则综合判断是否存在例外情形。

（二）谨慎适用混同原则与场景原则

不是所有脱离思想范畴的表达都能受到保护，为了兼顾社会共享与私

---

❶ 王迁. 著作权法［M］. 2 版. 北京：中国人民大学出版社，2023：65.
❷ 熊文聪. 被误读的"思想/表达二分法"——以法律修辞学为视角的考察［J］. 现代法学，2012，34（6）：168–179.

人权益，防止个体对于某项思想或者表达拥有过分的垄断权利，仍有部分表达需要排除在著作权保护范围之外，即思想表达二分法的例外原则——混同原则与场景原则。"混同原则"又被称为合并原则（Doctrine of Merger），此处的"混同"意为思想与表达的混同，是指在特殊情况下，某种思想只能经由一种或几种极其有限的表达被感知，致使思想与表达难以分割，此时，不论该表达是否具有独创性，都被纳入不受法律保护的思想范畴。❶"场景原则"（Doctrine of Scenes a Faire）是指在设立某种特定的风格、主题、场景时所必须使用的基本或常见的表达，通常涉及历史、文学或者虚构类型等题材，这些表达同样不能受到著作权法的保护，在后作品使用相同或类似的表达不构成侵权。

与混同原则、场景原则密切相关的是"抽象–过滤–对比三步检验法"（Abstract–Filter–Compare Test，AFC 检验法），它也被称为"阿尔泰检测法"，最早起源于"Atari 案"，是著作权侵权案件中用以区分思想与表达及判定作品实质性相似的经典方法，其中"抽象"是指抽离涉案游戏规则中的思想部分，明确保护对象；"过滤"是指通过适用合并原则和场景原则进一步剔除表达中的有限表达及标准场景部分，划定保护范围；"对比"即指判断被诉侵权游戏是否使用了他人已构成独创性表达的游戏规则。由此可见，"抽象"和"过滤"两个步骤就是在明确游戏规则的著作权保护边界。司法实践中，法院适用混同原则与场景原则将游戏基础规则排除在著作权保护范围之外的同时，往往过度缩限了具体规则的保护范围。过去，网络游戏的玩法简单、操作简便，在游戏规则方面没有太多发挥的空间，随着游戏引擎在制作游戏中的广泛应用以及图像处理技术、代码编译能力的提升，游戏的外在表达层面有了更多想象和选择的空间，呈现方式也更加丰富多元，因此，许多游戏规则设计不应再被认定为通用表达，如果继续采用过往的判断标准，会导致排除范围过宽的问题。❷ 他山之石，可以攻玉，美国作为拥有全世界最大规模游戏产业的国家，可以

---

❶ 王凤娟，刘振. 著作权法中思想与表达二分法之合并原则及其适用 [J]. 知识产权，2017（1）：87–92.

❷ 何培育，李源信. "换皮游戏"司法规制的困境及对策探析 [J]. 电子知识产权，2020（9）：17–28.

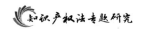

说，其游戏行业发展史亦是一部诉讼史，与网络游戏版权相关的判例具有较高的参考价值，本书将通过三个典型案例介绍美国法院在游戏版权保护领域适用思想表达二分法及其例外原则的一些探索及突破。

　　Tetris 公司拥有一款著名的虚拟益智游戏"Tetris Holding"，中文名称为《俄罗斯方块》，该游戏的规则为：玩家从游戏界面底端自下而上地摆放从游戏界面最上方自动落下的几何方块，在方块落下的过程中，通过移动、旋转调整每个方块的位置和方向，使它们在落到底端时排列出完整的一行或多行，完整的横条出现即消失，玩家随之获得分数奖励，随着游戏的进行，可供放置空间变小，方块样式减少，游戏难度系数随之增加。2009年，Xio 公司发布了一款以《俄罗斯方块》为原型开发的游戏"Mino"，同年，Tetris 公司向法院提起侵权诉讼，Xio 公司承认两款游戏基本相似，但否认自己侵害了游戏《俄罗斯方块》的版权。在该案中，涉案游戏规则能否受到版权保护成为双方争论焦点，Xio 公司认为游戏中的功能性表达不应受到版权保护，法院则指出由于游戏作品中几乎所有表达元素都或多或少与游戏的规则、功能有关，这些表达也拥有获得版权保护的可能性，游戏中出于功能性考量而形成的表达也应当受到版权法的保护，除非其与背后隐藏的思想紧密相连以至于几乎不存在其他表达方式。在该案中，由于 Xio 公司实际上可以设计出无数种创意以体现同种游戏规则，如变更方块设计、背景面板等，因此，合并原则不能得到适用。另外，由于《俄罗斯方块》是一个完全虚构类游戏，它的创作过程不存在任何现实参照，不存在所谓的"标准或通用"的表达元素，场景原则亦不能得到适用。❶ 在"Triple Town 案"中，法院同样适用了思想表达二分法划定游戏作品的可版权范围，并排除了场景原则在该案中的适用，法官认为场景原则只适用于网络游戏设计普遍会采用的一些元素，比如猜拳或掷骰子等基本游戏机制，即便是这种游戏元素，它也存在一定的创作空间。❷ 在以往的案例中，纸牌类游戏一直囿于其有限的表达方式而受到较为薄弱的版权保护，在"Da Vinci 案"中，被告辩称两款游戏中的相似元素是不受版权法保护的游戏系统、方法和步骤，而法院驳回了这一动议。法院肯定了"Tetris 案"和

❶　Tetris Holding, LLC v. Xio Interactive, Inc., 863 F. Supp. 2d 394.

❷　Spry Fox LLC v. LOLApps Inc., Not Reported in F. Supp. 2d (2012).

"Triple Town 案"中游戏的功能性或实用性表达同样具有可版权空间的裁判观点，认为本案所涉新型纸牌游戏扩大了受保护的表达范围，由此摒弃了传统纸牌游戏所遵循的判例，对混同原则与场景原则的适用采取了更加克制的态度。●

　　美国法院对游戏行业侵权泛滥、产品高度同质化的问题作出了回应，"Tetris 案"、"Triple Town 案"和"Da Vinci 案"三个判例不仅体现了思想表达二分法在版权制度中的重要地位，还显示出裁判观点在如何准确区分思想与表达方面上发生了转变，即在网络游戏领域适用混同原则和场景原则时应更加谨慎，防止滥用，并且这一转变适用于多种游戏类型。尽管法院的这些分析和判决是基于游戏的整体表现形式而不是"游戏规则"本身作出的，但当中体现出打击网络游戏版权侵权鼓励网络游戏行业创新的价值取向值得我们思考。❷

二、网络游戏规则的作品属性判断

　　"作品"是著作权法的起始概念，著作权法客体的认定就是确定考察对象是否构成著作权法意义上的"作品"。我国现行著作权法明确规定"作品"的构成要件包括"文学、艺术和科学领域内""具有独创性""能以一定形式表现""智力成果"，四要件缺一不可。尽管作品的定义本身具有抽象性，在不同视角下对作品特征的理解难免存在分歧，但理解上的不同可通过理论研究与司法实践不断统一，因此，在认定网络游戏规则这种新型表达是否具有作品属性时，仍应从作品的构成要件入手分析。

（一）网络游戏规则属于文学、艺术和科学领域内的智力成果

　　网络游戏的研发、制作和运营涉及程序编写、美术设计、游戏策划、技术维护、市场调研宣传等工作，需要工作人员投入大量智力劳动，调动多方力量，一款网络游戏作品无疑汇聚了无数智慧结晶。游戏规则作为游戏的"灵魂"，不同于大自然中客观存在的现象、法则、定律，它由开发者设计产生，而创作本身就是游戏开发者思想、创意、知识、技能的积聚

---

❶　Da Vinci Editrice S. R. L. v. ZiKo Games, LLC, Not Reported in F. Supp. 3d（2014）.

❷　熊良. 美国电子游戏版权保护历史演进及其启示［D］. 武汉：中南财经政法大学，2017.

过程，显然是脑力劳动结成的果实，毋庸置疑体现智力因素，属于人类的智力成果。

人类智力成果数量庞大，表现形式多样，但并不是所有智力成果都属于著作权保护客体，国际条约和各国立法均对作品的所属领域作出了限制。《伯尔尼公约》作为著作权领域最重要的国际著作权公约之一，对各国"作品"的定义及分类具有指导意义，它将作品的领域限制为"文学、艺术和科学"（in the literary, scientific and artistic domain）。游戏产业是世界范围内发展最为迅速的产业之一，特别是进入网络游戏时代以来，其传播范围日渐拓宽，影响力日益提升，由此掀起的潮流还带动了相关影视文化产业的发展。2011 年，美国正式宣布"电子游戏是一种艺术形式"，赋予其"第九艺术"的称谓，可以说，作为电子游戏分支的网络游戏，自诞生之日起就承载着技术、媒体、审美艺术、社会经济的发展，是融多元素于一体的产物，❶ 网络游戏规则自然是属于文学、艺术和科学领域内的智力成果。

（二）网络游戏规则具有独创性

著作权法的设立是为了促进文学、艺术以及科学事业的繁荣发展，这必然要求作品能够对人类文明发展有所贡献，因此，作品应当具有某种创造性，具备独创性是构成作品的必要条件。"独创性"一词具有相当的抽象性和概括性，其认定标准可依据大陆法系和普通法系大致分为两派：代表大陆法系的德国著作权法根据客体的不同确立了"创作高度"和"小铜币"两种独创性标准，即一般的文学作品被视为作者人格、精神的延伸，应当具有较高水准的"创作高度"，而对于电脑程序、说明书、表格等作品则适用"小铜币理论"，仅要求具有适当的创作水平。英美法系通过判例确立的独创性（originality）标准有两种：一是只要求作品是由作者投入劳动、独立完成的；二是明确在独立完成的同时必须具备最低限度的创造性。尽管 1991 年的美国"Feist 案"推翻了以往确立的"额头流汗"标准，英美法对"创造性"的要求仍然是比较低的，因为他们将版权视为作者的

❶ 关萍萍. 互动媒介论——电子游戏多重互动与叙事模式［D］. 杭州：浙江大学，2010.

财产权，不与人格利益相关。我国著作权法未对"独创性"的含义以及判断标准进行解释说明，长久以来，理论界也未能就此问题达成共识，审判中存在一定的盲目性和任意性。❶

不同作品类型所适用的独创性判断标准不同，不能一概而论。一般而言，对于文学艺术作品，如小说、戏剧、电影等，可供发挥创造余地较大，其独创性标准较高；对事实作品、改编作品、功能性作品等，个人创造空间有限，其独创性标准相对较低。在面对网络游戏规则这样突破传统作品类型的新型创作物时，除了容易陷入创作性高度认定分歧的困境，还面临如何取舍独创性标准的问题，即所谓的"独创性"指向的究竟是创作的过程还是结果。❷ 具备独创性是网络游戏规则具备可版权性的实质性条件，通常而言，独创性的认定可以分成"独"和"创"两部分。"独"，是指本人独立创作，独立创作包括两种情况，一是将作品从无到有地创作出来；二是在他人作品基础之上进行再创作。"创"，是指包含最低限度的智力创造。❸ 早期受技术水平的限制，游戏内容相对单调，玩家在游戏中只需要依据游戏规则进行简单操作，如前进后退、跳跃、攻击、躲避等，独创性较低。随着行业发展的日渐成熟，网络开发呈现模块化趋势，设计师首先选择一款现有的基本规则以确定游戏的基本类型，其次对玩法系统或模块进行的选择、排列和组合，并在此基础上设计操作流程、对战模式、角色属性、技能体系、数值平衡等具体内容，以此实现游戏逻辑的自洽。那么，这种在成熟游戏模式的基础上进行开发的创作方式能否保证游戏作品具有足够的原创性呢？应当注意的是，游戏基本规则的相似并不意味着游戏整体或游戏规则整体的相似，单个游戏规则或许简单易懂，多个规则组成一个整体后，游戏运行机制就变得更加相当复杂而精妙，实际上，基础规则组合、展开、细化成具体规则的过程离不开设计人员的想象、思考和判断，耗费了开发者的劳动心血，凝聚了智慧结晶，能够达到一定的创造高度。网络游戏产品在进入市场后，还将依据用户体验反馈，

---

❶ 李伟文. 论著作权客体之独创性 [J]. 法学评论，2000（1）：84-90.

❷ 卢纯昕. 法定作品类型外新型创作物的著作权认定研究 [J]. 政治与法律，2021（5）：150-160.

❸ 王迁. 知识产权法教程 [M]. 5版. 北京：中国人民大学出版社，2021：65.

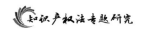

不断地迭代更新、优化其游戏规则，保持对玩家的吸引力，例如游戏《守望先锋》自公布后便陆续发布新的英雄人物和地图，英雄的属性和技能也随着游戏版本的更新而改进。另外，创作者经历背景的不同以及对游戏机制可玩性、平衡性等内容理解的不同，也会造成游戏规则设计方面的差异，鉴于创新性是一种定性概念而非定量概念，可以认为，只要游戏规则能够区别于其他现有设计，不论区别大小，就具有独创性。❶

（三）网络游戏规则能以一定形式表现

著作权法的最新修订意味着《著作权法实施条例》中规定的"能以某种有形形式复制"被修改为"能以一定形式表现"，此次修改再次揭示了只有外在表达才能受著作权保护的立法意图，❷ 强调了作品的特殊属性。在此之前，"能以某种有形形式复制"的表述不甚明确，在理论和司法实践中存在不同的解读，引发不少争议，它究竟是指"再创作性""可复制性""固定性"还是"可感知性"，至今没能达成统一意见，甚至许多判决不对这一要件进行说明论证，在一定程度上造成这一要件的名存实亡。曾有观点批评作品的"可复制性"要件不具有现实意义，因为除了那些仅能停留在脑海中的想法，几乎不存在无法被复制的表达，❸ 亦有学者指出应将著作权法规定的"有形形式"理解为一般公众可以感知的方式，不论是通过物理方式还是非物理方式，❹ 在这一层面上，游戏规则只要通过实际操作游戏就能被玩家感知，它无疑是符合"能以一定形式表现"这一要件的。

三、作品类型法定不构成网络游戏规则的可版权障碍

作品的定义和分类涉及著作权的权利类型、保护范围及力度等内容，如上文所述，部分网络游戏规则具备相关构成要件，已然符合作品的定

---

❶ 卢海君. 网络游戏规则的著作权法地位 [J]. 经贸法律评论，2020 (1)：134 - 143.

❷ 王迁. 《著作权法》修改：关键条款的解读与分析（上）[J]. 知识产权，2021 (1)：20 - 35.

❸ 王洪友. 版权制度异化研究 [M]. 北京：知识产权出版社，2018：142 - 143.

❹ 刘春田. 知识产权法 [M]. 6 版. 北京：中国人民大学出版社，2022：58.

义，但关于游戏规则能否构成著作权保护客体仍存在一些争议，体现在作品类型法定是否会成为网络游戏规则的可版权障碍。

（一）作品类型条款的功能厘清

有观点认为，著作权法意义上的作品除了满足构成"独创性表达"的实质条件外，还应当具备一定的形式条件。所谓的形式条件，即指讨论对象的表现形式应当属于我国法定作品类型之一，而网络游戏规则正因无法归类于我国现有的作品类型而不具有可版权性。[1] 这种观点存在逻辑上的错误，首先，有必要厘清作品客体与作品类型的关系，作品的客观存在是第一性的问题，如何通过著作权法对作品进行类型化并赋予相应的保护是第二性的问题，先确定作品类型，后判断作品属性的做法颠倒了第一性"客观存在"与第二性"制度选择"的顺序。[2] 其次，应正确理解作品定义条款与作品类型条款的功能区别，作品的定义条款具有规范功能，用于统一作品的概念及内涵，而作品类型条款则承担示例功能，具有减轻法律解释负担的作用，[3] 正如刘春田教授所言，法律列举的意义在于方便公众了解法律权利以及在司法活动中查找依据。[4] 设立作品类型条款，在法条中列举具体的作品类型是为了对那些已明确纳入著作权保护范围的作品进行常规化、类型化的梳理，统一规定不同类型作品的权利归属、权利限制及权利保护期等利益分配问题，而不是将其作为著作权保护客体的前置条件，以此限定保护范围。

随着社会科学技术的发展，新型创作物层出不穷，其表现形式完全有可能突破原有限定，但这不妨碍著作权法给予相应的保护，因此，在探讨网络游戏规则的版权问题时，应当先确定游戏规则是否具备构成著作权保护客体的可能性，再研究如何对其进行作品分类，将作品类型条款作为可版权要件无异于削足适履，只要网络游戏规则构成独创性表达且不属于法

[1] 李忠诚. 论网络游戏规则不具有可版权性 [J]. 苏州大学学报（法学版），2020（1）：98-105.
[2] 卢海君. 短视频的《著作权法》地位 [J]. 中国出版，2019（5）：9-12.
[3] 李琛. 论作品类型化的法律意义 [J]. 知识产权，2018（8）：3-7.
[4] 刘春田. 知识产权法 [M]. 6版. 北京：中国人民大学出版社，2022：58.

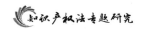

定排除对象，就应当受著作权法的保护，不应因未被纳入法定作品类型而受到阻碍。

（二）作品类型开放模式的确立

对于新型智力成果而言，在法律未明确禁止给予保护的前提下，仅因其未获得立法关注、未被类型化便否认其作品属性，拒绝提供保护的做法，不仅在逻辑上难以自洽，更违背了著作权法的立法目的。❶

作品类型依据不同的表现形态而划分，从著作权法的发展历程来看，作品表现形态的种类是随着技术变迁而不断扩张的。在最早期，著作权客体局限于图书等文字作品，后来逐渐扩展到雕塑、音乐、戏剧等艺术作品，工业革命后，新的技术变革不仅带来了社会经济结构的改变，还加速了文化产业发展，相机的出现催生了摄影作品，电影摄制技术造就了电影作品，软件技术的发展推动了计算机软件的产生等。自著作权制度由"印刷版权时代"进入"网络版权时代"，突破传统作品分类的新型创作物不断涌现，比如网络游戏、短视频、音乐喷泉、直播节目等，总体而言，作品类型范围呈现不断扩大的趋势。

法律具有一定滞后性，若无视时代发展需求，将预先设定的作品类型作为受著作权保护的前提，导致新型创作物无法获得及时有效的法律保护，则与著作权促进文化与科学事业繁荣，鼓励创作与传播的立法宗旨背道而驰。有学者就对当前著作权法门槛日渐抬高，入口日趋狭窄的现象进行了批评，认为这将导致越来越多原本应由著作权调整的客体被排除在外，只能求助于其他分析框架，从而推高维权成本，挫伤创新热情。❷ 此前，我国著作权法遵循"作品类型法定"模式，仅列举八种具体作品类型，并授权法律和行政法规规定其他的作品类型，但由于实际上并没有法律、行政法规另行规定过任何"其他作品"，这一兜底条款形同虚设。最高人民法院曾对这一问题予以回应，明确指出对于在网络环境下无法被现行作品类型条款所列举的作品范围囊括，但满足作品概念条款的，人民法

---

❶ 张书青. 类推适用：网络游戏著作权保护的应然路径 [J]. 中国版权，2020 (4).
❷ 蒋舸. 论著作权法的"宽进宽出"结构 [J]. 中外法学，2021，33 (2)：327–345.

院应当予以保护,❶ 与此同时，著作权法对作品兜底性条款进行修正，确立了作品类型开放模式，也正体现了对上述观点的支持。

第三节　网络游戏规则著作权保护模式评析

在当前网络游戏抄袭现象有增无减的情况下，著作权法无疑能够为网络游戏规则提供最为全面有力的法律保护，然而纵观世界各国，哪怕是游戏产业非常发达的国家如美国、法国、日本、韩国等，均未在立法层面对网络游戏进行单独定性或分类，我国亦是如此。网络游戏通常被视作包含计算机程序及其有关文档、文字作品、美术作品、音乐作品等的综合体，尽管网络游戏不属于我国法定作品类型之一，应当给予网络游戏著作权保护已是学界及实务界共识，取而代之，采取何种方式才能为其提供最适宜保护的问题成为争论焦点。相对应的是，司法实践中出现了"拆分保护"与"整体保护"两种模式。网络游戏著作权保护模式的不同往往导致不同游戏元素在受保护范围及效果方面的差别，亦将对后续侵权判定产生关键影响，本书拟从网络游戏规则保护的视角，结合实际案例就两种保护模式进行评析。

一、拆分保护模式评析

由于网络游戏构成复杂、内容多元，且著作权法中未有相关规定，难以适应现实情况，司法实践通常对网络游戏适用拆分保护模式，即将一款游戏化整为零，拆分为互相独立的游戏元素，按照不同的作品类型分别进行权利主张和侵权判定。在游戏"换皮"侵权纠纷中，法院遵循碎片化保护原则，尝试将拆分出的游戏规则直接纳入文字作品、计算机软件范围，亦有观点主张在作品开放模式下积极适用兜底条款，为其设立独立作品类型。

---

❶ 《关于审理涉及计算机网络著作权纠纷案件适用法律若干问题的解释（二）》第 2 条。

（一） 文字作品保护力度不足

文字作品，是指小说、诗词、散文、论文等以文字形式表现的作品。❶在游戏设计制作至玩家操作运行的过程中，可以文字形式体现游戏规则的内容主要可以分为两大部分：一部分是在开发过程中所编写的各种设计工作文档，它记载了游戏机制与界面的大部分重要细节，此类文件仅是游戏团队为备忘及沟通所留下的记录，并不对外公开；另一部分则是面向所有玩家公众公开的文字说明，涉及游戏操作步骤、回合流程、奖惩机制等内容。由于游戏规则的作用在于指引玩家如何操作游戏，帮助玩家了解游戏模式，最直观的便是以文字的形式出现在玩家视野中，有时在官网中以"新手教程""初学者教程""游戏指南"等板块呈现，有时是在游戏运行中以提示弹窗的方式出现。举个例子，《炉石传说》官网中展示的"游戏玩法"可分为"起始手牌""抽一张牌""使用卡牌""攻击""使用英雄技能""结束回合"六大步骤，具体表达为："对战开始时，双方投掷一枚硬币来决定谁先手出牌，然后双方玩家会抽取自己的起始手牌：赢得先手的一方抽三张牌，另一名玩家抽四张牌……"。描述游戏规则形成的文字是指示玩家如何操作游戏的说明性文章，类似于产品说明书，以文字作品保护网络游戏规则的做法存在以下问题：

首先，网络游戏强调玩家交互性，注重营造沉浸式体验，游戏运行画面中极少出现长篇累牍的文字描述，并且游戏规则所具有的程序功能性也决定了其表述应当简洁明了，由此便产生了文字作品独创性认定的问题。在实践中，对于通过文字固定的游戏规则能否构成文字作品，不同法院的认定有所差异。在"夺宝捕鱼案"中，广州知识产权法院对此持否定态度，认为有关游戏运行步骤、操作方法等内容的文字说明系客观描述，此类表述过于简单直接，无法表现出作者的主观情感，缺乏独创性，故不符合作品法定要件。❷在"三国KILL案"中，上海法院则提出了不同观点，认为即使单张卡牌中描述的技能或功能表达单一，但将其组合成一个整体时，其文字内容足够具体并且能够体现设计者对相应素材的精心编排和设

---

❶ 《著作权法实施条例》第4条第1款。
❷ 广州知识产权法院（2017）粤73民终1842号民事判决书。

计，此时能够满足独创性标准，可视为游戏说明书，构成文字作品。❶

其次，对于作为网络游戏核心机制的游戏规则而言，文字作品类型的保护范围过于狭窄，实际上，游戏规则并不以文字为主要表达形式，上述提及的游戏说明书仅是一种辅助的表达形式。一方面，完整地将错综复杂的、非线性的游戏规则以文档的形式展现并非易事，现在的网络游戏已经逐渐摒弃冗长的书面规则，转向通过游戏本身具有的互动对玩家进行指导。另一方面，文字无法囊括游戏规则的全部内容，字面上的游戏规则以展示游戏操作步骤为主，但游戏规则远不止于此，其中的数值策划、关卡设计、平衡机制、奖惩反馈等内容实际上是对玩家隐藏的，需要玩家在游戏运行过程中去感知体会。

最后，文字作品模式还面临侵权判定的考验。在"《炉石传说》案"中，法院虽承认描述游戏规则的文字可组合成游戏说明书而获得著作权保护，但也一并指出由于此类文字可选择的表达空间极其有限，整体独创性较低，只有完全或者近乎完全照搬时，才能将该行为认定为侵权。❷ 在如此严苛的侵权认定标准下，抄袭者可以通过内容同义替换、调整语序，甚至仅对个别文字进行替换，就能轻易地规避复制侵权风险。可见，将网络游戏规则纳入文字作品，保护范围有限且力度不足，并非良策。

（二）计算机软件保护不具有普适性

网络游戏作品的制作包括艺术设计与程序编译两大部分，根据网络游戏的运行原理，其核心内容可分为游戏引擎和游戏资源库，其中游戏引擎属于"计算机软件"。❸ 著作权法意义上的计算机软件包括计算机程序及其有关文档，其中计算机程序是指"为了得到某种结果而可以由计算机等具有信息处理能力的装置执行的代码化指令序列，或者可以被自动转换成代码化指令序列的符号化指令序列或者符号化语句序列"。❹ 在网络游戏的开发制作中，编制程序代码是不可或缺的重要环节，计算机程序负责整合、

❶　上海市浦东新区人民法院（2017）沪 0115 民初 27056 号民事判决书。
❷　上海市第一中级人民法院（2014）沪一中民五（知）初字第 23 号民事判决书。
❸　崔国斌. 认真对待游戏著作权［J］. 知识产权，2016（2）：3－18.
❹　《计算机软件保护条例》第 3 条第 1 款。

调动游戏资源库的各种素材，应系统请求或玩家操作指令控制整个游戏的运行并合成游戏画面呈现给玩家。从制作技术的角度，网络游戏无疑能够以计算机软件的形式受到著作权保护，游戏开发者或经营者通常情况下也会按照相关规定对软件源代码进行著作权登记。

早期"低级换皮"手段盛行时，部分抄袭者通过照搬原版游戏的软件程序，简单修改替换一些非关键元素如美术、音乐等视听素材的方式，便能制作出一款"新"游戏，不言而喻，此时两款游戏的玩法规则也是高度雷同的。在"《王者之剑》诉《巨龙之怒》案"中，被告几乎完整地剽窃了原告享有著作权的游戏计算机软件，原告公司特有的企业标识、名称、注释信息、参数名称甚至拼写错误也出现在了被告的计算机软件中，这使得被诉侵权游戏的各种设置、运行页面几乎与原游戏如出一辙，后经鉴定机构证实，原被告两款游戏的源代码为相同或实质相同，法院最终认定被告的行为构成计算机软件著作权侵权。[1] 时过境迁，当下以计算机软件模式对游戏规则进行保护已经力有不逮，体现在以下方面：

一方面，直接抄袭竞争对手源代码的"低级"手段已经逐渐被淘汰。计算机程序可分为目标程序和源程序，目标程序由源程序翻译而来，一个源程序只能转化成唯一、特定形式的目标程序，一个目标程序却可能来自很多种形式的源程序。换言之，目标程序相同或近似并不意味着源程序的必然相同或近似。随着网络信息技术水平的提高，写出功能相近而语言不同的源代码并非难事，游戏公司可选择根据现有运行界面反向编译目标代码，然后重新编写源代码以实现相同的游戏效果，这种反向编译可直接规避侵犯他人计算机软件著作权的风险。

另一方面，计算机软件著作权侵权案件的审理存在不少障碍。许多当事人因顾忌商业秘密泄露而不愿提供自己的游戏源代码进行对比鉴定，在"《三界魂》案"中，被告就因拒不提供涉案游戏的源程序及相关文档，承担举证不能的后果而败诉。[2] 此外，受制于计算机软件作品的专业性和技术性，法官大多需要依赖专门的鉴定人员对相似度问题作出判定，但计算

---

[1] 重庆市第五中级人民法院（2015）渝五中法民初字第00046号民事判决书。
[2] 北京市第二中级人民法院（2013）二中民初字第9903号民事判决书。

机软件相关的司法鉴定还存在周期漫长、费用高昂、鉴定程序不规范❶等问题，在游戏市场竞争激烈，产品淘汰周期极短的情况下，诉讼成本大大提高，不利于权利人及时止损。

更重要的是，实践中单纯以计算机软件侵权为由主张网络游戏著作权的情况非常少见。当下许多大型网络游戏作品的游戏引擎并不由内部自行开发，而是购买使用市面上现成的游戏引擎，许多游戏的类型不同但引擎相同，可以说，网络游戏的独创性更多地体现在其呈现的游戏画面及当中蕴含的游戏理念、故事、规则等设计组合中。❷

（三）设立独立作品类型可行性较低

有学者认为，在游戏作品整体认同性已经存在的条件下，可在立法上将游戏作品设立为独立作品进行保护。❸ 更有观点认为由于游戏规则与游戏视听画面之间不存在决定性的一一对应关系，对网络游戏的外在表达层进行保护仍无法顾全游戏规则，因此，游戏规则应获得独立于网络游戏的著作权保护。❹ 笔者认为，将网络游戏规则作为一项独立的新作品类型进行保护仍存在许多理论及现实障碍，可行性较低。

首先，如上文所述，网络游戏规则因游戏类型各异而有别，同一款游戏中的游戏规则亦有层次之分，并非网络游戏规则的所有内容都能落入著作权的保护范围，随着技术的进步及行业模式的变革，相信还会有更多新的游戏形态、游戏规则涌现，将游戏规则认定为独立作品类型，一刀切地给予同等力度的保护，不仅可能给未来司法认定造成束缚，引发更多争议，还可能会制约游戏产业的自然生长。况且，为游戏规则设立单独作品类型亦非国际主流做法。WIPO 报告显示，在世界范围内，对网络游戏作品类型的认定包括计算机软件、视听作品等，❺ 鲜见在立法层面确立其独

---

❶ 曾德国，杨茜. 网络游戏规则侵权的司法鉴定——以暴雪、网之易诉游易案为例 [J]. 三峡大学学报（人文社会科学版），2017，39（3）：81–85.

❷ 田辉. 论计算机游戏著作权的整体保护 [J]. 法学论坛，2017，32（5）：122–129.

❸ 冯晓青，孟雅丹. 手机游戏著作权保护研究 [J]. 中国版权，2014（6）：34–37.

❹ 卢海君. 网络游戏规则的著作权法地位 [J]. 经贸法律评论，2020（1）：134–143.

❺ Andy Ramos, Anxo Rodríguez, Laura López, et al. The Legal Status of Video Games：Comparative Analysis in National Approaches [R]. WIPO, 2013.

立作品地位的国家，更不必说作为网络游戏组成部分的游戏规则了。

其次，面对构成独创性表达但未被法律类型化的客体，在寻找法律保护依据时，应当积极适用法律解释和漏洞填补规则，相比于仅为"便利"动辄适用原则性兜底条款，优先选择符合条件的现有法定作品类型无疑是更具有可操作性和经济性的选择。一方面，新作品类型的设立无法一蹴而就，从暂时性的兜底条款保护到普遍性的立法构建需要经历漫长的法理论证过程，❶ 短期内无法满足网络游戏规则著作权保护的迫切需求。另一方面，作为大陆法系国家，在考虑法律规范、引导作用的同时，更要兼顾法律的稳定性与可预期性，以设立单独作品类型的方式明确新型创作物的法律性质对立法技术提出了更高要求。稍有不慎，立法上的瑕疵不仅会破坏法律的稳定性和系统性，还可能构成相关文化产业发展的阻碍，❷ 面对当前仍处在高速发展阶段的网络游戏，与之相关的著作权法修改要充分考虑产业发展现状及趋势，考量背后存在的商业利益博弈，总之，为网络游戏的内容设立新的作品类型理应谨慎。

二、整体保护模式评析

由于网络游戏的拆分保护模式存在保护范围有限、诉讼成本高等诸多问题，整体保护模式应运而生。尽管理论界有将网络游戏整体作为汇编作品、视听作品、多媒体作品、新作品类型等多种主张，目前实务界并未出现将网络游戏视作一个整体进行保护的先例，故本书所指的"整体保护模式"系指将网络游戏运行画面整体认定为类似摄制电影的方法创作的作品（以下简称"类电作品"）或视听作品进行保护的做法。

（一）类电作品可提供间接保护

正如"换皮"一词所描述的，游戏规则作为游戏设计的核心内容，如同"骨架"一般贯穿游戏运行的方方面面，将网络游戏拆分为单独作品的

---

❶ 卢纯昕. 法定作品类型外新型创作物的著作权认定研究［J］. 政治与法律，2021（5）：150－160.

❷ 刘丹. 电子游戏著作权法保护的路径与范围——以电子游戏维权诉讼案由叠加为视角［J］. 人民司法，2019（4）：57－61.

保护模式忽略了游戏内部完整性，其局限性日益凸显。近些年，随着裁判经验的丰富完善，认定网络游戏画面构成类电作品的整体保护模式在实践中逐渐兴起并受到各地法院的青睐，同时获得了学界主流观点的认可，广东省高级人民法院也发布了相关审判指引，就游戏连续动态画面构成类电作品的具体认定给出了较为清晰的指引。

　　网络游戏画面是指在游戏运行过程中，由游戏引擎按照既定设计调取、组合游戏资源库的素材形成的临时呈现的连续动态画面，具有"连续动态性"和"双向互动性"。类电作品之所以能够为网络游戏规则提供间接保护，是因为玩家只有在操作游戏时才能感知到网络游戏规则，这与游戏规则"潜移默化"的特性有关，而网络游戏运行所呈现的最终表达形式正是游戏画面，游戏画面由此成为游戏规则设计被感知的依托。在"奇迹MU案"中，游戏整体画面首次被认定构成类电作品而落入著作权保护范围，法院在对原被告的游戏画面进行实质性相似比对时，除了名称、人物角色、图案造型、NPC（Non – Player Character）设置等元素，游戏中的等级设置、角色技能、地图场景、武器装备等能够体现游戏规则的部分也被纳入比对范围。❶ 法院虽未直接在判决书中指明网络游戏规则具有可版权性，但间接地为网络游戏规则提供了保护。这种部分整体保护模式无疑为网络游戏规则著作权保护指出一条明路，"奇迹MU案"判决后，更多权利人以类电作品向法院主张网络游戏著作权保护。相比于此前的暧昧态度，在"花千骨案"中，法院不仅肯定了游戏画面可构成类电作品，并在此基础上就游戏规则的"表达性"进行了论证，具体为："游戏设计师通过游戏连续动态图像中的游戏界面，将单个游戏系统的具体玩法规则或通过界面内直白的文字形式或通过连续游戏操作界面对外叙述表达，使玩家在操作游戏过程中清晰感知并据此开展交互操作，具有表达性。依托游戏界面呈现的详尽的游戏玩法规则，类似于详细的电影剧情情节，游戏开发过程中通过绘制、设计游戏界面落实游戏规则的表达，与电影创作过程中依据文字剧本绘制分镜头剧本摄制、传达剧情具有一定相似性。"❷ 与拆分为美术作品、文字作品相比，类电作品的认定标准不局限于表达的外部可

---

❶ 上海知识产权法院（2016）沪73民终字第529号民事判决书。
❷ 苏州市中级人民法院（2015）苏中知民初字第00201号民事判决书。

见部分，也考量了内在的不可见部分，符合游戏规则需依附于其他作品得以展现的特点，无疑能够实现对游戏核心部分——游戏规则的适当保护。有部分学者认为，网络游戏规则并不具备类电作品应有的表现形式，❶ 在此应当澄清的是，司法实践中将网络游戏画面认定为类电作品并不等同于将网络游戏规则认定为类电作品。

尽管如此，对于网络游戏规则而言，认定类电作品的间接保护模式也并非完美无缺。由于我国著作权法对类电作品的规定比较模糊，司法实践中类电作品的认定标准并未统一，导致不同法院出现了不同的认定思路和结论。相关裁判观点在"连续动态画面"及"摄制"创作手段等方面基本达成共识，然而在认定"剧情或故事情节""交互性"等方面，各法院裁判不一、争论不断。上海浦东法院认为，没有预先设定的故事情节并不构成否定网络游戏画面构成类电影作品的理由，并以风光片或纪录片作品进行举例阐述。❷ 与此相反的是，上海知识产权法院在"拳皇诉数码大冒险案"中指出，在认定是否构成类电作品时，除了要判断是否满足"具有连续动态图像"的条件，还应注意网络游戏整体画面是否具备相应的故事情节或剧情；❸ 广州互联网法院亦从作品内容的角度强调在游戏整体画面中，"游戏人物在游戏场景中不断展开游戏剧情，具有一定的故事情节和人物关系……类似电影的复合表达"。❹ 这种认定标准将导致许多特定类型的游戏画面无法顺利落入类电作品的范围，如卡牌类、射击类、沙盒类游戏，它们通常没有特定的故事主线，情节要素较弱。角色扮演类游戏的剧情架构相对完整、人物形象及情节丰富，能够满足以上条件，但此类游戏仅占我国游戏类型数量的四分之一。❺ 可见，游戏规则虽不等同于游戏故事情节，类电作品认定标准的不明确却影响到了游戏规则的著作权保护。

---

❶ 李忠诚. 论网络游戏规则不具有可版权性［J］. 苏州大学学报（法学版），2020（1）：98－105.

❷ 上海市浦东新区法院（2017）沪0115民初77945号民事判决书。

❸ 上海知识产权法院（2020）沪73民终33号民事判决书。

❹ 广州互联网法院（2018）粤0192民初1号民事判决书。

❺ 游戏产业《2021年中国游戏产业报告》正式发布［EB/OL］.（2021－12－20）［2023－11－09］. www. cgigc. com. cn/details. html? id＝08d9c37e－e046－495c－8348－3dd4185ab794&tp＝report.

（二）视听作品保护的配套制度有待完善

过去，受限于著作权法中类电作品必须"摄制在一定介质上"的规定，游戏画面的作品类型认定涉及对"类电作品"概念的扩大解释、类推适用，还需结合《伯尔尼公约》对相关含义进行澄清，❶ 这在实践中引发了不少争议，将网络游戏画面"强行"纳入类电作品的保护范围实属不得已而为之。为了与互联网科技发展相接轨，在最新修订的著作权法中，"类电作品"的概念被"视听作品"所取代，不少专家学者乃至游戏行业厂商代表主张在未来应将网络游戏一律归入"视听作品"范畴，以加强网络游戏保护力度。从电影作品到类电作品，再到利用信息技术创作的其他新型作品，视听作品的出现顺应了社会文化建设的时代要求，是著作权法制度与时俱进的必然产物，可为网络游戏画面等新型作品提供更为名正言顺的保护路径。

《著作权法（修订草案送审稿）》前三稿均对"视听作品"作出了规定，在正式立法时却删除了其定义，仅保留一个概念，因此，现阶段有关视听作品的定义、认定标准及权属规则等问题，仍有待司法解释或相关判例进行阐明。参考国际公约及各国立法，各国对其普遍采取"技术中立"的态度，即不对创作手段进行限制，视听作品的制作、存储、传输方式及其播放图像、画面能否被固定等均不构成"视听作品"的成立要件，❷ 可见，"视听作品"的定义在外延上应大于我国著作权法曾规定的"类电作品"。科学技术的发展颠覆了作品的创作手段和传播方式，对著作权作品制度提出了新的挑战，视听作品的设立具有重要的进步意义，但就目前而言，与之相关的配套制度尚未更新或建立，仍需要理论界及实务界的共同努力，继续进一步的探讨及完善，否则关于视听作品理解及适用的争议会继续下去，无益于网络游戏画面作品认定问题的解决。

---

❶　保护文学和艺术作品伯尔尼公约（1971 年巴黎文本）指南［M］. 刘波林，译注. 北京：中国人民大学出版社，2002：15.

❷　杨幸芳，李伟民. 视听作品的定义与分类研究——兼评我国《著作权法》第三次修订中"视听作品"的修改［J］. 中国政法大学学报，2020（3）：47－59.

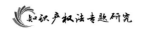

第四节　网络游戏规则的著作权侵权判定方法

如上文所述，在解决网络游戏规则的法律属性、保护模式选择等问题后，还需对实际发生的网络游戏"换皮"抄袭行为进行侵权判定。在著作权侵权纠纷中，判断被诉侵权作品是否非法使用了他人作品，普遍适用"接触＋实质性相似"原则，该原则源自对理论概括及裁判经验的总结，主要借鉴自美国而非以国内立法的形式出现，在司法实践中不存在统一的裁判标准，尽管质疑与争议不断，其仍在著作权侵权认定中占据一席之地。不同类型作品的表达方式与表现形式迥异，比对步骤与考察重点亦千差万别，需要根据保护对象的不同情况进行灵活分析及适用。

相比于满足"接触"要件，作品"实质性相似"的认定更加复杂、关键，在著作权侵权判定中具有更重要的地位，通常是理论界和实务界争议的核心焦点。有学者认为只有在构成"实质性相似"的情况下，才具有认定被控侵权人是否实际"接触"过原告作品的必要，故该原则有时也被简称为"实质性相似"原则，❶ 本部分拟重点就如何认定网络游戏规则之间的实质性相似问题展开讨论。

一、"接触"要件的认定

所谓的"接触"，是指被诉侵权人曾经接触过权利人受著作权保护的作品。现实中完全有可能存在双方当事人创作出相似作品的情形，此时需要判断被告行为是否构成"接触"。至于应达到何种证明程度，是需要证明存在实际接触还是只需要存在接触可能性呢？在司法裁判中，该要件的认定标准较低，只要具有基本的"接触可能性"即可。❷ 在著作权侵权诉讼中，认定"接触"要件即考察原告作品是否存在在先发表、公开出版等情况，主要体现为对当事人提供的事实证据进行认定，如原告作品系在先作品，被告作品系在后创作的作品，在无相反证据的情况下，法院一般推

---

❶ 吴汉东. 试论"实质性相似＋接触"的侵权认定规则［J］. 法学，2015（8）：63－72.
❷ 刘琳. 我国版权侵权"接触"要件的检讨与重构［J］. 知识产权，2021（11）：71－90.

定"接触"要件成立。在网络游戏规则侵权案件中，原告可提供游戏软件著作权登记时间，网络游戏的开服时间、公测时间、上线时间等资料，以证明自己的网络游戏作品在被诉侵权游戏之前已完成创作，具体也可通过对比系列时间节点加以证实。❶

二、"实质性相似"要件的认定

"实质性相似"的认定难点在类型多样、要素多元的网络游戏侵权案件得到了淋漓尽致的体现，并且由于游戏"换皮"抄袭的程度各有差别，实践中还存在如何确定游戏规则比对范围、质量、数量及其所占比例等问题。尽管如此，多年的司法实践也逐渐形成一些裁判共识，即无论以何种作品形式为网络游戏规则提供保护，在侵权对比环节都应根据游戏作品的外在表现形式进行整体把握，而非机械地分解元素逐一比对，实际上这也与以认定游戏画面构成类电作品或视听作品，对游戏规则适用整体保护模式的做法保持了一致。对于如何就作品整体进行实质性相似判定，司法实践发展出多种测试方式，最常见的包括"抽象分离法"和"整体观感法"两种路径。

（一）以抽象分离法为主

抽象分离法最早适用于剧本的相似比对，起源于"Nichols v. Universal Picture Corp 案"，是指通过抽象的方法，将作品中的思想、事实或通用元素等不受著作权保护部分剥离，仅以作品中明确受保护的部分进行比对，进而判定两部作品的相似程度，它本质上仍属于思想表达二分法的适用，其优点在于几乎可适用于所有类型作品。考虑到网络游戏的复合性和复杂性，为避免将属于公有领域的部分游戏规则也纳入实质性相似对比范围中，法院在相关侵权案件中也多采用这一方法。正如广东省高级人民法院发布的《审判指引》中所强调的："在比对过程中，要始终注意将思想和表达予以区分，避免从主体、创意、情感等思想层面进行比对，而应始终

---

❶　孙磊，曹丽萍. 网络游戏知识产权司法保护［M］. 北京：中国法制出版社，2017：279.

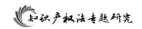

关注作品在表达方面的取舍、选择、安排、设计是否相似。"❶ 抽象分离法的实施效果取决于法官如何合理地拆分游戏内容并解释游戏规则与其他游戏要素之间的关系，如何对游戏规则的表达边界、独创性程度、相似程度进行详细分析，考验着法官对游戏行业及产品知识的认知水平。在实践中，原告一般都会提交各种对比画面和视频，从游戏架构、玩法规则、数值设置、关卡设计到软件文档，涉及各玩法系统、系统界面、战斗系统、装备系统、副本界面等各个方面。

在"换皮"游戏的实质性相似认定中，尽管"抽象分离法"的路径很清晰，但随着抄袭手段的升级，其局限性已经显现。在标准的"换皮"式抄袭中，除视听元素有差异，被诉侵权游戏的其他要素都与原游戏有明显的对应关系，在此情形下，法官无须进行过多分析和解构即可得到双方作品实质性相似的结论，但在当前游戏行业，越来越常见的是对游戏部分要素的使用或借鉴。在此种情况下，进行实质性相似判定的前提是更加准确、精细地对游戏的内容和要素进行分解并确定思想表达分界线，提高了"抽象分层"的操作要求。

在以往的判决中，法院系通过拆分、对比游戏画面所包含的各类元素对游戏整体画面做相似认定，在近期的游戏规则侵权案件中，法院尝试从游戏设计、研发制作等不同视角对游戏整体进行从抽象到具体的界分，将游戏作品划分为多个层次并明确其著作权保护范围。在"《蓝月传奇》案"中，法院从游戏设计的角度将游戏分为五层：第一层，通过设置角色养成系统、消费奖励系统和场景段落来架构游戏；第二层，在三大系统中分别设计子系统；第三层，对子系统的玩法规则进行细化，包括设定角色、装备基本属性、消费奖励系统、副本任务等具体内容；第四层，进一步细化玩法规则，即赋予所有子系统特定功能属性及对应属性数值，或根据特定条件设定奖励、惩罚等；第五层，结合场景地图、人物形象、声音效果等视听元素，形成操作界面或通过玩家操作形成连续动态画面。在上述划分中，游戏基础玩法和基本系统架构是此类游戏常见的设计模式，因自身具有高度抽象性而落入思想范畴，但若游戏的创作元素、属性与数值的取

---

❶ 官方逐条说明版！广东高院关于网络游戏知识产权民事纠纷案件的审判指引 [EB/OL]. [2023 – 11 – 21]. www. rdmedia. cn/c11187. jsp.

舍、安排之间形成了特定对应关系，使得各系统之间组合而成的特定玩法规则和情节达到了区别于现有游戏的创作性高度，并能够通过游戏画面对外呈现，那么不论它是以直白的文字形式还是连续动态画面方式呈现，这些具体表达都属于著作权保护的客体。❶ 换言之，法院认为在上述分层中，第四层和第五层的内容可以落入表达范畴。在"《守望先锋》案"中，法院根据游戏研发阶段的先后将游戏分为五层：第一层是游戏的类型定位；第二层是围绕游戏类型定位的规则设计；第三层为游戏资源的核心部分制作，包括地图线路设计、人物数值策划和用户界面的整体布局；第四层是资源串联和功能调试，以提升游戏规则与游戏资源的契合度；第五层是游戏资源的进一步细化制作，以外部视听元素为主，最终形成游戏整体画面，❷ 法院认为第三层的设计要素在第四层的游戏资源里与游戏规则融合共同构成表达，具体包括游戏地图的行进路线、地图进出口的设计、人物的类型、技能和武器组合等内容。在"《穿越火线》案"中，法院更进一步，将过去实施"抽象分离"的范围从游戏作品整体缩小到了游戏部分内容，即将游戏中的"场景地图"设计分为七个阶段。值得注意的是，在实质性相似对比阶段，法院提炼出了三个步骤：一是初步划分两部作品的相似部分；二是过滤出相似部分中的独创性表达；三是判断该独创性表达是否满足作品的要求。❸

根据作品抽象层次理论，作品可以划分为"外在表达"与"内在表达"，外在表达体现为作品中较低抽象层次的独立元素，内在表达则是作品整体在较高抽象层次内的各独立元素结合成的整体，❹ 内在表达更加隐蔽，更容易与思想相混淆，在对网络游戏进行实质性相似认定时，应格外注意被诉侵权游戏是否存在对内在表达的模仿。如上所述，游戏规则设计系统庞大而复杂，由许多单个的玩法规则系统经选择、安排、组合而成，因此，在对比游戏规则时，不仅要对相似的单个玩法系统单独进行比对，再从游戏整体的系统安排、选择、组合上判断是否存在相似，同时还要综

---

❶　浙江省高级人民法院（2019）浙民终 709 号民事判决书。
❷　上海市浦东新区人民法院（2017）沪 0115 民初 77945 号民事判决书。
❸　广东省深圳市中级人民法院（2017）粤 03 民初 559 号民事判决书。
❹　宋戈. 作品"实质性相似＋接触"规则研究［D］. 武汉：中南财经政法大学，2019.

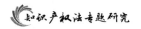

合考虑相似部分的重要性及所占比例。

（二）以整体观感法为辅

所谓"整体观感法"，也被称为"整体概念和感觉分析法"，起源于"Amstein v. Porter 案"，是指根据"普通观察者"（ordinary observer）对作品整体的主观感受来判断两部作品是否构成实质性相似的方法。[1] 该方法强调对作品进行整体认定与综合判定，不再对作品细节加以分析，也不要求观察者具有较高的专业知识水平，带有较强的个人主观色彩。在"Castle Rock v. Carol Publishing 案"中，法院就以作品类型及传播方式的不同会造成不同的感觉为由，拒绝在进行实质性相似判定时适用整体观感法，[2]不过，网络游戏规则侵权案件中并不存在这种困扰，因为"换皮"游戏所保留的相同游戏规则恰恰决定了涉案游戏的类型必然一致。1982 年的"PAC – MAN 案"因强调理性普通人的感受而为游戏案件中整体观感法的适用奠定了基础。

在我国司法实践中，运用这一方法的典型案例是"庄羽诉郭敬明案"，法院认为判定情节及相关语句是否构成抄袭应适用整体观感法，理由在于："对于一些不是明显相似或者来源于生活中的一些素材，如果分别独立进行对比很难直接得出准确结论，但将这些情节和语句作为整体进行对比就会发现，具体情节和语句的相同或近似是整体抄袭的体现，具体情节和语句的抄袭可以相互之间得到印证。"[3] 在"琼瑶诉于正《梅花烙》案"中，法院亦就采用整体观感法的合理性进行了详细阐述，认为作品中固然存在不受著作权保护的内容，但这并不意味着多个部分的有机联合整体也不具有独创性，因此，部分内容不相似并不代表整体就不构成实质性相似，"受众对于前后两作品之间的相似性感知及欣赏体验也是侵权认定的重要考量因素"。[4] 在网络游戏著作权纠纷中，机械拆分游戏元素的保护方式逐渐被整体保护所取代，在认定游戏画面构成视听作品的趋势下，网络

---

[1] 梁志文. 版权法上实质性相似的判断［J］. 法学家，2015（6）：37 – 50.
[2] Castle Rock v. Carol Publishing, 150 F. 3d 132 (2nd Cir. 1998).
[3] 北京市高级人民法院（2005）高民终字第 00539 号民事判决书。
[4] 北京市高级人民法院（2015）高民（知）终字第 1039 号民事判决书。

游戏内在完整性和连贯性得到重视，整体观感法成为认定游戏画面相似度的重要手段。"奇迹 MU 案"明确提出网络游戏整体画面的比对重点在于关注其整体性，法院通过游戏地图、等级设置、角色技能、武器装备、怪物、NPC 等固定构成素材的对比来认定两款游戏画面的相似度，对比结果显示，二者虽在部分造型的线条细节方面有些差别，整体造型视觉效果仍然保持了基本一致。❶

　　适用整体观感法的一个难点在于如何界定谁属于"普通观察者"，在网络游戏抄袭纠纷中，"普通观察者"并非那些对游戏一窍不通的"路人"，一般是涉案游戏的玩家或资深玩家，他们不一定具备游戏设计制作的专业知识，但对游戏产品本身比较熟悉，对于大型复杂的网络游戏而言，如果没有经过实际操作，很难对它产生具体认知，遑论进行感知对比。在实践中，通常当事人会向法院提交有关受众感觉调查方面的证据，以证明实质性相似的存在，在"奇迹 MU 案"、"《太极熊猫》案"以及"《守望先锋》案"中，原告均列举了各平台上有关抄袭的用户发言及评论，例如"这确确实实是一款打着《奇迹》的旗号，套着《奇迹》的马甲的页游 ARPG，甚至已经可以称得上山寨了"、"刚公测的时候就玩了这个游戏，感觉跟熊猫这款游戏……副本、竞技、冲塔的模式几乎一样，不一样的就是职业、游戏人物跟各大场景"、"这款游戏，看到的第一眼，我就知道是抄袭的，但是抄得很全面，基本上完美解决了守望先锋没有手机版的缺陷"等不胜枚举。对此，部分法院持积极认可态度，在"奇迹 MU 案"中，法院明确将受众及玩家的感受作为判断是否构成实质性相似的考量因素，将网友对《奇迹神话》的评测及评论留言作为支持原告诉求的证据。❷"《太极熊猫》案"中，法院亦根据原告列举的部分新浪微博用户发言以及 IOS 系统《花千骨》游戏的用户评论内容，认可两款游戏在玩法规则、数值策划、技能体系、操作界面等方面具有较高相似度。❸有部分法院虽未直接就受众言进行评价，但同时强调了普通游戏玩家对游戏整体感知的重要性，例如在"《蓝月传奇》案"中，法院就对"玩家感知"展开

---

❶　上海知识产权法院（2016）沪 73 民终 190 号民事判决书。
❷　上海知识产权法院（2016）沪 73 民终 190 号民事判决书。
❸　江苏省高级人民法院（2018）苏民终 1054 号民事判决书。

了论述："对于角色扮演类游戏而言，具体的玩法规则、属性数值策划、技能体系等属于游戏设计的核心部分……尽管《烈焰武尊》进行了美术、动画、音乐等内容的再创作，但其在玩法规则的特定呈现方式上利用了《蓝月传奇》的独创性表达，对于普通游戏玩家而言，其所感知到的游戏整体情节相似度极高，故两者整体上构成实质性相似。"❶

如前所述，"换皮"游戏侵权案中，收集有关"玩家感受"作为实质性相似的证据呈现给法庭是常见的诉讼策略，但从实践来看，无论当事人是否提供普通测试者结论，法官都会对涉案游戏进行抽象分离的比对，哪怕是那些法官已明确表示"玩家感受"确实相当重要的案件。可见，玩家感受如何并非判定网络游戏构成实质性相似与否的关键因素，可能的原因在于：一方面，在论坛、贴吧等场所收集到的言论通常具有零散、片面、情绪化的特点，缺乏论证的科学性和系统性，而测评文章因普遍具有宣传推广作用，其中立性、公正性易受到质疑。❷ 另一方面，由于整体观感法系从整体概念出发，并不单独区分作品中不同创作元素的著作权属性，难免导致对比范围的不当扩大，甚至囊括了不属于著作权客体的内容。❸

因此，运用整体观感法判断两款游戏之间的相似程度，可以作为"抽象分离法"的补充，但是不能过度依赖，更不能省略在实质性相似中对游戏要素及内容的梳理、分析，并判断构成著作权保护客体与否的步骤。对网络游戏规则适用整体保护模式不代表仅一味对游戏作品整体进行笼统的相似观察，在个案裁判中依然需要对具体内容层层剥离，注意剔除当中无法受著作权保护的部分。正如张伟君教授所言："权利整体化并不意味着侵权判定笼统化"，时刻注意避免网络游戏整体保护变成"囫囵保护"，❹ 否则将带来一系列棘手问题。

---

❶ 浙江省高级人民法院（2019）浙民终 709 号民事判决书。

❷ 胡岩. 换皮游戏像不像，谁说了算——感觉测试法在实质性相似认定中的适用［EB/OL］. ［2023－11－12］. https：//mp. weixin. qq. com/s/0wdLDZW7G.

❸ 许波. 著作权保护范围的确定及实质性相似的判断——以历史剧本类文字作品为视角［J］. 知识产权，2012（2）：28－34.

❹ 张伟君. 呈现于视听作品中的游戏规则依然是思想而并非表达——对若干游戏著作权侵权纠纷案判决的评述［J］. 电子知识产权，2021（5）：66－76.

结　语

　　规制网络游戏抄袭行为的关键在于明确游戏规则的法律属性，本章深入探讨了游戏规则的可版权性问题。首先，不宜仅依据"游戏规则"的字面含义便将网络游戏规则一概归入思想领域，游戏规则中既有属于"思想"范畴的部分，也有受著作权保护的"表达"，应当正确适用思想表达二分法区分游戏规则中的思想与表达，明确网络游戏规则的法律性质，在此基础上，谨慎适用混同原则与场景原则，排除有限表达及标准场景，进一步划定著作权保护范围。其次，通过对"作品"构成要件进行逐一分析，就游戏规则的作品属性认定展开论述，明确游戏规则作为游戏设计的核心内容，是文学、艺术和科学领域内具有较高独创性的智力成果，并能以一定形式使玩家感知，可构成著作权法意义上的"作品"。最后，在澄清作品类型条款与作品定义条款关系的前提下，指出法定作品类型并非网络游戏规则的可版权障碍，在当前作品类型开放模式下，网络游戏规则无疑能够成为著作权保护客体。

　　在拆分保护模式之下，直接将网络游戏规则纳入文字作品保护范围的保护方式，易被规避，保护范围及力度均有限；计算机软件保护模式因实践中以计算机软件侵权为诉由提起的网络游戏"换皮"纠纷寥寥无几而不具有普适性；而将游戏规则"一刀切"地设立为独立作品类型则可能引发更多争议及困惑，亦不属于国际主流做法，可行性较低。在现行著作权法下，通过适用整体保护模式，将游戏整体画面认定为类电作品、视听作品，可在无形之中为游戏画面背后的游戏规则提供间接保护，既满足现实需求，同时更加契合游戏规则自身具有的"潜移默化"特性，可操作性强。2020 年修订的《著作权法》中，"视听作品"取代"类电作品"，可为网络游戏画面提供更加适宜的保护。为了更好地在司法实践中统一游戏画面认定标准，有关视听作品相关的定义解释等配套制度也亟须更新完善。

　　网络游戏规则的著作权侵权判定普遍采用"接触＋实质性相似"原

则，相比于"接触"要件的判定，判断两款游戏是否构成"实质性相似"的问题复杂而充满争议。实践中法官利用"抽象分离法"从游戏设计、研发制作等不同角度对游戏规则进行分层的做法日渐成熟，而仅抄袭部分游戏规则的非标准式"换皮"也提高了抽象分层的操作要求。"整体观感法"过于依赖主观言论，且强调从游戏整体出发，难免导致对比范围的不当扩大。因此，单一地适用"抽象分离法"和"整体观感法"各有不足，笔者建议应当以抽象分离法为主、整体观感法为辅，先抽象、过滤出游戏规则中可能受著作权法保护的表达，在此基础上结合普通观察者视角对是否存在侵权行为作出综合判定。

第七章　NFT 交易平台著作权侵权责任研究*

第一节　NFT 交易平台概述

一、NFT 技术的概念与特征

（一）NFT 技术的概念

NFT 技术是以区块链技术为基础而产生的新兴技术，表现为区块链上一组加盖时间戳的元数据。NFT 的全称为 Non – Fungible Token，中文翻译为"非同质化权益凭证"。此处的"非同质化"是相对于"同质化"而言的，"同质化"指的是可以相互替代，可以随意分割，比如人民币、比特币，它们同种类或不同种类之间无论怎样交换或替代使用都不会影响其自身价值。而运用 NFT 技术所产生的作品就好比演唱会门票，每个都是独一无二的，不能替代、不可分割，更不具有统一性，两张门票虽然样子和价值差不多，但门票上标注的位置肯定是有区别的。这种以非同质化为本质的 NFT 技术，是以区块链和智能合约作为其数字基础设施而发行，借助区块链的属性来标识的一种资产的所有权证明，它并不是数字作品本身。

文学艺术等作品通过 NFT 技术转换后便称为"NFT 数字作品"，提供"NFT 数字作品"交易的平台被称为"NFT 数字作品交易服务平台"，而

＊ 本章由冉新宇撰写，孙玉荣对其内容进行部分修改和删减。

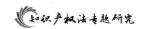

NFT 数字作品的产生最初就是用户将某个特定作品数字化上传至 NFT 交易服务平台，利用区块链技术生成唯一的序列号（身份编码），标识在数字化资产上，这个序列号就是该数字化资产的 NFT。

NFT 作品交易通过智能合约来完成，通过智能合约，作品被单独赋予编码，并且可以通过区块链技术来追踪和验证其权利的真实性，从而记录下作品的初始发行者、发行日期以及未来的流转情况等信息。❶

（二）NFT 技术的特征

1. 唯一性

唯一性，指的是 NFT 技术的应用使得数字作品具有独一无二的特性，这种特性可以使得作品不可替代。通过区块链技术，这些作品可以具有其特定的"数字身份证"，并获得其独特的标识，从而使其具有不可复制和不能随意传播的特性，每个不可替代的通证（数字身份证）都代表数字或现实世界中的某个对象，NFT 技术由于非同质化、不可拆分的特性，使得即使被代表的作品本身内容是相同的，但在 NFT 技术的角度下，也是不同的两个作品。

2. 不可篡改性

不可篡改性，是因为 NFT 的技术基础是区块链，区块链技术允许区块之间的数据交换，每个区块都包含上一个区块的哈希值，并且形成一个链接关系。因此，当一个区块发生变化时，其他区块也会相应地发生变化，从而使得区块链技术能够更加有效地实现数据交换和数据安全管理。只有超过50%的节点认证数据才会被添加或变更，而当区块链网络的节点有数十万、上百万个的时候，控制超过50%的节点所需要的成本非常巨大，以至于现实中将几乎不可能实现。

3. 可溯源性

可溯源性，是以其唯一性和不可篡改性为前提和基础的。NFT 数字作品的交易信息可以被及时准确地记录在区块链中，从创建到转手买卖，每

---

❶ 杨延超. 论数字货币的法律属性 [J]. 中国社会科学，2020（1）：40－41.

一步都有完整的记录，可以轻松查找到交易的起点和终点，形成一个完整的交易链，构成一个完整的区块链系统。拥有者和买家可以通过追踪已发生的交易行为，有效地防止假冒、盗窃等侵权行为的发生，从而保护双方的利益，维护市场的稳定性。

二、NFT 数字作品铸造交易的法律属性

NFT 数字作品就是将作品与 NFT 技术的数字形式相结合。NFT 数字作品所呈现的内容一般以文学艺术领域的作品为主，以数字形式展现出来，通过使用区块链技术对特定的作品、艺术品生成的唯一数字凭证，以保护其相应知识产权为基础，在特定 NFT 交易平台上实现真实可信的数字化发行、购买、收藏和使用。NFT 技术并不代表数字作品本身，而是一个对作品所有权的凭证。人们可以通过 NFT 技术明确一些信息，例如作品的著作权人、所有权人的信息，数字作品认证的时间戳信息或者该作品的交易价格等信息。

（一）NFT 数字作品铸造发布的法律属性

"铸造"或"上链"通常指的是用户在 NFT 交易平台上创作或发布 NFT 数字作品。用户在其账户中上传 NFT 数字作品、文件后，可以根据自己的需求设定不同的交易条件、交易价格、出售方式、出售时间，甚至设定在作品多次流转中可获得的版税率。设定完成后，选择交易的底层智能合约，智能合约可以看作承载交易双方合意的工具。最终，支付完 NFT "铸造"服务费，生成唯一的区块链智能合约编码，该 NFT 数字作品就真正意义上"铸造"完成了。

NFT 作品的铸造发布过程是涉及著作权问题的。从 NFT 数字作品最初铸造的过程来看，大部分 NFT 数字作品是来源于现实中已经存在的作品。国内各大 NFT 交易平台如腾讯、阿里、B 站等已经引入覆盖从文博到动漫、游戏等领域的众多 IP，外国尤其是日韩地区的互联网平台与游戏、动漫公司也在积极参与 NFT 与元宇宙的浪潮，其中不乏奥特曼、阿童木、龙猫、哥斯拉等著名动漫 IP。这些早已存在的艺术形象作品经过铸造上链便能成为在互联网平台发售的 NFT 数字作品。我国《著作权法》第 10 条第

1 款第（5）项规定：复制权，即以印刷、复印、拓印、录音、录像、翻录、翻拍、数字化等方式将作品制作一份或者多份的权利。这种将已存在的艺术作品通过 NFT 技术上链的数字化方式，无疑符合《著作权法》意义上的复制行为。所以，以此种方式铸造产生 NFT 数字作品应取得相应作品复制权授权。

在作品铸造上链的过程中，除了复制权，NFT 数字作品也可能会因为不能完整反映作品全貌而涉及作品的修改权、保护作品完整权。如果作品涉及改编，或者作品中有人物肖像，可能还会涉及作品的改编权、肖像权等。

（二）NFT 数字作品交易流转的法律属性

NFT 作品本质上属于"虚拟财产"而非"虚拟货币"。NFT 作品的所有权人，除最初创作者以外，对 NFT 产品享有的权利为"所有权"而非"著作权"。当一个数字作品被上传至 NFT 交易平台"铸造""上链"完成后，便会被特定化为一个可以线上买卖交易的"数字化商品"，此时便产生了一项受法律保护的财产权益。我国鲸探、阿里、幻核等 NFT 交易平台也在交易条款中直接或间接将 NFT 称为一种所有权的权利凭证，平台规则中也往往会直接约定买家并不享有 NFT 作品的任何知识产权（如著作权、商标权等），所以 NFT 作品的交易本质上是"数字商品"的所有权转移，NFT 数字作品所有权人对其享有占有、使用、收益、处分等权利。通过正常的交易，买方获得的是一项财产权利，而不是对数字作品的使用许可，也不是对其著作权的转让或授权。因此，NFT 数字作品在后续的交易流转的第二阶段中几乎不会涉及著作权问题。

三、NFT 交易平台的法律性质

NFT 交易平台根据不同交易模式、创作方面的差异，主要分为两大类。

一类是著作权人自己运营的发布平台，本书称为"自建平台"，平台方同时是创作者，创作者通过自有的平台创作、交易 NFT 作品，通过自有平台为用户提供作品展示、交流等；另一类是第三方交易服务平台，是国内外数量占比最多的平台类型，也是本书论述所主要针对的平台类型，后文所说的 NFT 交易平台都是指该第三方交易服务平台。此类平台中，平台用户自行在平台中上传 NFT 数字作品向公众进行展示，其他用户可以看到每个 NFT 数字作品的详细信息，包括作品内容、证书内容、流转过程和权利归属等，任何的交易记录都不能人为篡改，NFT 交易平台收取服务费或佣金来获取利益。

第一类著作权人自己运营的平台显然不存在作品上传者的著作权侵权问题，不必过多地探讨。而第二类，第三方的 NFT 交易平台的性质无非就是网络内容提供者或网络服务提供者，二者必居其一。

网络内容提供者主要负责将特定类型的信息传播至互联网，以便用户获取和使用。然而，一旦这些信息存在违反法律、侵犯著作权等行为，他们将面临相应的赔偿责任；根据《信息网络传播权保护条例》及司法解释规定，网络服务提供者一般指的是提供自动接入、自动传输、信息存储空间、搜索、链接、文件分享技术等网络服务的主体。这种网络服务提供者不会直接向网络用户提供信息或对信息进行组织、筛选和审查，只提供传输通道或者展示平台，相关内容由网络用户提供。

通常情况下，在第三方 NFT 交易平台中，NFT 数字作品及其内容均由平台用户提供，NFT 交易平台并不会对作品的内容提供帮助或参与制作，也不会主动选择某类作品并上载到自身平台供用户浏览，且 NFT 数字作品的买卖双方会形成网络销售合同关系，所以根据上述的相关法律规定，此时的 NFT 交易平台应属于网络服务提供者，而非网络内容提供者。

随着科技进步和互联网技术的不断发展，尤其是人工智能、区块链技术与算法的进步，类似于云服务平台、NFT 交易平台等网络服务提供者逐渐更深度地参与到作品信息的发布、传播当中，例如 NFT 交易平台会在数字作品的交易中获益，会限制用户的交易流转行为等。这种交易平台不像传统的网络服务提供者，比如京东、天猫等网络交易服务平台，它结合了新型的区块链技术和智能合约技术创造了数字作品交易的新型商业模式。

第二节　NFT 交易平台可能涉及的著作权侵权行为

现阶段数字作品在技术层面可以非常便利地完成 NFT 铸造，在发行和交易过程中也十分便于交付，再加上 NFT 作品的原始形象种类多样，包括美术作品、摄影作品、音乐作品等，在 NFT 技术和交易都十分火爆的局面下，NFT 技术的便利性、侵权收益高、侵权成本低等原因必然会导致侵权问题，可能涉及的主要有以下几种情况。

一、侵犯复制权

NFT 数字作品活跃在 NFT 交易平台主要分为两个过程。首先是上传作品，将数字作品铸造上链后，面向公众展示出来的准备阶段；其次是铸造者将 NFT 数字作品出售和作品后续转售的流转阶段。首先应当明确的是，在后续作品交易流转的过程中，买受人购买 NFT 数字作品时并不需要在自己的硬盘中下载该作品及复制件，铸造者也并不需要将该作品重新上传至 NFT 交易平台而形成新的复制件。通常情况下，在 NFT 数字作品交易完成后，NFT 交易平台会通过智能合约自动将该作品的所有权人转移为当前的买受人。所以，在后续交易过程中，都不会产生新的复制件，换言之，侵犯复制权的行为一般只会发生在前期的铸造上链阶段，并不会发生在后续作品交易流转的过程中。

我国《著作权法》第 10 条规定：复制权，即以印刷、复制、拓印、录音、录像、翻录、翻拍、数字化等方式将作品制作一份或多份的权利。2020 年最新修订的《著作权法》专门在复制权的定义中新增了"数字化"的复制方式。根据 NFT 技术的具体运行逻辑，在 NFT 数字作品铸造上链的准备阶段，作品数字化可以看作将原作品上传至云服务器的过程，这本身就是我国《著作权法》所规定的"复制"过程。行为人首先将作品上传至 NFT 交易平台，此时该作品的复制件已同步保存于平台网络服务器中，就相当于以数字化的形式将原作品制作成一份新的形式，此时形成的是以服务器硬盘为物质载体的作品复制件，属于"复制权"所控制的范围。如果作品本身属于我国《著作权法》保护范围，并且作品的著作权人与将作品 NFT 数字化的行为主体不是同一人的情况下，那么将作品铸造成 NFT 数字作品的行为就需要取得原著作权人的同意。

故对于没有超出著作权保护期限的作品，只要没有该作品著作权人的许可授权，即行为人没有取得相关著作权，就不能随意处置作品，更不能对相应作品进行二次创作。如果行为人没有征得著作权人的同意而擅自将作品制作成 NFT 数字作品并向公众展示与流转，无论行为人的目的是方便公众浏览观赏还是出售获益，该行为人都侵犯了原著作权人的复制权。

二、侵犯信息网络传播权

（一）NFT 作品受信息网络传播权控制

信息网络传播权，即以有线或者无线方式向公众提供作品，使公众可以在选定的时间和地点获得作品的权利。根据我国《著作权法》的规定，信息网络传播行为必须具备以下要素：传播的技术手段是有线或无线的；传播的对象是不特定的公众；获得作品的条件是可以在指定的时间和地点进行；获取作品可以通过浏览、播放、下载等方式。因此，除法律、行政法规另有规定外，未经授权，通过信息网络提供权利人享有信息网络传播权的作品、表演、录音录像制品，应当认定其构成侵害信息网络传播权行为。❶

从 NFT 数字作品铸造准备阶段的流程可以看出，NFT 数字作品在被"铸造""上链"后，便会公开在相应的 NFT 交易平台上，作品会直接在开放的网络环境中面向不特定公众进行交易、展示、流通，任何人都可以在选定的时间和地点通过支付对价和区块链智能合约的自动执行，获得该 NFT 数字作品。该行为符合我国《著作权法》规定的以有线或者无线方式向公众提供作品，使公众可以在选定的时间和地点获得作品的信息网络传播权的情形。

---

❶ 王江桥. NFT 交易模式下的著作权保护及平台责任［J］. 财经法学，2022（5）：20.

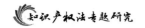

（二）NFT作品不受发行权控制

NFT数字作品交易流程可以更进一步分为以下三个过程：铸造—展示—交易。如上文所述，在铸造过程中会涉及对原作品上传至网络服务器的过程，主要涉及的是复制行为。在铸造完毕后进行"作品展示"的过程，基于NFT交易平台固有的公开性特征，会产生公众可以在平台中对该作品进行观赏、浏览的后果，此时主要涉及的是信息网络传播行为，而关于交易行为涉及的是著作权法意义上的信息网络传播权还是发行权，在学界引起了不小的热议。❶ 笔者秉持该行为受到信息网络传播权而非发行权控制的观点。

1. 发行权以有形载体为基础

我国《著作权法》第10条规定：发行权，即以出售或者赠与方式向公众提供作品的原件或者复制件的权利。比如作者写了一本书，将其授权出版社印制成书，再出售给读者，该著作权人行使的就是发行权，书就是作品的复制件。发行权用尽原则指的是作者第一次合法发行后，取得复制件的主体再进行后续发行流转的行为不会受到著作权的限制。

传统的数字作品交易流转与发行行为的明显区别在于，在没有NFT技术的作用下，数字作品不可能像现实有体物流转一样，始终保持交易对象的唯一性和特定性。换言之，在传统数字作品交易中，买方在购买该数字作品后，是通过下载至自身硬盘或服务器中以存储，买方和卖方很有可能拥有的是同一作品的不同文件，以此类推，每一次交易都会形成新的文件，所以传统的数字作品交易与发行行为有明显不同，很容易区别开来。而NFT数字作品交易与发行行为容易混同的地方在于，NFT作品与传统的数字作品不同，NFT作品基于区块链技术具有唯一性，买方与卖方在交易完成后通过智能合约将唯一标记的NFT作品登记在购买者名下，在此过程中并不会产生新的文件，更没有复制件的销售和赠与。因为该NFT作品一直保存在网站服务器上，只是该作品的虚拟财产权利人发生了变更，这种交易方式和现实中发行行为客体的唯一性高度相似。

---

❶ 王迁. 知识产权法教程［M］. 7版. 北京：中国人民大学出版社，2021：163–177.

笔者认为，虽然 NFT 作品基于唯一性的特征，其流转交易的行为外观与现实中的书籍、光盘等有体物的发行行为十分相似，但该行为仍然不能受到发行权的控制，更不能适用"发行权用尽原则"，我国"NFT 侵权第一案"的法院判决也印证了这一观点。❶

杭州互联网法院公开审理的我国"NFT 侵权第一案"中，法院认为 NFT 数字作品交易属于我国著作权法的信息网络传播权的保护范围，并且不适用"发行权用尽原则"。理由是根据《著作权法》第 10 条第 1 款第 6 项规定："发行权，即以出售或者赠与方式向公众提供作品的原件或者复制件的权利"，表明发行权限定为以有形载体为基础，主要是权利人转移作品载体所有权或占有的权利。而 NFT 数字作品主要是以无形载体形式在线上进行交易，所以其并不在我国著作权法"发行权"的约束范围。可见，杭州互联网法院以 NFT 数字作品"发行"并未产生承载作品的有体物载体所有权的转移的效果而否定了 NFT 数字作品交易属于发行行为。

发行行为必须以"有形载体"为基础的观点是来源于 1996 年《世界知识产权组织版权条约》中对发行权的规定：文学和艺术作品的作者应享有授权通过销售或其他所有权转让形式向公众提供其作品原件和复制件的专用权。其议定声明也规定："受发行权控制的复制件仅指可作为有体物投入流通的（已将作品加以）固定的复制件。"该条约直接明确将所有权转让作为发行权和发行权竭尽原则的基础。由此可以看出，有形载体只是作品固定于特定复制件的表现形式，作品固定于特定复制件是作品交易具有所有权转让效果的唯一可能的存在形式。

NFT 数字作品的"铸造"过程主要是将作品上传至相应的网络服务器，除上传服务器的行为会产生复制件，如前文所述，NFT 数字作品的交易过程是通过智能合约来实现的，所有数字作品都是在网络空间进行交易，每个流转的所有权人都是在自己的网盘中进行操作，并没有产生现实中作品有形载体所有权的转移，也不会形成任何复制件，自然不具有"发行权"的适用基础，也更不可能适用"发行权用尽原则"。❷

---

❶　张伟君，张林. 论数字作品非同质权益凭证交易的著作权法规制——以 NFT 作品侵权纠纷第一案为例 [J]. 中国出版，2022（14）：20 – 21.

❷　王迁. 论 NFT 数字作品交易的法律定性 [J]. 东方法学，2023（1）：10 – 11.

可见，虽然 NFT 数字作品交易对象是作为"数字商品"的数字作品本身，交易产生的法律效果表现为所有权转移，但因发行权的核心特征在于作品原件或复制件的所有权转让，即当前著作权法中的发行限定为有形载体上的作品原件或复制件的所有权转让或赠与，故未经权利人许可将 NFT 数字作品在第三方交易平台的上传出售行为尚无法落入发行权所控制的范畴。

笔者认为，NFT 作品铸造并不受制于"发行权"与"发行权用尽原则"的范围，除了如法院判决从法律条文角度来论证，也可以从适用目的角度来论证。因为"发行权用尽原则"适用的目的是避免著作权人与所有权人的权利冲突。当著作权人与所有权人不是同一人时，发布或流转物品的行为就会产生著作权与所有权的冲突，为了使所有权人可以正常行使处分权利，便制定出了"发行权用尽原则"来规制著作权人，在一定程度上避免著作权对所有权的过分干预。可见，著作权领域"发行权用尽原则"的适用基础是作品与其有形载体的不可分性，发行权针对的也是有形载体的所有权问题，因为只有存在有形载体，才会产生著作权与所有权的冲突。如果不存在有形载体，那么根本就不存在规制著作权人的现实可操作性。

2. 对发行权不应扩大解释

随着网络数字化的发展，复制的手段也逐渐多元化，"上传""下载"等顺应网络时代产生的"复制"行为开始取代传统印刷等复制手段，电子出版物也开始占据大量市场份额。基于此背景，很多学者主张将发行权的适用范围扩大至"网络发行"，突破发行权仅适用于有形载体的法律规定，进而可以利用"发行权用尽"制度平衡数字作品购买者与著作权人之间的利益。笔者认为基于 NFT 技术的特征与交易模式，针对 NFT 作品的交易，"发行权用尽"规则并不是唯一的管理方式，即 NFT 数字作品交易行为不必然适用"发行权用尽"制度。

一方面，NFT 数字作品的流转过程受制于智能合约，是基于购买者与权利人订立的合同来制约的。同时，智能合约突破了传统合同相对性，智能合约具有反复在同一 NFT 作品流转过程中适用的特性，其本身即具有调整转售行为的作用，也就是说，双方当事人完全可以在订立合约时明确约定，合约中涉及的著作权等权利义务可不经合同相对方许可转让于第三人，其效果与"发行权用尽原则"基本相一致，甚至比适用"发行权用尽原则"更加具有灵活性与自治性。

另一方面，NFT 数字作品作为权利凭证的流转过程，其本身已脱离著作权人以著作权加以限制的范畴，换言之，亦不存在权利人可通过著作权法加以限制流转的属性，则亦无须援引"发行权用尽"以调整。

"发行权用尽"规则不必然适用于 NFT 数字作品交易，更没有必要因为主张适用"发行权用尽"规则而对"发行权"进行扩大解释。综上所述，铸造者在 NFT 交易平台出售未经授权的 NFT 数字作品的行为，应认定为侵害作品的信息网络传播权。虽然有小部分 NFT 交易平台的部分数字作品不公开至所有人可见，只会在买方支付价款后才能得知其购买的具体作品，但有购买意愿的人仍然能够在其选定的时间和地点获得指定的作品，故也属于信息网络传播权的控制范围。❶

第三节　NFT 交易平台承担著作权侵权责任的法律基础

NFT 交易平台恶性炒作、虚假宣传等乱象屡见不鲜。NFT 交易平台在铸造发行数字作品时，会收取一定的"燃料费"和"版权流转费"，平台是否在获利的同时尽到了合理的著作权审查义务、是否构成间接侵权，也是值得讨论的问题。

国内平台在预防著作权侵权风险方面整体上还没有形成体系，对作品发布准入门槛较低，一旦出现侵权问题，如果平台不及时介入，智能合约的自动化运行和不可销毁性可能会导致侵权 NFT 作品在网络上广为流传，平台很难再制止其传播，导致被侵权人的损失不断扩大。在权利人有证据被侵权的情况下，平台很可能因为在著作权事前注意义务方面和后续工作不到位导致承担连带责任。目前大部分 NFT 交易平台在发生著作权侵权行为后，会履行"通知 – 删除"义务，但就算平台及时履行该义务，也并不

---

❶　马振华. NFT 著作权属性辨证——兼评我国"NFT 侵权第一案"[J]. 电子知识产权，2022（9）：5 – 6.

必然免除侵权责任。侵权 NFT 作品销毁后平台可能还会面临以下几种风险：一是平台可能会承担为侵权者及其 NFT 作品提供网络服务的帮助侵权风险；二是 NFT 作品买家可能面临的"财物两空"的不稳定风险，平台如果采取补偿措施，该损失便会转变为 NFT 交易平台的商业损失；三是平台的铸造手续费等费用是否超过比例等。

正因为目前平台侵权责任认定的判定标准、注意义务的范围差异化严重，会使得法官自由裁量权扩张，出现类案不同判等问题，所以 NFT 交易平台的事前注意义务、必要措施等有效预防侵权风险行为方面也需要制定一个相对具体的标准来判断，这种判断标准会一定程度影响平台著作权侵权责任的认定，故本书将在后文主要论述 NFT 交易平台承担著作权侵权责任的法律基础与具体评判标准。

一、NFT 数字作品受著作权法保护

判定 NFT 交易平台是否承担侵权责任的前提，首先是交易对象受到我国著作权法保护，目前 NFT 技术所衍生出的数字作品，根据其产出方式的不同分为一般的数字化作品和 NFT 自动生成作品两大类。❶

（一）数字化作品

数字化作品，顾名思义，就是通常情况下，将现实存在的作品通过在 NFT 交易平台上复制铸造上链的方式变为数字化形式的作品类型。

我国《著作权法》第 3 条规定："本法所称的作品，是指文学、艺术和科学领域内具有独创性并能以一定形式表现的智力成果。"判定 NFT 数字作品是否符合我国法律规定的"独创性"标准，主要就是判定被 NFT 化之前的作品是否符合该标准。此种类型的 NFT 数字作品一般都是平台用户为了交易的便利性或作品的收藏价值，将已符合独创性标准的艺术作品铸造成 NFT 作品的形式，实质上整个铸造过程并没有改变作品的内容，只是改变了作品的表现形式，所以即使作品的展现类型转化为 NFT 形式，其本

---

❶ 汪子媛，李明发. NFT 数字作品交易平台著作权侵权责任探析——以国内"元宇宙侵权第一案"为例［J］. 中国科技信息，2022（22）：19－21.

身具有的独创性也依旧存在，始终受到《著作权法》的保护。❶

（二）NFT 自动生成作品

NFT 技术本身并不保证其内容满足作品的独创性，NFT 本身并不构成一个作品，大部分铸造 NFT 的过程也不是一种具有独创性的活动，只是把已有的内容铸造成 NFT 上链发行，如果仅仅是将已存在的数字作品上链，这个过程并不会产生新的作品。但与之不同的是 NFT 最具有代表性的自动生成作品，它的出现可能会给作品的独创性判断带来很大挑战。❷

自动生成艺术指的是创作者利用计算机程序、一系列自然语言规则、机器或其他发明物，按照一定的规则进行创作的艺术。创作过程具有自发性与随机性，而该过程的直接或间接结果是一个完整的艺术作品，这个作品表面看起来似乎是由计算机程序按照特定规则自动随机生成的。由此笔者对自动生成作品概括出几个特点：其一，主客体的转变，该种作品的创作者不局限于人，可能还会包括自然、机器、程序。其二，创作的过程和结果部分可控，不是全部人为控制。其三，随机性、必然性与偶然性相结合。

从程序的复杂性看来这是一个耗时耗力的过程，但在相应程序已经十分完备并且创作者已经熟练运用的情况下，只需点击几个按键或运行程序，想象中的图像就可以马上生成。目前 NFT 自动生成作品一般分为算法生成和拼接图片两种。比如现在大热的 NFT 头像来说，除了创作者自己手绘的头像，很多 NFT 头像都是通过算法和脚本的方式来将各种元素组合而生成的。比如创作者自己设计了 3 张脸、3 个发型和 3 个道具，就能通过拼接的形式自动生成 3 × 3 × 3 即 27 张图片，倘若继续往里面添加不同的元素，就可以得到更多的头像，并且每一张都是不一样的。而很多批量制作的 NFT 头像就是将组合头像的元素准备好，利用算法或脚本进行随机拼接，就能快速生成几万张相似但不同的数字头像。最后将这些数字头像上

---

❶ 宋珊珊. NFT 数字作品版权规则的解析与适用 [J]. 《上海法学研究》集刊，2022，11：67 – 72.

❷ 徐棣枫，谭缙. 元宇宙时代馆藏资源运营的法律风险与合规问题 [J]. 东南文化，2022（3）：163.

链制作成 NFT 作品，就会根据各个元素数量设定的情况被赋予不同的稀有属性。也有通过各种方式将智能程序和人类创造相结合的，这种 NFT 数字作品是区块链技术应用于艺术文化领域的结果，NFT 作品中毫无疑问体现着创作者的主观意识、思想表达，包含着创作者的艺术品位和对作品形象把控、具体内容的思考。而此类创生 NFT 作品除了包含创作者自我主观想法，也兼具区块链技术应用的属性，创作者在内心构想完成后，通过 NFT 区块链技术将想法付诸实践，将思想以代码、程序的形式表达出来，生成最终作品，因此 NFT 自动生成作品兼具艺术性和技术性两种属性。这种自动生成技术相对于传统的创作手法要更精确，运用此技术进行创作非常方便，尤其在基础程序代码已经成熟时，往往创作者只要修改个别代码，就会生成不同的作品。最重要的是，这种生成技术可以让创作者在创作作品时反复使用自己喜爱的色彩、构图等主观喜好，从而更容易产生一系列作品的自我风格，成为创作者自身的艺术标志，提高作品和创作者的自身价值，这比传统创作方法有很大的优势和进步。但如何区分该种"作品"是程序随机地自动生成还是人的主观创造，是否要考虑人们主观介入其独创性的程度，是一个极其复杂且极具争议的问题。我们不能因为 NFT 自动生成作品的创作过程具有技术性而否认其艺术价值。著作权法保护的作品并没有排除人类遵循一定的规则或者利用计算机程序作为辅助工具而进行的智力创作。通过对自动生成技术的了解可以看出，这种创作行为实质上是由创作者支配、利用此技术进行创作的，该技术创作的作品虽然有一定随机性，但明显不同于计算机自动化程序，其具有"人类化"的设计，并非单纯进行信息拼凑。这种创作过程仍由创作者自己主导，体现创作者的意志与选择。因此，只要自动生成作品的创作过程涉及创作者的主观思想，有创作者的付出和劳动，并且本身符合"作品"的客观性，就应受到著作权法保护。

目前，NFT 自动生成作品和完全由创作者自己创作的作品无法通过外在因素进行分辨，如果按照生成作品不受著作权法保护的观点，使用 NFT 生成技术创作作品的人直接对外声称自己是该作品的创作者，该作品就受保护；如果如实告知其使用 NFT 生成技术的真实情况，该作品就不受保护。那么，这种判断标准就过于随意且没有实践操作的意义了。因此，只要自动生成作品有独创性，就应当平等地受著作权法的保护。

二、NFT 交易平台侵犯著作权的认定

NFT 交易平台的著作权侵权行为有直接侵权和间接侵权两种。直接侵权是指未经著作权人许可，NFT 交易平台以自己名义或联合他人等形式主动上传侵权作品。通常情况下 NFT 交易平台基于其服务特征不会主动自行上传作品，所以对直接侵权问题，本书不作过多讨论。下文讨论的是间接侵权。

间接侵权，通常指的是行为主体没有实施直接侵权行为，但为直接实施侵权行为提供了帮助或便利。该行为在 NFT 交易平台中表现为，NFT 交易平台作为提供技术服务的网络平台，在明知或应知存在侵权行为的情况下，未及时采取删除、屏蔽等必要措施，或者是为其提供技术措施。因为间接侵权的行为不直接侵犯著作权人的专有权利，所以著作权人通常不能直接控制这种行为。在司法实践中，引入间接侵权的概念是为了弥补直接侵权行为得不到法律控制或著作权人的救济不足的情况。一般来说，间接侵权是建立在直接侵权行为的基础上的。因此，要对 NFT 交易平台的"间接侵权"进行分析，首要条件是必须清楚地了解用户是否进行过直接侵权行为，如抄袭、剽窃原著作权人的作品等。只有当 NFT 交易平台知道或理应知道这一行为且并未采取制止措施，导致侵权情况持续存在时，才可以认定该平台构成间接侵权并承担相应责任。❶

NFT 交易平台作为网络服务提供者，其间接侵权责任的构成要件包含以下四个要件：侵权行为、主观过错、损害事实、因果关系。在 NFT 交易平台的著作权间接侵权责任认定中，损害事实和因果关系要件一般不存在争议，但主观过错和侵权行为要件需要明晰。

认定 NFT 交易平台具有间接侵权的主观过错，包括"明知"和"应知"两种形式。"明知"是指 NFT 交易平台明确知道存在侵权作品，但仍积极传播或不加干预；"应知"指的是 NFT 交易平台没有尽到应尽的义务，从而推定其有过错。在侵权行为方面，认定 NFT 交易平台是否存在间接侵

---

❶ 李依琳. 对 NFT 著作权侵权问题的研究 [J]. 电子知识产权，2022 (7)：14.

犯著作权的行为，需要判定该平台是否采取了应当采取的"必要措施"。比如在发生侵权行为的情况下，平台是否及时采取了通知－删除等措施防止损害结果扩大的行为，下文着重就 NFT 交易平台应当采取的"注意义务"和"必要措施"进行探讨。

（一）传统"通知－删除"规则不适用于 NFT 交易平台

传统"通知－删除规则"的设立目的是平衡著作权人与网络服务提供者的利益，有助于保护网络服务提供者免于承担过高的责任，如今却出现 NFT 交易平台作为网络服务提供者利用"避风港规则"，故意放任侵权行为以吸引平台用户，并从中获利的现象。在信息技术快速更新迭代的当下，平台方只需要花费较少的成本就可以发现是否存在侵权作品，如果再秉持着传统的"通知－删除"措施就可以免责，那么会进一步助长侵犯著作权的行为。目前，理论界和实务界对"避风港规则"应如何根据信息科技的发展而进一步解释与适用存在争议。

深入了解和研究 NFT 交易平台的运营和盈利模式之后，可以发现它与传统的网络平台服务提供者并不完全相同。在 NFT 作品的交易过程中，NFT 交易平台除了提供服务之外，还担任了参与者的身份，它会更深度地参与作品信息的发布、传播，NFT 交易平台的出现创造出数字作品交易的新型商业模式，这种新型商业模式明显超出了《信息网络传播权保护条例》及司法解释所规定的一般网络服务提供者的行为范畴，所以 NFT 交易平台虽然属于网络服务提供者，但其所承担的责任和注意义务应远远超出一般网络服务提供者的范围。我国杭州互联网法院对"我不是胖虎""NFT 侵权第一案"的判决就是很好的例证。

2022 年 4 月 20 日，杭州互联网法院公开审理了一起关于"我不是胖虎"系列作品著作权侵权案件。[1] 原告声称自己拥有"我不是胖虎"系列作品在全球范围内的独占著作权，发现被告经营的"元宇宙"平台上存在一些用户铸造并发布《胖虎打疫苗》的 NFT 作品，这些作品与原告在微博上发布的插图作品完全一致，甚至在右下角还带有作者的微博水印。原告

---

[1] 浙江省杭州市中级人民法院（2022）浙 01 民终 5272 号民事判决书。

声称，NFT 交易平台的行为侵犯了其信息网络传播权，因此提起诉讼。法院审理表明，涉案《胖虎打疫苗》作品铸造后，右下角带有"不二马大叔"的微博水印，可见被控侵权信息较为明显，然而平台没有履行必要的注意义务，既没有要求用户提供作品权利人的初步证据，也没有审查该注册用户与涉案作品上署名的"不二马大叔"之间的关系，更没有要求注册用户证明两者具有同一性或者作出合理解释。因此，被控平台对被控侵权事实主观上构成应知，存在过错。在上传被控侵权作品的用户构成侵权的前提下，被控平台作为新型网络服务提供者未能尽到审查义务，且知道也应当知道网络用户侵害相应著作权却未能及时采取有效制止侵权的必要措施，存在主观过错，故应当承担相应的帮助侵权责任。由此可见，该案的主审法官秉持着 NFT 交易平台不能仅采取通知－删除措施而援引"避风港规则"免责的观点。NFT 数字作品交易平台应当承担更高的著作权审查义务，以确保其著作权的合法性和真实性，并采取有效措施防止侵权行为的发生。与传统网络服务提供者相比，NFT 数字作品交易平台应当加强著作权来源的审查，以确保其拥有合法的许可授权。

（二）"注意义务"的界定

NFT 技术所开创的新兴应用场景，除使数字作品本身具有更高的流通与收藏价值，还更有利于保护权利人的合法权益，最主要的是很大程度上消除了交易主体之间的不信任感和交易的不安全性，从而构建一种全新的网络交易诚信体系。❶ 智能合约技术的出现使 NFT 交易平台中的每次交易都是通过智能合约技术由代码自动触发执行，所以如果 NFT 交易平台上的数字作品本身具有著作权瑕疵，或者流转过程中损害了第三人的合法权益，那么通常会在短时间内损害多个善意流转人或交易方的权益，对于数字作品交易的秩序和信任机制会有毁灭性的打击，会降低交易主体的积极性，从而不利于 NFT 技术构建的新型交易模式的发展。

如前文论述，当发生 NFT 数字作品侵犯著作权的行为时，NFT 交易平台的通常操作是通过将 NFT 的智能合约地址打入区块链的"地址黑洞"来

---

❶ 李依琳. 对 NFT 著作权侵权问题的研究 [J]. 电子知识产权，2022（7）：20.

完成对这个 NFT 数字作品的销毁或回收。但基于 NFT 作品的虚拟财产属性，会导致 NFT 作品的买家（所有权人）已经买到的 NFT 作品被销毁，最终的所有权人可能会面临财物两空的窘境。由于 NFT 技术目前难以对铸造者进行身份认证，侵权人难以确定、侵权行为难以控制的局面经常会发生。如果发生了 NFT 数字作品侵犯著作权的行为，法律救济就会相比传统的网络服务平台更加困难。如果采取传统的"通知－删除"规则，NFT 交易平台不履行更加严谨的著作权审查义务，不但减少了发现著作权侵权行为的可能性，即使发现了侵权行为，权利人也只能在有足够证据证明的情况下，才能追究侵权行为的法律责任。这显然无法满足当今时代著作权保护的迫切需求。

除发生 NFT 侵权的后果比较严重，从 NFT 交易平台的盈利模式来看，该平台也需承担更高的著作权审查义务。如今大部分 NFT 交易平台的盈利模式以手续费为主，其次是 GAS 费差价，平台用户卖出 NFT 作品需要向平台交手续费。例如 NFT 中国 Bigverse 平台交易条款中明确规定：在二级市场上出售作品，出售人需向 NFTCN 平台支付 GAS 费及作品售出价格一定比例的佣金，以及需要向作品发布方支付作品出售差价的一定比例作为版税。可见，NFT 与传统的电子商务平台有着本质的区别，它不仅是一个收取会员费的网络服务平台，而且是直接通过佣金等方式从平台的 NFT 数字作品交易中获得利益。《最高人民法院关于审理侵害信息网络传播权民事纠纷案件适用法律若干问题的规定》第 11 条第 1 款规定："网络服务提供者从网络用户提供的作品、表演、录音录像制品中直接获得经济利益的，人民法院应当认定其对该网络用户侵害信息网络传播权的行为负有较高的注意义务。"NFT 交易平台的盈利模式显然符合上述的规定范围，所以 NFT 交易平台的获益程度理应与承担的义务成正比，相比一般的网络服务提供平台负有更高的著作权审查义务。❶

目前很多 NFT 交易平台都不会主动审查作品的原始著作权是否具备真实性，导致后续侵权事件屡屡发生，造成无法挽回的后果，所以事前的著作权审查尤为重要，可以降低用户投资风险和交易信用风险。NFT 交易平

---

❶ 王江桥. NFT 交易模式下的著作权保护及平台责任 [J]. 财经法学，2022 (9)：42－153.

台的著作权审查义务应属于实质审查，不能仅局限于形式审查，其包含作品本身内容合法和作品不侵犯他人的著作权两方面。

根据《互联网文化管理暂行规定》，互联网文化单位必须建立完善的自我审查机制，设立专门的部门，并指派专业人员对其内容和活动进行全面检查，以确保其合法性。NFT交易平台必须确保其作品符合法律规定，并且在审查过程中严格禁止任何形式的宣扬淫秽、色情、赌博、暴力或者教唆犯罪的行为，以及任何可能危害社会公德和民族优秀文化传统的行为。除此以外，还要对需要铸造的作品进行著作权合法性的审查，主要包含以下几个方面：

（1）对于原创作品，要审查铸造用户在制作该NFT作品时所涉及的有关素材是否取得了权利人的授权，有没有超出授权范围。这就需要该铸造用户提供相应的涉及著作权底稿、原件、合法出版物、著作权登记证书、认证机构出具的证明文件等初步证据确保铸造人有著作权。

（2）对于非原创作品，要审查铸造用户是否获得了原著作权人的授权，以及对作品的使用是否超出了授权范围。这种当铸造者与著作权人不是同一主体的情况，要确保其提供原著作权人的授权文件。在审查过程中还要注意是否存在原著作权人的禁止使用声明。

笔者认为，以上做法并不会要求NFT交易平台承担过高的履行成本，只有NFT交易平台主动尽到了以上著作权审查义务，在司法判定中才可以视作没有主观过错，进而不认定为间接侵犯著作权。

（三）"必要措施"的界定

1. "必要措施"应具备及时性和有效性

"及时性"指的是网络服务提供平台应该及时采取措施防止侵权行为进一步扩大，从而避免对著作权人造成更大伤害。针对NFT交易平台，基于其自身技术的特征，一旦侵权行为扩大至一定程度，便会造成难以弥补的损害后果。所以在探讨"必要措施"时，"及时性"一定是重中之重，NFT交易平台在知悉存在侵犯著作权行为后所采取的"必要措施"，应尽可能避免拖延导致侵权严重化，并在其信息管理能力的范围内有效地控制侵权。

依据最高人民法院《关于审理利用信息网络侵害人身权益民事纠纷案件适用法律若干问题的规定》第 6 条，人民法院认定网络服务提供者采取的删除、屏蔽、断开链接等必要措施是否及时，应当根据网络服务的性质、有效通知的形式和准确程度，网络信息侵害权益的类型和程度等因素综合判断。由此可见，"及时性"并不要求具有公式化统一的时间期限，其最终确定还需结合多种要素进行具体分析。

"有效性"是指网络服务提供者采取的救济措施，在应对著作权侵权行为时，必须能够实际有效地防止侵权行为的进一步扩大。在制止侵权行为时，最常见的就是采取"屏蔽、删除链接"的行为，"删除"虽然有助于防止侵权行为的扩大，但不能确保完全解决问题，如果"删除"行为并不能防止侵权行为的继续和侵害后果扩大，那么该措施就不符合必要性的条件。❶ 对于侵权较严重的行为，需要判定平台实施的"必要措施"是否具有彻底性，是否可以真正保护著作权人的权益。反之，如果仅仅是比较轻微的侵权，那么平台即使不采取"删除"措施，也可以阻止侵权行为，此时所采取的其他措施也具有"有效性"。

2. NFT 交易平台应当采取的"必要措施"

随着互联网、区块链技术的发展，传统的救济措施也应当随之不断完善，从最开始的通知、删除、断开链接扩展到后来警告、限制行为、封号等措施，使得救济措施更能适应不同的侵权场景。由于 NFT 交易平台的交易模式往往是借助智能合约和区块链技术自动执行，平台很难直接介入 NFT 作品的交易过程，所以 NFT 交易平台在接到著作权人投诉后，需要及时通知涉嫌侵权作品的网络用户，并在判定其确实侵犯权利人的著作权后，利用自身技术将该侵权 NFT 数字作品在区块链上予以断开并打入地址黑洞的方式达到停止侵权的效果。除此以外，警告、限制用户之类的惩罚措施也应根据具体的侵权程度而适当施行。

NFT 交易平台履行事中保护著作权的监督义务也可以在一定程度上减少侵权行为的发生。数字作品的形式多种多样，NFT 交易平台作为网络服

---

❶ 王清，陈潇婷. 区块链技术在数字著作权保护中的运用与法律规制［J］. 湖北大学学报（哲学社会科学版），2019（3）：11.

务提供者，应当根据铸造者需求、不同的作品类型和展现形式，分类拟制各种不同种类的合约模板，最大程度实现用户的需求和作品价值的最大化。该合约中需要明确权利归属，例如对于 NFT 数字作品的出售，著作权人保留著作权或者著作财产权随 NFT 数字作品一同转让；出售行为中是否包含对行使特定著作财产权行为的许可等事项。通过实名认证，平台还可以有效地保护参与数字作品交易的主体的个人信息和交易记录，并对价格异常波动进行实时监测，从而有效降低市场炒作风险，确保交易的安全性和公平性，并通过根据需要建立作品的数据库、与第三方权威机构合作等方式，保证审核作品著作权的便利性和专业性，最大程度帮助著作权人维权。

（四）不可用免责声明排除责任

目前实践中存在一些 NFT 交易平台试图通过免责声明降低著作权侵权风险、撇清自己侵权责任的情况。有的 NFT 交易平台会在与用户之间的协议中声明，它们并不承担 NFT 作品的著作权保护义务，也不为此承担侵权责任。很显然，这些免责声明并不合理。

NFT 交易平台在数字作品的创作和流通过程中发挥着至关重要的作用，它们拥有对数字作品的较大控制权，并且可以从中获得相当可观的收益，NFT 交易平台理应承担起保护著作权的责任，以确保数字作品的创作和流通过程不受侵犯。因此，如果有明确的证据表明，是因为平台方的过失而导致其他相关方的利益受损，那么平台方必须承担相应的责任，而不能仅仅依靠免责声明来逃避责任。除此之外，我国《民法典》规定，合同中的免责条款免除因故意或者重大过失造成对方财产损失的无效。格式化的免责条款，不得不合理地免除条款制作人的责任、加重对方的责任、排除对方的主要权利。作为格式条款制作者的 NFT 交易平台，不得不合理地免除 NFT 作品在交易时发生风险的责任。❶

---

❶ 张伟君，张林. 论数字作品非同质权益凭证交易的著作权法规制——以 NFT 作品侵权纠纷第一案为例［J］. 中国出版，2022（14）：16.

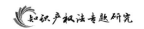

第四节 我国 NFT 交易平台著作权侵权责任的完善路径

本节主要对我国 NFT 交易平台的著作权侵权责任，尤其针对平台著作权审查义务、必要措施的明确与侵权损害赔偿的判定标准等问题提出相应的完善建议。

一、完善著作权间接侵权的立法体系

（一）明确规定 NFT 交易平台的著作权间接侵权责任

目前我国《著作权法》对网络服务提供者的著作权间接侵权责任没有明文规定，导致司法实践中对著作权间接侵权案件没有统一的裁判标准。笔者认为我国可在立法中逐步完善对 NFT 交易平台等网络服务提供者著作权间接侵权的认定。例如通过规定其客观行为来认定其是否具有"主观过错"，比如平台是否通过直接侵权人的侵权行为直接获益；平台是否已经通过技术手段察觉侵权行为但选择不作为等。

结合我国网络发展现状与新型网络服务平台的类型，明确我国 NFT 交易平台等网络服务提供平台著作权间接侵权的判定标准，完善有关著作权间接侵权的相关法律规定，并通过司法实践检验，在司法解释中不断完善，❶ 使法官在审理有关 NFT 平台著作权间接侵权的司法案例时，有足够完备与统一的裁判依据与判定标准，从而保护著作权人的合法权益，促进我国数字文化行业健康发展。

（二）引入著作权共同侵权下的"替代责任"

替代责任源于美国，美国法院将替代责任制度引入著作权侵权责任判定领域，将"控制力"和"直接获益"两个要件作为适用替代责任的核心，当网络服务提供者对于著作权保护具有明显控制力或其直接从著作权

---

❶ 刘雅婷. 短视频平台版权纠纷间接侵权责任的认定 ［J］. 电子知识产权，2020（9）：42-53.

侵权行为中获利时，无论有无证据证明其是否具有主观过错，都需要承担侵权责任。

NFT 交易平台等新型网络服务提供者的出现，将传统"通知－删除"规则意图达到的"利益平衡"打破，该类新型网络服务提供者拥有相当的技术能力和经济实力，能够承担也应当承担著作权侵权的替代责任。在我国《著作权法》或《著作权法实施条例》中引入"替代责任"制度，相较于目前在侵权责任领域的帮助侵权、教唆侵权认定模式，可以帮助被侵权人在司法实践中减轻对网络服务提供者具有"主观过错"的举证压力，可以在网络服务提供者未明显对侵权行为产生教唆、帮助作用而难以认定其是否具有主观故意时，直接要求其承担共同侵权下的"替代责任"，使著作权人和交易平台在利益分配、公共资源获取以及市场主体运营角度达成新的利益平衡，在法律逻辑上也可以实现闭环，缓解目前法律规范中的欠缺与底层逻辑的冲突。

二、NFT 交易平台著作权审查义务的完善建议

（一）适用可预见性原则完善平台过错认定标准

"可预见性原则"是指在违约损害赔偿中，合同当事人一方因违约给另一方当事人造成损害，违约方只就在缔约时预见到或者应当预见到的因违约将造成的损失负赔偿责任，超出该预见范围的损失则不予赔偿。

在判定 NFT 交易平台是否对侵犯著作权行为尽到"注意义务"和是否具有主观过错时，对侵权行为是否"应知"的界限应该明确，可以适当参考"可预见性原则"，不能浅显地认为只要 NFT 交易平台采取了一定的预防措施，其就不存在过错，不需要承担责任。NFT 交易平台对著作权侵权行为是否具有"可预见性"，应根据"理性"的大众标准来评判，这样才能更加客观地评估 NFT 交易平台是否具有主观过错，构成侵权行为。

可预见性原则要求 NFT 交易平台方应当尽到"理性管理人"的注意义务，首先需要了解网络服务提供者整体的行业特征，具体到个案中，则需要考虑不同平台类型的差异性，例如平台的技术、能力、知名度等。在此基础上，再明确 NFT 交易平台对于著作权侵权行为"应知"的范围。显

然，NFT 交易平台的技术能力对注意义务存在明显影响，不同于普通意义上的网络服务提供者，其在著作权审查方面的技术优势非常明显，为此 NFT 交易平台在履行注意义务方面还需达到所在领域整体的专业技术水平标准要求。

（二） 建立一体化的平台著作权事前审查机制

2019 年欧盟理事会批准的《数字化单一市场版权指令》第 17 条规定平台需要承担主动审查的"过滤义务"，开创了平台著作权事前审查机制的先河。国外很多 NFT 交易平台在著作权事前防范方面，逐渐开始创设 NFT 铸造准入和发行门槛，力争在 NFT 作品上链前先行判断从而尽可能地预防侵权风险。有的平台会要求用户在铸造上链时提交资料证明自己是著作权人，有些还尝试开发图像识别和其他工具以快速准确识别抄袭剽窃内容，有些设置了相应的作品著作权检测功能，比如通过将待检测 NFT 数字作品与数据库中的多个图像作品特征进行对比，得到相似度，如所述待检测 NFT 作品与数据库中的任意一个图像作品的相似度大于预设相似度阈值，则确定所述待检测 NFT 作品侵权。我国也可以此为鉴，建立一体化的平台著作权事前审查机制。在 NFT 作品所涉及的著作权纠纷中，应根据不同平台的技术程度、运营内容、知名度、规模大小、损害后果等差异，划分出不同的平台类型，因为这些因素会影响平台对侵权作品的判断能力，最后根据不同的平台类型明确不同程度的著作权"审查义务"标准。例如大规模的 NFT 交易平台，往往有可能几乎达到行业垄断的程度，著作权审查的技术往往也会更加先进与便捷，那么该类平台就应承担更高的社会责任和更多的著作权审查义务。在平台的著作权"审查义务"上升为法定义务时，前文所论述的 NFT 交易平台是否应当承担更高注意义务的问题便可迎刃而解。

（三） 构建新型 NFT 作品授权机制

除平台用户单独进行 NFT 作品的铸造交易，NFT 交易平台也可以尝试统一采购 NFT 作品，打造平台作品素材库的模式。该模式可以很好地解决数字作品难以获得授权与平台内著作权侵权行为频频发生的问题。结合 NFT 交易平台与作品交易模式的特点，由平台方牵头构建一种创新性 NFT

作品著作权授权机制。

例如，美国 YouTube 平台就在尝试平台统一采购视频作品的著作权，然后以收费方式创设平台账户的视频授权素材库，很大程度上减少了作品侵权事件的发生，平台以身作则从源头切断了侵犯著作权的可能性。NFT 交易平台作为新型网络服务提供者，可以学习借鉴该模式，加大对平台作品授权的资金投入，尽快创建平台统一管理的授权作品素材库。在平台统一管理的素材库创建后，用户也可以将自己要铸造出售的 NFT 作品上传至该素材库中，NFT 交易平台通过算法将用户上传的作品与素材库中的作品进行对比，若检测出存在侵犯著作权的风险，平台可以及时通知相关著作权人，由著作权人作出相应反馈。

三、平衡 NFT 交易平台自治与著作权保护的关系

NFT 交易平台作为新兴网络服务提供者，应承担更高的保护著作权义务和责任，但为了避免 NFT 交易平台因此被过分限制发展，应当在法律制度中，同时赋予平台一定的自治权利，为他们提供更多的选择空间和模式路径，以便他们能够根据自身的交易模式、技术水平和服务特点等因素，采取有效措施来防止侵权行为，充分发挥 NFT 平台在著作权侵权治理中的特殊地位和关键作用，更好地实现著作权人与平台自身的利益平衡。例如，NFT 平台可以根据情况采取相应的措施，如警示、限制流量、冻结账户和加入黑名单。同时，NFT 交易平台也应该在线上交易治理体系中发挥协同作用，促进其自主探索实现著作权保护的途径和规则。❶

NFT 交易平台可以制定并公开平台服务管理规则和平台公约等制度，以规范自身行为和维护著作权人的合法权益。这些规则和公约可以涉及平台的用户审核、交易规则、内容管理等方面。例如，平台可以要求上传的数字作品必须符合相关规定，禁止上传侵犯著作权的作品，以保护著作权人的合法权益。同时，平台可以规定用户的行为准则，制定惩罚措施等，以保证平台服务的规范性和可靠性。这些规则和公约的制定和执行可以在一定程度上维护著作权人的合法权益，也可以避免过度限制平台的自主发展。

---

❶　司晓. 区块链非同质化通证（NFT）的财产法律问题探析［J］. 版权理论与实务，2021（7）.

　　NFT 交易平台可以采用数字技术和管理手段，加强自身的著作权保护能力。数字水印技术等数字技术可以对上传的数字作品进行标记，以便于监测侵权行为的发生。同时，平台还可以加强管理，建立自己的监测和应对机制，及时处理侵权事件，并制定相应的惩罚措施。

　　NFT 交易平台可以积极参与著作权保护的行动。平台可以加强与政府、著作权组织和其他相关机构的合作，积极探索和推动数字艺术和数字资产产业的可持续发展，为整个行业的著作权保护和发展作出贡献。在保护著作权人权益的同时，也可以维护平台的健康发展。通过制定规则、采用数字技术和管理手段以及积极参与著作权保护的行动，NFT 交易平台可以更好地履行保护著作权人权益的责任，同时也能够在自主发展的基础上，为数字艺术和数字资产产业的发展作出贡献。未来，NFT 交易平台可以继续探索和尝试不同的自治权利方案，以实现著作权保护和平台自主发展的双赢。

结　　语

　　NFT 技术的出现使得数字作品被赋予新的特征，交易平台也产生了新的运营模式，NFT 交易平台作为新型"网络服务提供者"的出现，对传统著作权制度产生重大影响。数字时代对著作权法的最大冲击，在于它彻底改变了作品复制和传播的方式。因此，相应的法律制度，特别是著作权制度，需要不断进行自我调整和自我革新，从而厘清和细化网络服务提供者保护著作权的权利义务。

　　研究 NFT 交易平台在著作权领域间接侵权责任问题的核心在于明晰 NFT 交易平台的侵权构成要件，特别是 NFT 交易平台著作权侵权中"注意义务"以及"必要措施"的认定。一味加重 NFT 交易平台的著作权侵权责任并不是解决所有 NFT 交易平台与权利人之间著作权侵权纠纷的有效途径，在今后的立法和司法实践中，进一步完善相关法律制度的同时，应鼓励更多的网络服务提供平台积极开展与权利人之间的合作，共同抵制著作权侵权行为，共享繁荣有序的信息网络环境。

第八章　商标恶意注册行为的法律规制研究[*]

第一节　商标恶意注册行为概述

一、商标恶意注册行为的概念和特征

（一）商标恶意注册行为的概念界定

商标恶意注册行为是指行为人在进行商标注册申请时，违反诚实信用原则，明知自己的行为可能会损害他人权益或者损害社会公共利益、破坏商标正常注册经营秩序，为谋取不正当利益而故意为之的一种商标注册行为。商标恶意注册行为包括商标恶意囤积行为和商标恶意抢注行为等恶意注册商标的行为。"恶意"一词一般指主观方面的一种故意、恶性的心理状态。恶意与善意相对，是指实施相关行为时违反诚实信用原则，为谋取不正当利益而进行的一系列损害他人商标权益或者损害社会公共利益，甚至破坏商标正常秩序的行为时主观上恶性比较大的一种心理状态。

商标恶意注册行为核心在于"恶意注册"，有学者曾对此核心问题进行过分析研究，其认为"恶意注册"是一个不确定的法律概念，内涵和外延都不明确，对其进一步界定可采取从主客观方面入手分析的方式进行。❶一方面，从主观方面来分析，一般而言，正常的商标注册行为往往是出于

＊　本章由徐莹莹撰写，孙玉荣对其内容进行部分修改和删减。

❶　孙明娟. 恶意注册的概念、类型化及其应用 [J]. 中华商标，2018（3）：31 – 32.

自身生产经营的需要或者其他商业安排考量，这对整个商标经营秩序维护以及商业经济发展来说是有益处的，为其注入新的活力与生命力，有利于繁荣充实市场环境，这种情形下的商标申请人在注册商标时表现出的是对其他经营者或者社会来说善意或者持中性的一种心理态度。而"恶意注册"表现为一种与之不同的非善意的心理状态，行为人在申请注册商标时就具备了谋取不正当利益或者损害他人权益乃至社会公共利益之目的。另一方面，从客观方面来说，正常情况下的商标注册行为会遵循商标法律规定，并且会考虑法律之外的商业道德以及商业惯例等要求中，而"恶意注册"则是明显违反了诚实信用原则，不仅可能会违反商标注册法律规定，还有可能会违背商业道德以及商业惯例等要求，借此达成自己谋取不正当利益之目的。

（二）商标恶意注册行为的特征

首先，在主观方面具备恶意的主观心理状态。在实施商标恶意注册行为时行为人所持有的心理态度是明知自己的行为可能会损害他人权益或者社会公共利益，却希望或者放任这种情况发生。

其次，在客观方面违反诚实信用原则，违反法律规定，甚至违背了商业道德和行业惯例。在当前的法律、道德评价体系下，行为人所实施的商标恶意注册行为在客观上不能为当前法律及道德等所容忍，这种行为会损害他人的合法权益，理应受到规制。

最后，目的是谋取不正当利益。行为人在实施商标恶意注册行为时就已经具有借助他人的商标商誉、名气等达成自己"搭便车""傍名牌""蹭热点"等目的，或者恶意囤积商标，期望通过此种方式获得商标法上的合法权利外观，从而实施后续的一系列获取不正当利益的行为。

二、商标恶意注册行为的类型

（一）商标恶意抢注行为

商标恶意抢注行为可针对已注册商标、未注册但已经使用的商标以及除商标权以外的其他合法权益三种不同类型的对象实施。

1. 针对已注册商标

已经注册的商标在商标法上获得了商标专用权，注册商标本身即具有商标的排他性权利，这就意味着注册商标天然具备了避免他人"蹭名气"的功能。根据《商标法》的规定，禁止其他人在与该注册商标核定使用的商品或者服务相同或者类似的商品或者服务上申请注册与该标志相同或者近似的商标。此外，对于已注册驰名商标保护，《商标法》有专门的规定，对其进行跨类保护。当一个商标与一个在先注册且已被公众熟知多年的商标实质上相似，该商标即为恶意注册。❶ 商标局和法院在承认驰名商标的前提下，就可以很容易地识别恶意的商标申请。❷ 驰名商标之专门规定对于打击企图恶意抢注驰名商标的行为提供了强有力的法律保障，并且对于驰名商标反淡化保护、减少混淆可能性及维护商誉有很大的帮助。

2. 针对未注册但已经使用的商标

相较于已注册商标，对未注册商标的"抢注"显得更加容易发生且不易辨别、判断，因为商标一经注册就具备了法定的商标权利，相当于将此商标在商标领域进行了公示，这种公示下的商标有迹可循，并且有专门的查询获取渠道。商标注册人经自主查询且排除掉相近似商标标志之后再进行商标申请注册，也会增加商标准予注册的可能性。而对于未注册商标，没有专门的公示及查询渠道，更容易受到商标恶意抢注行为的侵害。《商标法》对此有相关规定，即对于"以不正当手段抢先注册他人已经使用并有一定影响的商标"，明确禁止此种商标注册申请，但其适用条件比较严格。

3. 针对除商标权以外的其他合法权益

除商标权以外，实践中还存在大量针对其他权益进行的商标恶意抢注行为，比如恶意抢注企业字号、名人姓名、热播电影名称、重大赛事名称等，以及有抢注者将他人商标注册为域名进行售卖获利和后来为避免承担

---

❶ Editorial Office. Bad Faith in the Registration of Well - Known Trademarks [J]. GRUR International, 2021, 70 (7): 681－683.

❷ Friedmann D. Protection against abuse of trademark law in greater China: a brief analysis of the People's Republic of China, Hong Kong, Macau, and Taiwan [J]. California Western International Law Journal, 2017, 47 (2): 190.

商标侵权责任，将人名、地理、文化或者通用术语抢注为域名。行为人将这些在非商标领域的具有知名度的相关内容嫁接到商标领域，企图借助他人名气或者社会热点关注点，从而攫取与自己投入时间精力不相匹配的高额的利益。当前各个领域并非泾渭分明，某一领域具有知名度和影响力的人或物，其影响力并不会因为跨领域而产生大幅度下降，而各商品或者服务上的商标种类繁多，五花八门，一般的消费者在选取商品或者服务时，对于自己认识或者听过的商标往往会给予更多的关注度。行为人抢先将这些相关权益申请注册为商标，一旦获准注册，便使商标自注册开始就具备了相当的知名度，这也使得恶意抢注他人其他非商标权益的行为屡有发生。

商标恶意抢注行为是表现为以"傍名牌""蹭热度"以及抢注公众人物姓名等来攀附或者损害他人商誉、民事权益为核心特征的商标注册申请行为。❶ 要注意区分商标抢注行为与商标恶意抢注行为，两种行为的性质不同。商标抢注行为落脚点在"抢注"二字上，这是一种中性行为，其在商标注册取得制度下应运而生。商标注册制是商标抢注行为发生的制度本源，若认为抢注行为本身即为违法，那就意味着会和商标注册取得模式相冲突。有学者认为判定商标抢注行为违法与合法的界限就是看该行为是否具有"恶意"。❷ 商标恶意抢注行为是对商标抢注行为进行主观方面的限定，落脚于"恶意"二字，是商标法上要规制的违法行为。

（二）商标恶意囤积行为

北京知识产权法院在发布的恶意注册商标典型案例中，曾将商标恶意注册案件分为六大类，包括对驰名商标的抢注，对代理人或者代表人商标进行的抢注，针对已注册商标在相同或者类似商品上进行的抢注，损害他人在先权利的抢注，对政治、经济、文化等领域公众名人姓名等的抢注，除以上五种细化类型的商标抢注外，还有一种就是关于商标囤积的分类，

---

❶ 《〈商标审查审理指南〉重点问题一问一答——不以使用为目的的恶意商标注册申请的审查审理》（2022 年 2 月）。

❷ 戴文骐. 认真对待商标权：恶意抢注商标行为规制体系的修正 ［J］. 知识产权，2019（7）：35.

即不以使用为目的大量囤积商标的恶意注册行为。❶ 这正是本节所讨论的商标恶意囤积行为，与商标恶意抢注行为一起，构成商标恶意注册行为的两种类型。

商标恶意囤积行为，即不以使用为目的，大量申请注册商标，扰乱商标正常注册、使用以及管理秩序的商标注册行为，通常表现为"批量注册""圈占资源"等形式。有学者提出在规制商标囤积行为的过程中，相较于动机方面而言，要以该行为人的客观行为为重心。❷ 2019 年修改前的《商标法》仅针对商标恶意抢注行为有较多的法律条文来规制，相较而言，对于囤积商标行为的规制很少。没有专门用来规制囤积行为的规定，需要借助一些原则性规定或者将其归入其他相关条文中进行规制。而现行《商标法》，明确加入了对不以使用为目的的恶意商标注册申请的绝对禁止注册条文，这就使得对于制止商标恶意囤积行为，有了法律上的明确条文规定。

此外，在《商标审查审理指南（2021）》中列举了九大类适用《商标法》第 4 条的情形，帮助更好地理解和适用第 4 条规定，大致可总结为以下几种情况，包括：（1）申请注册商标数量巨大，明显超出正常经营活动需求，缺乏真实使用意图的；（2）针对多个主体或者同一主体的知名商标大量注册或者反复注册的；（3）对他人商业相关标识类、公共文化资源类、地区建筑物等相同或者近似的标志以及通用名称或者缺乏显著性的标志进行大量申请注册行为的；（4）大量注册申请商标进行分散性转让的；（5）大量售卖，用于索取高额转让费、许可费或者侵权赔偿金等，以此谋取不正当利益的；其中（1）（2）（4）还要求达到扰乱商标注册秩序这一条件。虽然不可能穷尽所有情形，但是在有这些列举的具体情形下，对规制商标恶意囤积行为，以及对第 4 条的理解适用会有所帮助。

---

❶ 北京知识产权法院规制商标恶意注册并公布典型案例 [J]. 中华商标，2017（5）：15.
❷ 林威. 新《商标法》第四条评析 [J]. 大连海事大学学报（社会科学版），2020，19（4）：57.

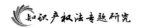

三、规制商标恶意注册行为的理论基础

（一）诚实信用原则

《民法典》第7条规定了诚实信用原则，对这私法领域中各民事主体所从事的民事活动的发生运行奠定了重要的基调。同样，在《商标法》第7条中也有对此项原则的明确规定，即对于商标申请注册和商标使用过程中，相关主体均应当遵循诚实信用原则。诚实信用原则规定在《商标法》的总则部分，可以说诚实信用精神贯穿商标法的始终，对商标领域各项活动的展开以及参与其中的各个主体提出了恪守诚实信用的要求。

在商标申请注册阶段，诚实信用原则对各主体提出的要求包括但不限于：提交的申请注册商标的材料应当真实，不提供虚假情况，不进行欺骗性商标注册申请；基于已注册商标的公示效力，在进行商标注册申请时，要主动排除在相同或者类似商品上和已注册商标相同或者近似的商标标志；对于他人在先权益诸如商号字号、包装装潢、姓名权等以及公共领域的社会公共资源进行合理避让。

（二）禁止权利滥用原则

《民法典》第132条是关于禁止权利滥用的原则规定，即明确了民事主体不得滥用民事权利损害国家利益、社会公共利益和他人合法权益。禁止权利滥用原则衍生自诚实信用原则，可以说是诚实信用原则的下位原则，其构成要件包括：首先要求行为人具有合法权利，其次是发生于权利行使阶段，再次是因权利行使造成国家利益、社会公共利益和他人合法权益的损害，最后是行为人故意以损害上述权益为目的从而行使权利。❶ 换言之，在行为人行使合法权利时，若违反了诚实信用原则，具有损害国家利益、社会公共利益和他人合法权益的目的，构成权利滥用，则应当被禁止从而受到制约。❷

---

❶ 梁慧星.《民法总则》重要条文的理解与适用［J］. 四川大学学报（哲学社会科学版），2017（4）：59.

❷ 于飞. 公序良俗原则与诚实信用原则的区分［J］. 中国社会科学，2015（11）：151.

除民事领域的原则性规定，禁止权利滥用原则在商标领域则具体表现为禁止商标权滥用。一般而言，商标权滥用有一个前提就是已经拥有合法的商标权利外观，也就是在商标取得注册之后，商标权人利用该项注册商标对他人行使所谓的商标维权，从而获取利益或者影响他人正常的经营使用活动。有学者认为，商标权滥用行为属于侵权行为，在该滥用行为发生之前，侵权人进行商标注册申请、取得商标基础权利之时，其行为就已经被评价为具备不正当性，也就是商标权滥用行为的权利基础即存在重大瑕疵，所取得的商标权利也相应地缺乏实质正当性。❶ 也有观点认为，商标权滥用行为中商标基础权利取得行为并一不定都会被评价为不正当行为，而是只要满足具备商标权利，拥有注册商标便具备了实施商标权滥用行为的前提要求，并不考虑取得商标注册的行为恶意与否。无论取得商标基础权利的行为是否正当、是否具有恶意，其后发生的滥用行为都有可能被评价为商标权滥用。❷ 由此看来，商标恶意注册行为可以看作在商标权滥用中基础商标权利取得的其中一种方式，而商标权滥用则是商标恶意注册行为发生后可能会出现的一种侵权方式。商标权滥用可以采取的形式不仅包括常见的提起恶意诉讼方式，还有借此向他人索取高额的转让费或使用费等多种形式，损害他人利益。

此外，要明确一点，规制商标恶意注册行为是对商标注册、使用及消灭全过程进行约束，不仅包括注册前的审查以减少恶意注册商标的产生，还包括对已完成恶意注册的商标进行及时的清理，对该行为进行多层次、全过程的约束和管理。恶意注册行为与商标权滥用的关系可表现为：商标恶意注册行为的发生是为了谋取不正当利益或者损害他人权益，经其注册申请行为获取商标权利之后，对于该权利的行使往往会超出正常权利行使的界限，损害社会公共利益或者他人合法权益，从而构成商标权滥用。如果比照民事权利滥用的构成要件来看待商标权滥用，那么首先需要一个合法的商标权利外观，即商标恶意注册行为发生在先，其本身并不构成商标权滥用，而是商标核准注册后对商标权的行使构成商标权滥用。禁止权利滥用原则为制止商标权滥用提供理论基础支撑，对于商标恶意注册行为所

---

❶ 宋健. 商标权滥用的司法规制 [J]. 知识产权，2018（10）：37.
❷ 刘义军. 恶意注册后滥用商标权的司法规制 [J]. 电子知识产权，2022（7）：63.

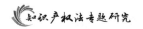

产生的后果进行法律上的规制。

第二节　我国规制商标恶意注册行为的现状与困境

一、我国规制商标恶意注册行为的立法现状

我国《商标法》中涉及规制商标恶意注册行为的条款占了很大比例，特别是第4条涉及对不以使用为目的的恶意商标注册申请的规定，2019年修订《商标法》时在第4条第1款的最后，增设"不以使用为目的的恶意商标注册申请，应当予以驳回"的规定，引起了理论界和实务界的广泛讨论。

我国《商标法》在2019年修改之前，并没有关于遏制非以使用为目的批量注册商标行为的具体法条规定，对于我国商标注册制下衍生出的商标恶意囤积行为，司法实践中从一开始的援用"其他不正当手段"条款即2013年《商标法》第44条第1款来笼统规制大量注册商标的行为，此时并没有意识到商标实际使用意图对于遏制此行为的重要程度，之后才慢慢演变为在此问题上注重《商标法》第4条第1款中对商标需具备实际使用目的这一要求，从而同时援引这两条规定，借助《商标法》第4条第1款使用意图规定用以支撑"其他不正当手段"条款，共同发挥作用，一直到2019年《商标法》在第4条第1款直接增加对没有实际使用目的的商标恶意注册行为专门作出规制，从中可以看出立法层面对商标使用意图及商标实际使用要求的重视，可以解决一些典型的注而不用情形，但其适用边界模糊，实际适用存在不确定性，因此要正视这种局限性，及时调整法律定位，适当限制适用范围和条件❶，之后其具体适用还需要结合新规定作出调整和改变。

根据现行《商标法》规定，其中涉及商标恶意注册行为的法条分布较为分散，需从中梳理出有关商标恶意注册行为的相关法条，涉及此行为及其规制的法条内容可见于其中的第4条、第7条、第10条、第13条、第

---

❶ 孔祥俊. 商标法：原理与判例 [M]. 北京：法律出版社，2021：575.

15 条、第 16 条、第 19 条、第 30 条、第 32 条、第 33 条、第 44 条、第 45
条、第 49 条、第 64 条以及第 68 条（见表 1）。上述条文从对商标恶意注
册行为本身的规定、涉及的规制途径和方法、规制的特殊主体以及对相关
主体的救济等方面较为全面地对商标恶意注册行为作出了规制，其中一些
条文并不只是专门用来规制此行为的，比如商标异议、无效宣告等，但是
这些规定会根据具体的实际情况在其各自适用或共同适用时发挥作用，共
同构成一个针对商标恶意注册行为的法律规制体系。

表 1　《商标法》规制商标恶意注册行为之体系

判断是否属于商标恶意注册行为	损害社会公共利益	第 4 条第 1 款	不以使用为目的的恶意商标注册条款
		第 10 条第 1 款第 8 项	具有其他不良影响条款
		第 19 条第 4 款	商标代理机构超出代理范围注册条款
	损害特定人的权益	第 13 条第 2 款、第 3 款	损害驰名商标条款
		第 15 条	代理人、代表人擅自注册商标条款；特定关系人抢注商标条款
		第 19 条第 1 款、第 3 款	商标代理机构义务条款
		第 16 条第 1 款	误导性使用地理标志条款
		第 30 条	在相同或者类似商品上注册与他人已有商标相同或者近似条款
		第 32 条	损害他人在先权利条款；以不正当手段抢注他人在先使用并有一定影响商标条款
针对已注册商标的事后规制	改变商标状态	第 33 条	商标异议条款
		第 44 条	依职权宣告商标无效条款
		第 45 条	依申请商标评审宣告商标无效条款
		第 49 条第 2 款	商标"撤三"制度条款
	赔偿处罚	第 64 条第 1 款	无使用无损失不赔偿条款
		第 68 条第 1 款、第 4 款	对商标代理机构进行处罚条款；对恶意申请商标注册的处罚条款
原则	原则性条款	第 7 条第 1 款	诚实信用原则条款

二、我国规制商标恶意注册行为的困境

(一) 商标注册取得制度存在固有缺陷

我国采用商标注册取得模式,申请人通过核准注册享有法律上的商标权利。在《商标法》第1条立法宗旨中,就确立了保护商标专用权这一宗旨;在第4条中,也可以看出法律规定对于商标注册申请这一行为持鼓励态度,在修改之前对注册商标要求较为宽松,即生产经营中需要注册商标的就应当申请注册;修改之后加入了使用要件限制,但整体而言对注册商标要求并不严格;在第31条中更是确认了先申请原则,以上种种规定均表示《商标法》对于申请注册商标这一行为所持宽松要求、鼓励申请人更早更快申请注册商标,并且对注册商标赋予更全面的法律保障和法律救济。商标注册取得模式对于正常经营使用活动而言可以提高效率,商标经核准注册后就获得了法律上的一种公示保护,帮助商标权人有保障地开展各项生产经营活动。然而,这种模式在高效便捷的同时,其本身就会伴随着商标恶意注册行为的发生,这是商标注册取得模式的固有弊端,无法完全避免,只能依靠在注册前加入各种限制条件或者采取对于注册商标进行相应的事后规制等方式,这也是当前在我国商标注册取得制下《商标法》历次修改不断追求、期望达到的一种状态。

(二) 恶意注册法律一般性规定仍不完善

当前《商标法》针对商标恶意注册行为的规制采用的方式是从各不同角度分别具体进行规定,这些条款的适用需满足特定情形下的条件和要求,缺乏规制该行为的一般条款,这可能会导致实践中出现没有法条可以匹配或者对现有法律条款扩大解释进行适用的情况出现。● 此外,第4条第1款加入了对"不以使用为目的"的恶意商标注册申请的规定,仍存在不完善之处,修改后的条文无法规制"以使用为目的"的恶意商标注册申请发生,这种商标注册申请行为同样常有发生且应当受到规制。仅将"不

● 靳学军,张航. 比较法视域下我国商标权取得制度的优化进路 [J]. 法律适用,2022 (5):136.

以使用为目的"的恶意注册作为不予注册的绝对理由进行规定，而缺乏以"恶意注册"作为不予注册的绝对理由，可能会在具体案件判决中产生适用上的问题。❶

（三）对恶意注册的惩戒措施尚不完备

恶意注册商标行为实属法律所规制的行为，近年来更是备受关注，属于被严厉打击的对象，但是实践中大量商标恶意抢注、囤积行为发生且层出不穷，究其根本，还是因为该行为有利可图。行为人实施商标恶意注册行为的成本很低，但是一旦获准注册，其后所获收益将会远超注册成本。例如若是属于"蹭热点""搭便车"的商标，一经注册就已经获得一定的知名度，不同于正常生产经营通过使用商标慢慢积累商誉，这种方式注册取得的商标更容易也会更快获取关注，其后续使用也更易于实现谋取不正当利益的企图；若是属于"囤商标"，获准注册后进行批量转让、许可等，也会获得远超其注册成本的高额收益。行为人实施商标恶意注册行为获得注册商标，再通过其后的滥用商标权以使用获取收益、索取高额转让费或许可费、以注册商标权利提起诉讼索取所谓的侵权损害赔偿等多种方式实现其谋取不正当利益之目的。低成本却很有可能会带来高收益，并且对恶意注册行为的惩戒力度不够，致使各类恶意注册、囤积商标行为频发，影响正常的商标注册使用秩序，破坏市场正常的公平竞争秩序。

第三节　对我国规制商标恶意注册的完善建议及合理路径探究

一、域外对商标恶意注册的法律规制及启示

《美国商标法》中明确规定了对于真诚意图使用商标的注册申请要求，概括来讲这种情形下的商标获得注册需要经过两个阶段，即申请注册时意图使用以及后续实际使用，这样才能获准商标注册。第一步是进行商标注

---

❶　王迁. 知识产权法教程［M］. 7 版. 北京：中国人民大学出版社，2021：544.

册申请，在完成相应程序之外还要宣誓表明自己有真诚的意图在商业中使用该商标，这时会获得一份准许通知书；第二步是在获得准许通知书之日起6个月内，申请人还应当向专利商标局提交实际使用声明，包括第一次在商业中使用该商标的日期、使用图样或者复制品等，用以说明该商标确实已经在商业中进行了实际使用。该使用说明经审查接受之后，此项商标即获得注册。由此可见，仅具备使用意图的商标注册申请并不能直接获准商标注册。当然若有特殊情况也可以提出延期提交使用说明，但是不得超过法律规定的最长期限。若在规定期限内没有提交使用说明，并且没有申请延期，则该项商标注册申请将被视为放弃。在商标说明中缺乏使用商标的意图是一种恶意行为，可导致商标的撤销或者部分撤销。

《意大利商标法》第22条也规定了必须具备使用或者意图使用要件，才能获准商标注册。但要注意的是，意大利采取的是商标注册取得模式。《韩国商标法》与之相似，在第3条规定了具备使用或者意图使用商标要件才享有申请注册商标的权利，同样该国也是注册取得模式。只是两国都在商标注册申请之初就在法条中明确了取得商标注册的前提条件，即具有使用或者意图使用要件。

《欧盟商标条例》对有关商标恶意注册的规制体现在如下规定之中：（1）在"序言"第24条中强调了商标的实际使用要求（actually used），商标只有经过实际使用才具备受法律保护的正当性。（2）在"条例"第7条规定了商标不予注册的绝对理由，其中涉及恶意注册的条款可见于第1款（f）项对违反公共政策或者公认的道德原则的商标；（g）项对具有欺骗公众性质的商标，例如在商品或者服务的性质、质量或者地理来源方面。（3）第8条是对商标不予注册的相对理由的规定，其中第1款涉及在先商标权利人提出异议，对以下两种情形的商标不予注册的规定，即（a）项在相同商品或者服务上申请注册与他人已注册商标相同的商标；（b）项是由于与他人在先已注册商标相同或者近似，在相同或者类似商品或者服务上申请注册会在一定范围内使得相关公众存在混淆可能性的商标，以及其余款项中涉及代理人或者代表人擅自注册商标、地理标志等的规定。（4）在第18条规定了商标的使用要求，对于商标注册后连续五年没有使用且没有正当理由的，将会受到该条例的规制；第2款则是明确规定了经商标权利人许可同意后的商标使用行为被视为商标权利人对商标的使用。（5）条例中直接涉及对商标恶意注册的规定是在第 59 条有关商标无效的绝对理由条款中，第 1 款（b）项规定的"申请人在提交商标注册申请时是恶意的"，明确对商标恶意注册行为进行了规制。

除上述条例之外，其他国家针对商标恶意注册的规制也有章可循，《英国商标法》第 3 条第 6 款规定的申请人如果具有恶意，则商标不应获得注册；第 48 条则是对于在后恶意申请的商标，赋予在先权利人请求宣告无效或者禁止使用在后商标时不受争议期限制的权利。《德国商标法》第 50 条第 1 款同样对恶意注册作出了限制，即申请商标时具有恶意，则该商标注册无效。把商标恶意注册直接作为商标宣告无效的绝对理由，无疑会对在先权利人抵御恶意注册提供强有力的保护。

完善我国规制商标恶意注册的法律规定，可参考借鉴域外法条规定内容，考虑设置规制商标恶意注册行为的一般性规定，即直接针对"恶意注册"本身作出禁止性规定。完善我国的商标注册取得制度，可参考《美国商标法》中确立的真诚意图使用商标制度，但不可完全照搬，因为该项制度较一般商标注册制度而言更加复杂，实际操作上会大大增加商标注册审查成本，延长商标申请注册周期，这与适宜我国的高效稳定商标注册取得模式不能较好吻合。但不可否认的是，真诚意图使用商标可以在商标注册取得模式与商标注册后实际使用之间搭建一条通道，将注册取得商标与商标发挥实际使用功能联系起来，是坚持商标注册取得制度之下规制注而不用商标注册行为的一种可行性方式，对其可以适当进行借鉴以求适应我国商标注册制度实际情况。

二、对我国规制商标恶意注册行为的完善建议

（一）完善商标注册取得制度

商标取得有两种方式，其一为商标使用取得，其二为商标注册取得，我国采取的是第二种方式。从商标取得的目的以及商标的功能方面来看，商标的"使用"均在其中占据重要地位并发挥重要作用，可以说商标只有通过使用才能发挥商标的功能，正常情况下商标取得的目的也是使用。从

这个角度来看，商标使用取得模式似乎更加契合商标制度，发挥商标的核心功能，即通过使用获得商标权利，使用在先也可以天然避免注而不用商标的出现。但是商标注册取得模式较之商标使用取得模式而言，有其制度上的优势，通过注册程序获得商标权利，这种通过具体完备的程序获取的商标权经过法律上的公示，具备稳定性，为其后开展的商标使用经营活动提供很大的便利，这种制度虽然有其固有缺陷，但整体而言利大于弊。我国采取注册商标取得制度，本章对商标恶意注册行为的规制研究也是在坚持商标注册取得模式的前提下研究完善方式、讨论规制路径。

在适用商标注册取得制度这个大前提下，如何尽可能减少商标恶意注册行为的发生，维护正常的商标注册秩序，在具备高效稳定的已有条件下尽可能发挥商标注册制度本意，维护商标注册使用的公平竞争秩序？这就需要对商标注册及其后续使用提出一定的要求，力求达到在不影响正常商标注册的前提下排除还未完成注册的恶意商标申请以及清除符合条件的已注册商标这样一个状态，可以参考借鉴域外意图使用制度，从这一点入手厘清商标注册取得制度下意图使用商标要件的要求，从而对我国商标取得制度进行完善。

现有商标注册程序在审查注册阶段并没有明确提出关于商标使用的要求，实践中先取得注册再开始使用商标的情形屡见不鲜，正常情况下申请注册商标时不需要提供商标使用证据。在这个大前提下，即使不具备真实使用意图也可以获得商标注册，大量不以使用为目的的恶意商标注册借机产生。完善商标注册取得制度，可以在商标注册申请与商标注册取得之间加入商标意图使用要件进行链接，对商标注册申请提出注册后的使用要求，以规制非以使用为目的的商标恶意囤积注册行为。

可借鉴前述《美国商标法》中的意图使用商标制度，在商标注册要求中加入意图使用商标要件，明确意图使用作为商标注册申请的前提❶，这是对商标取得注册后提出了使用要求。不同于《商标法》第4条反向规定的"不以使用为目的的商标恶意注册申请，应当予以驳回"所附带的商标使用义务，从正面直接规定商标使用义务，也构成了商标注册后不使用则

---

❶ 马丽萍. 我国商标权注册取得模式存在的问题及其完善路径——基于商标使用视角的分析 [J]. 时代法学, 2019, 17 (6): 49.

违反该项义务从而应当受到规制的基础理论支撑。❶ 具体适用意图使用商标制度，可以要求申请人提供初步使用意图说明，包括为使用该项商标前期所做准备、商标所附着商品的样本、意图使用规模和地区等。但要注意对这些意图使用商标说明的要求不宜过高，相反要适当宽松一些，在商标注册程序中一般情况下不需要太过严苛，为其他制度的适用留下余地。加入意图使用商标要件旨在将商标注册取得制度与商标使用义务联系起来，为规制商标恶意囤积行为提供支撑。

在 2023 年 1 月 13 日发布的《中华人民共和国商标法修订草案（征求意见稿）》（以下简称《商标法修订草案》）中就涉及 "强化商标使用义务"❷ 的修改条款，在第 5 条对申请注册的商标增加 "使用或者使用承诺"❸ 的要求。这一修改直接在商标权产生之初，即注册申请阶段就明确了商标使用义务，此时的商标使用义务要求并不高，并不需要产生实际使用行为，而是承诺使用、具备使用意图即可。此举主要目的还是从商标注册申请之初就强调商标的使用要求，填补之前立法上的空缺，提高商标注册申请的门槛，也表明《商标法》对于注册商标应当加以使用这一要求的鲜明态度。同样也会使得意图申请注册商标者在实施注册行为申请之前明确知晓注册取得商标之后所负的使用商标之义务，从而对自己本要注册申请的商标采取更加审慎的态度，这在一定程度上也会减少非以使用为目的的恶意商标注册行为发生。此外，在草案第 61 条增设了 "说明商标使用情况" 条款，即商标注册人自商标核准注册后每满五年需要向知识产权行政部门主动说明商标的使用情况或者不使用的正当理由。若期间内未说明，就视为权利人已放弃此项商标权利，该商标最终会面临被注销的后果。这是在商标取得注册后对商标注册人提出的说明义务，是对已注册商标是否实际使用的事后持续性的监督和管理。对所说明情况的真实性则采取随机抽查的方式进行核查，若不真实，则该商标将会被撤销。

---

❶ 杨凯旋. 注册体制下商标使用意图要件检视 [J]. 交大法学，2021（3）：165.

❷ 关于《中华人民共和国商标法修订草案（征求意见稿）》的说明。

❸ 《商标法修订草案》第 5 条：自然人、法人或者非法人组织在生产经营活动中，对在其商品或者服务上使用或者承诺使用的商标需要取得商标专用权的，应当向国务院知识产权行政部门申请商标注册。

从《商标法修订草案》新增第 5 条和第 61 条综合来看，加入了商标注册申请阶段商标使用或者承诺使用要求，以及商标核准注册后按期说明商标使用情况的义务。相较于现行《商标法》规定而言，草案第 5 条新增内容很好地弥补了我国在坚持高效便捷的商标注册取得制度下对商标使用义务规定有所欠缺的不足，将商标使用义务明确提到商标注册申请阶段，从事前规制的角度遏制不以使用为目的的商标恶意注册行为的发生；草案第 61 条则是对已注册商标进行定期的复查，排除未发挥实际使用功能的闲置商标，从事后规制的角度清理注而不用的商标。前后两项举措相互呼应，旨在从商标使用这一要求和义务入手为规制商标恶意注册行为共同发挥作用，但是在具体适用上仍有可进一步改善之处。

具体而言，在坚持商标注册取得制度这一背景下，一方面，明确申请注册的商标所需具备的使用要求，在此基础上建议可以对商标申请注册者提出与此使用要求相适应的具体做法要求，将"使用或者承诺使用"这一要求具象化，可表现为提供商标实际使用情况说明或者意图使用等相关材料支撑，对所注册申请的商标简要作出介绍；另一方面，对已注册商标，草案规定商标权人每满五年主动说明商标在核定商品上的使用情况，对于此项说明义务的具体履行，建议将自商标核准注册之日起的首次说明时间适当提前，之后再每五年说明一次。原因在于当前商标"注而不用"现象凸显，为应对该项问题可适当提高对商标权利人的要求，但要把握度，不可过度增加商标权人的义务，仅缩短首次主动说明期限，以促进商标在核准注册后尽可能实际用于核定商品之上，发挥商标使用这一核心功能。

（二）完善规制恶意注册的一般性规定

如前所述，我国现行《商标法》中涉及商标恶意注册行为的法条在条款设置上较为分散，且缺乏针对该行为进行规制的一般性条款。商标恶意注册问题突出，商标恶意抢注行为和商标恶意囤积行为频发，规制商标恶意注册行为是当前商标领域进行治理的重点目标，仅就现行《商标法》的规定而言，对于适应当前治理现状仍有欠缺。因此，适时调整商标法律规定，增设完善规制商标恶意注册行为的体系性制度，适应当前商标领域工作重心，这是顺应规制恶意商标注册行为发展趋势的自然之举，也是一项十分必要的举措。建议参考域外立法规定，完善我国规制恶意注册的一般性规定，即直接对"恶意注册"作出禁止性规定。

2023 年 1 月 13 日发布的《商标法修订草案》是我国《商标法》第五次修改，其在第 22 条新增禁止商标恶意注册申请条款，首次在《商标法》条文中明确规定"恶意申请商标注册"这一概念，并列明恶意申请商标注册的具体情形，即（1）囤积类：不以使用为目的、大量申请、扰乱商标注册秩序；（2）手段角度：采取欺骗或者不正当手段；（3）损害客体角度：有损国家利益、社会公共利益，或有其他重大不良影响；（4）违反驰名商标保护，禁止代理人、代表人、利害关系人抢注，在先权利保护这三项规定，故意损害他人合法权益，或谋取不正当利益；（5）兜底条款：其他恶意申请商标注册行为。❶ 草案中单独设立恶意注册条款，显然是考虑到了当前实务中规制商标恶意注册行为的必要性和重要性，符合规制实际商标恶意注册申请发展趋势。在对该草案的说明中就曾言明 2019 年《商标法》仅修改个别条款，打击商标恶意囤积效果明显，但仍未能全面解决其他问题，而此次最新修改则是意图对《商标法》进行全面修改❷，单就规制商标恶意注册行为来说，就将现行《商标法》中较为分散且不全面的条款规定整合到同一款项之内，将 2019 年《商标法》重点修改的第 4 条设为草案中恶意注册条款的第 1 款情形，在具体表述上也发生了改变，修改之后的条款更加合理且易于理解适用；把现行《商标法》第 44 条绝对理由无效宣告中的手段方式内容也抽出来列入草案中恶意注册条款的第 2 款情形，重新整合后的条款更加合理直接，但是仍有需要进一步明确之处。

将草案中恶意注册条款的第 3—4 款情形一起看，会发现该条款所保护的范围涵盖国家、社会和个人利益，区别在于第 4 款情形中列明了三种具

---

❶　第 22 条［商标恶意注册申请］申请人不得恶意申请商标注册，包括：（一）不以使用为目的，大量申请商标注册，扰乱商标注册秩序的；（二）以欺骗或者其他不正当手段申请商标注册的；（三）申请注册有损国家利益、社会公共利益或者有其他重大不良影响的商标的；（四）违反本法第十八条、第十九条、第二十三条规定，故意损害他人合法权利或者权益，或者谋取不正当利益的；（五）有其他恶意申请商标注册行为的。

❷　关于《中华人民共和国商标法修订草案（征求意见稿）》的说明。

体条件下的保护个人利益的适用情况，而第 3 款情形则是没有设置具体情境的直接适用保护国家和社会公共利益这一规定，在具体适用上较之第 4 款略显不足；此外，根据现行《商标法》中对于第 4 条规制商标恶意囤积条款的规定和理解，其适用情形正是仅针对公共利益，其修改入草案中恶意注册条款的第 1 款情形亦是如此，第 3 款中涉及的保护公共利益之规定似乎也与第 1 款内容存在重合之处；且第 3 款中涉及的不得申请有重大不良影响商标之规定与"禁用标志"条款中不良影响规定似乎存在重复之处。由此建议对草案中恶意注册条款的第 3 款情形进行必要的说明，明确具体适用情形并且做好与其他条款的区分适用。

（三）完善对恶意注册的惩戒和规制举措

商标恶意注册行为频发，其中较为重要的原因就是实施恶意商标注册行为有利可图并且违法成本低，现行《商标法》中对于商标恶意注册者的责任承担内容规定存在不足，缺少与实施该行为获利情况相匹配的惩戒措施。为有效惩戒商标恶意注册者并起到一定的威慑作用，有必要考虑建立公示和黑名单制度以及完善规制商标恶意注册行为的惩罚措施，引入惩罚性赔偿制度以提高赔偿数额。

（1）建立公示和黑名单制度。实施商标恶意注册行为之人，其中不乏以此为业的"惯犯"，这类恶意注册者往往以谋取不正当利益为目的，不以使用商标为目的地多次、长期、大量申请注册商标并囤积商标，占据商标资源；或者常常恶意抢注商标，多次实施"傍名牌""蹭热点"等行为进行商标注册申请。不同于正常的注册商标通过经营使用获取收益，恶意注册者会通过转让商标或者抢注有一定知名度的商标等方式在商标注册使用收益上走捷径，以谋取不正当利益。这些恶意注册者长期进行商标恶意注册行为，很显然就会对各项事务更加熟悉，获取信息的渠道变多，操作起来也更加熟练，侵占大量的商标资源，对商标正常的注册与使用秩序破坏更加严重。鉴于此，可考虑针对恶意注册者采取公示及黑名单制度。设置这项制度的主要目的有两方面：其一，为更有力地打击恶意注册商标者，限制其再次实施商标恶意注册行为；其二，在一定程度上提醒申请注册商标之人，在申请注册商标之时采取更加审慎认真的态度，否则就会被公示进入商标注册申请黑名单。

在具体适用上，要明确公示及进入黑名单的条件和标准，可综合考量诸如所持有注册商标数量及其所涵盖的商品或者服务的类别多少、商标注册的时间长短、商标实际使用情况等要素，对于大量囤积商标而不使用、违反诚实信用原则、破坏正常的商标注册使用秩序的恶意注册者进行公示及列入黑名单中。公示及黑名单的作用就在于在一定期间内，对于该恶意注册者想要重新提出商标注册申请采取更加严格的标准审查或者限定其在此期间不得申请注册商标，以达到惩戒目的。公示及黑名单制度是为了对恶意注册"惯犯"进行惩戒，而不是要其就此永远失去申请注册商标的权利，因此该项制度的撤销方式，可以设置一年的观察期，若在此期间正常经营使用注册商标，那么期满之后提交使用证据并承诺不再实施商标恶意注册申请行为，即可从黑名单中撤出，同样也要进行公示。❶

（2）完善惩戒和赔偿措施。现行《商标法》对于实施恶意商标注册申请的行为人，仅规定了警告、罚款这类行政处罚，规定内容较为笼统，罚款也没有设置具体数额参考，并且对于商标恶意注册损害他人利益的情形，也没有考虑到设置赔偿条款。《商标法修订草案》修改了对商标恶意注册申请的处罚条款，凡违反草案第22条规定的，给予警告或者罚款，明确了罚款的具体数额，即5万元以下；情节严重的，则是5万~25万元；还规定了没收违法所得内容，这样设置在金额上更加具体明确，后续的法条适用更容易操作。除行政处罚，草案还设置了针对恶意抢注的民事赔偿条款，凡违反草案第22条第4款之规定，因恶意注册行为给他人造成损失的，可起诉请求赔偿，赔偿数额应至少包括为制止商标恶意注册行为所支付的合理开支。

在"艾默生公司诉厦门安吉尔公司案"中，安吉尔公司对艾默生公司持有的"爱适易"系列商标，多年来在多个商品和服务类别上进行持续申请注册与之相同或者近似的商标，安吉尔公司对获准注册的商标并未加以实际使用，法官仍认为安吉尔公司的行为构成不正当竞争，违反了《反不

---

❶ 王莲峰，沈一萍. 关于建立商标恶意注册黑名单制度的设想［J］. 中华商标，2019（6）：38.

正当竞争法》第 2 条❶的规定，最后法官综合考虑商标知名度、被告侵权情节与主观恶意、原告合理支出要素，判决安吉尔公司向艾默生公司赔偿160 万元。❷ 该案中抢注者并未实质性使用获准注册的商标，法院最终综合考量多种因素作出赔偿数额。

对于利用恶意注册的商标谋取利益、损害他人合法权益的情形，应当加大机会成本❸，对于民事赔偿部分，建议引入惩罚性赔偿制度，使恶意注册者对其所实施的行为承担与之相匹配的责任，起到惩戒作用。

三、从不同角度探究我国规制商标恶意注册的路径

（一）从商标注册不同阶段梳理规制路径

在对《商标法修订草案》的说明中曾表述道现有《商标法》已不能适应实践发展的需要，其中主要一点就是打击商标恶意注册缺乏有效的全流程管控措施，这就意味着要规制商标恶意注册行为可从系统角度入手，梳理整个商标注册流程，分析各阶段商标状态，协调适用其他商标法制度，各司其职的同时又相互配合，为规制商标恶意注册行为共同发挥作用。不同法规之间的协调"实质是注册核准后情事变化引发的利益再平衡"❹。

下面以《商标法修订草案》中对现行《商标法》进行修改增加后的商标注册、存续以及消灭全流程为对象进行梳理，以期对修改后更加全面的规定进行理解和分析。按照时间顺序，整个流程大致分为如下几个阶段：申请注册—初审公告—核准注册—无效宣告/撤销/注销，在各阶段也会有不同的商标制度穿插其中，按照商标注册流程推进顺序，理顺整个过程中可用于规制商标恶意注册行为的制度，具体而言：

在商标注册申请阶段，应明确申请注册的商标是为使用之目的，如前

---

❶ 《反不正当竞争法》第 2 条：本法所称的不正当竞争行为，是指经营者在生产经营活动中，违反本法规定，扰乱市场竞争秩序，损害其他经营者或者消费者的合法权益的行为。

❷ 福建省高级人民法院（2021）闽民终 1129 号民事判决书。

❸ 冯晓青，刘欢欢. 效率与公平视角下的商标注册制度研究——兼评我国商标法第四次修改 [J]. 知识产权，2019（1）：13.

❹ 戴文骐. 商标囤积的体系化规制 [J]. 法商研究，2022（6）：180.

所述，可以在申请注册商标之初，一并提交意图使用商标之说明，将"使用或者承诺使用"这一要求具象化，为商标核准注册后的实际使用作出承诺。改变以往未附加商标使用义务从而随意申请商标注册之乱象，从商标注册产生之初即对潜在的商标恶意注册行为进行规制。

之后进入对商标注册申请的审查阶段，包括形式审查、实质审查，通过实质审查后，就会对商标进行初步审定公告。对于初审公告的商标，其他人可对此提出异议，这是在初审公告阶段可用以规制商标恶意注册行为的一项制度，自公告之日起在一定期限内通过提出异议的方式阻止法条规定的具体商标恶意抢注、囤积等行为；此外，《商标法修订草案》中新增撤销初审公告规定，用以知识产权行政部门自查初审公告的商标是否违反商标禁用标志条款，而该条文中涉及的"有其他不良影响"等规定常用于判定驳回商标恶意注册申请，可借由此款便于知识产权行政部门撤销初审公告后重新审查。

经初审公告期满无异议的，该商标核准注册，对于注册后的商标存续、消灭过程，亦属于规制范围。因为规制商标恶意注册行为是围绕商标全过程进行的，不仅是在注册阶段事先规避商标恶意注册申请，还要对已注册商标进行持续关注，及时清理闲置商标，这同样是对恶意注册商标进行的一种事后的处置，具体后果包括商标无效宣告、撤销以及注销。如前所述，《商标法修订草案》中新增商标权人按期主动说明商标使用情况义务条款，旨在督促注册商标发挥实际使用功能。此外类似于初审公告阶段他人提出异议阻止恶意商标注册，对于注册商标，若违反了法条规定的情形，其中包括商标恶意注册申请条款，则该商标就会被宣告无效。草案中还新增"商标转移"条款，正是发生在在先权利人请求宣告他人商标无效，满足法条规定的具体情形时，可请求将该注册商标转移至自己名下。强制转移商标这一制度很巧妙地处置了涉及驰名商标保护、商标恶意抢注中的注册商标权利，从而可对相关权利人进行更有力的保护。同样，商标撤销制度也是对注册商标的一种处置方式，可协调适用商标"撤三"制度清理无故不使用的商标，配合商标注册申请使用承诺以及按期说明商标使用情况义务条款，共同致力于督促核准注册后的商标发挥实际使用功能，从而规制这种商标恶意注册申请中不以使用为目的的情形。欧盟和美国的判例法表明，商标注册申请后的证据对于确定恶意注册偶尔是有帮助的或必要的，法院将申请后证据与事前证据，即申请注册时对该商标的了解一起考虑，从实践和比较法的角度来看，这种做法是合理的。❶

（二）从不同身份所负义务探究规制方式

在规制商标恶意注册行为的全过程中，涉及多方主体，包括实施注册行为的行为人、商标代理机构、国务院知识产权行政部门、检察机关以及司法机关等。探究规制该行为的合理路径，可试着从人的角度出发，分析在整个过程中不同身份的人所实施的行为、本身所负义务以及所起到的作用，弄清各方权利、义务与职责，从而明晰规制商标恶意注册行为的路径与方式。

商标注册行为人在商标注册过程中，负有提交真实材料的义务、承诺使用注册商标的义务，当然也享有法律赋予的商标权利。在获准注册后，有使用商标的义务，按期主动说明商标使用情况的义务。若行为人违反诚实信用原则，实施商标恶意注册行为，那么就要承担恶意注册行为的后果，包括行政处罚、民事赔偿甚至是刑事责任。在众多商标恶意注册案件中，由恶意注册者直接实施商标恶意注册行为的占大多数，此处不再赘述。

在此次《商标法修订草案》中，涉及商标代理机构的条文变动较多，可以看出此次修改对规制商标代理机构的重视。具体而言，草案中新设置商标代理机构准入要求，对商标代理机构性质、门槛作出了规定，以及对商标代理从业人员身份、资格提出了要求，规范化的管理将使当前商标代理机构队伍权责更加清晰。商标代理机构在商标注册申请上属于专业人士，具备丰富的理论和实践经验，考虑到在商标注册委托代理关系中商标代理机构依赖其专业身份处于优势地位，相较而言被代理人受知识储备、实践经验等的限制导致信息不对等从而处于劣势地位。面对预期取得的商标权利，商标代理机构更容易对相较而言处于劣势地位的被代理人作出不利于被代理人权益的举动，如进行商标抢注等。在当前严厉打击商标恶意

---

❶ Lee J A, Huang H. Post – application evidence of bad faith in China's trade mark law［J］. Journal of Intellectual Property Law & Practice，2018，13（5）：400 – 407.

注册行为的情势下，收紧商标代理机构准入要求，减少商标代理机构实施的商标恶意注册行为，更有利于规制此类行为且及时维护商标代理市场秩序。商标代理机构在商标注册申请中同样负有义务，其中比较重要的一点是除代理服务，不得申请注册其他商标，例如"麦乐兹'MAILEZI'商标无效宣告案"中，商标代理机构另设其他公司，在代理服务以外大量抢注他人知名标识，实施恶意注册行为，谋取不正当利益，扰乱正常的商标注册活动，同时也有损公平竞争秩序。❶ 此外，商标代理机构还负有为被代理人保密的义务，以及不得接受被代理人企图恶意申请商标注册行为时的委托，例如"龙图知识产权（深圳）有限公司代理恶意商标注册案"，被处以警告、罚款10万元；❷ "深圳市翌晨知识产权代理有限公司涉嫌代理恶意商标注册申请案"，该违法行为同样被处以警告、罚款2万元。❸

国务院知识产权行政部门是《商标法修订草案》中新确立的主体名称，替换了现行《商标法》中表述的商标局、商标评审委员会。国务院知识产权行政部门、司法机关以及与商标注册审理等有关的工作人员，根据《商标法》的规定，不得从事商标代理业务和商品生产经营业务，还要做好内部监督和检查。此外，《商标法修订草案》第78条新增"商标侵权公益诉讼"条款，就损害国家利益、社会公共利益的侵犯商标权的行为，无人处理的情况下，可由检察机关提起诉讼。第83条第2款也新增违反草案第22条第3款规定❹时，检察机关对恶意申请商标注册的行为提起诉讼。

综上，在规制商标恶意注册行为这一问题上，各方主体需各司其职，担其责，商标注册人以及商标代理机构实施行为要符合法律规定，履行义务并承担恶意注册的责任；法院及检察院要履职负责进入司法阶段的恶意注册案件；在商标注册、使用和消灭整个过程中都发挥重要作用的行政部

---

❶　国家知识产权局商标局. 第29135506号"麦乐兹 MAILEZI"商标无效宣告案 打击商标代理机构通过另立名目的形式在代理服务外以其他不正当手段取得商标注册［EB/OL］. (2022 – 08 – 17)［2023 – 03 – 07］. https：//sbj. cnipa. gov. cn/sbj/alpx/202208/t20220831_21947. html.

❷　深市监华罚字〔2020〕稽31号行政处罚决定书。

❸　深市监宝罚字〔2020〕知4号行政处罚决定书。

❹　第22条［商标恶意注册申请］申请人不得恶意申请商标注册，包括：……（三）申请注册有损国家利益、社会公共利益或者有其他 重大不良影响的商标的。

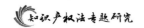

门，要做好对商标注册的事前审查以及注册后监管工作，从全方位、全过程打击商标恶意注册行为。

结　　语

《商标法》的立法宗旨即在于促进市场繁荣，保障生产经营活动顺利开展，而我国商标注册制的建立正是对注册商标进行法律上的确权，为其进入市场创造了先行条件，便于开展生产经营活动。但同时这也使得一些非以使用为目的的商标被大量注册申请，抢注名人姓名、公共资源等现象层出不穷。近年来，商标恶意注册行为频频发生，商标恶意抢注、囤积俨然已成为当前我国商标领域治理工作中关注的重点。尤其是我国采取商标注册取得模式，商标通过注册程序而非使用获得法律上的权利，规制商标恶意注册行为在这一背景下显得尤为重要，如何在具备高效便捷的基础上兼顾公平与正义，这是我们需要首要解决的问题。为解决这一问题，可考虑借鉴域外意图使用商标制度，在商标注册申请与注册取得之间加入意图使用商标要件进行联通，在不改变商标注册取得模式的大前提下对申请注册的商标明确提出意图使用的要求，最终可促使注册商标发挥其使用功能。

2019 年《商标法》进行了个别条文的修改，加入了对不以使用为目的的恶意商标注册，即商标恶意囤积的规制；2023 年《商标法修订草案》又对恶意商标注册申请进行了全面系统的规定，增加了规制商标恶意注册申请的一般性条款。法律具有滞后性，从法律条文的修改变动可以看出当前实务中关注的要点，恶意注册实际情况的发展变化推动法律的更迭出新，不变的是打击商标恶意注册申请的态势依旧严峻，决心依旧坚定。

商标恶意注册行为违反了诚实信用原则，扰乱正常的商标注册、使用和经营秩序。结合最新《商标法修订草案》探究合适的规制路径，在坚持商标注册取得模式的大前提下探究其完善方式，从源头阻断商标恶意注册申请，立法上增设规制恶意注册的一般性条款，加强对商标恶意注册者的惩戒力度；梳理全过程规制恶意注册模式以及明确不同主体的职与责，均旨在对商标恶意注册行为进行制约。同时，关注《商标法修订草案》后续进展，分析调整后的恶意注册法律规制内容，以期更好地规制恶意注册，减少其对商标公共资源的占用，维护正常的商标注册秩序，敦促商标发挥其核心使用功能。

第九章　商标行政案件中暂缓审理制度适用研究[*]

第一节　引　　言

中国是商标注册大国，商标申请量多年来位居世界第一，2023 年全国商标申请件数量达到了 718.8 万件，商标注册量为 438.3 万件。[❶] 伴随着巨大数量的商标申请与注册，商标的不予注册复审、商标驳回复审、撤销、无效、异议等商标评审案件的数量也在不断攀升，2023 年完成商标异议案件审查 15.3 万件，完成各类商标评审案件审理 37.3 万件。截至 2023 年年底，我国有效商标注册量为 4614.6 万件。[❷] 由于我国商标存量巨大，还存在恶意注册商标、闲置商标等问题，商标授权确权行政案件常常因为与在先权利冲突而陷入僵局。2019 年我国《商标法》修改后，法律赋予商业主体更多的手段去维护自身的权利。在这样的环境下，当面对与在先权利冲突的时候，许多主体更愿意通过不同的手段和方法去克服在先权利带

---

[*] 本章发表于《科技与法律》2022 年第 2 期，孙玉荣对其进行部分修改。本章所提出的观点被国家知识产权局在实际工作中采纳，2023 年 6 月国家知识产权局商标局印发的《商标评审案件审查审理工作制度》中新增《评审案件中止情形规范》，在商标驳回复审阶段可以中止审理，详见国家知识产权局商标局网站（https：//sbj. cnipa. gov. cn/sbj/ssbj _ gzdt/202306/t20230613 _ 27700. html）。

[❶] 国家知识产权局. 2023 年知识产权主要统计数据［EB/OL］.（2024 - 01 - 16）［2024 - 03 - 17］. https：//www. cnipa. gov. cn/art/2024/1/16/art_88_189730. html.

[❷] 国新办举行 2023 年知识产权工作新闻发布会［EB/OL］.（2024 - 01 - 17）［2023 - 03 - 17］https：//sbj. cnipa. gov. cn/sbj/tpxw/202403/t20240312_32616. html.

来的申请障碍，以使自己的请求得到支持。因此，由于不同程序的交织和行政案件审查时间上的差异，导致各类案件中请求暂缓案件审理的情况也日益增多。

就目前商标行政案件的评审实际来看，在商标行政案件中适用暂缓审理的情形并不统一，商标行政审查法律体系中涉及暂缓审理的条款均为"可以适用"，暂缓审理的适用情形相对较广，因此为了使暂缓审理制度在适用上具有广泛性，其在设计上规定得比较模糊，加之涉及在先权利的商标行政案件中不同程序的相互影响，这就使得在决定是否对某个案件进行暂缓审理这一问题上存在比较混乱的局面。随着商标注册申请数量的增加引发的商标授权确权行政案件数量越来越多，目前商标审查部门，特别是商评委迫于案件数量上升带来的审查压力越来越不愿意对案件进行暂缓。由于暂缓审理制度在整个商标行政案件的审理体系中具有重要作用，其合理适用与否关乎制度效率的整体提升和实质正义的实现，当前商标行政案件评审实践中暂缓审理制度的适用缺失对于商标行政案件审查体系具有一定的负面影响。

在商标行政案件审理过程中，暂缓审理制度的适用一般是案件所涉及的在先权利的权利状态未确定，需要以法院或者行政机关正在处理的其他案件的结果为依据确定权利状态而导致的。在商标行政案件审查过程中，不同程序涉及暂缓审理的法律基础并不一样，在商标不予注册复审案件程序中，当事人可以根据《商标法》第 35 条第 4 款的规定提出暂缓审理的请求。❶ 在商标无效宣告案件程序中，当事人可以根据《商标法》第 45 条第 3 款规定提出暂缓审理的请求。❷ 不同于前两种程序，在商标驳回复审案件程序中，《商标法》中并没有直接的关于暂缓审理案件的规定，由于

---

❶ 《商标法》第 35 条第 4 款规定："商标评审委员会在依照前款规定进行复审的过程中，所涉及的在先权利的确定必须以人民法院正在审理或者行政机关正在处理的另一案件的结果为依据的，可以中止审查。中止原因消除后，应当恢复审查程序。"此款中的"依照前款规定进行复审"指不予注册复审程序，即商标局在异议程序中做出不予注册决定，被异议人不服的，可以向国家知识产权局原商标评审委员会申请复审。

❷ 《商标法》第 45 条第 3 款规定："商标评审委员会在依照前款规定对无效宣告请求进行审查的过程中，所涉及的在先权利的确定必须以人民法院正在审理或者行政机关正在处理的另一案件的结果为依据的，可以中止审查。中止原因消除后，应当恢复审查程序。"

实践的需要，申请人将《商标法实施条例》第 11 条第（5）项❶和《商标评审规则》第 31 条❷两款规定结合使用，为商标驳回复审案件的暂缓审理请求提供了法律依据，商标评审部门也接受了这一做法，但相较前两类案件的法律明确规定，这样的依据显然还不够明确。

不难发现，上述所涉及的暂缓审理的条款规定均为"可以"中止或者暂缓审理案件，这意味着商标行政案件评审过程中暂缓审理的适用与否是由商评委决定的。通常来说，纳入商评委考量范围中的因素有以下三个：（1）在先权利的状态和归属是否确定；（2）在先权利所涉及的其他案件的审理情况；（3）在先权利是否影响本案的审理结果。以笔者所要具体阐述的商标驳回复审案件为例，在涉及与在先商标相同或近似的商标驳回行政案件中，申请人常常会通过对商标局驳回商标申请时所引证的在先商标提起撤销、异议或无效宣告的方式"否定"在先商标的权利，为自己的商标申请排除障碍，同时以引证商标处于权利未定的状态为由请求暂缓案件的审理。因此，在商标驳回复审案件中，以等待在先权利状态稳定为由请求商评委对案件暂缓审理的情况尤为普遍，也更加受到商标实践界的关注。

第二节　商标行政案件中暂缓审理制度的适用困境

一、基于效率价值追求下的暂缓审理制度适用缺失

随着近年来商标行政案件特别是商标驳回复审案件的数量增长，在缺少相应的配套制度、行政审查紧张以及行政部门对于行政效率的要求等多重压力下，原商标评审委员会（以下简称商评委）在案件审理过程中也倾向于更快地审理完手头的案件，在暂缓审理与否这一问题上倾向于考虑案

---

❶ 《商标法实施条例》第 11 条规定："下列期间不计入商标审查、审理期限；……（五）审查、审理过程中，依案件申请人的请求等待在先权利案件审理结果的期间。"

❷ 《商标评审规则》第 31 条规定："依照商标法第三十五条第四款、第四十五条第三款和实施条例第十一条第（五）项的规定，需要等待在先权利案件审理结果的，商标评审委员会可以决定暂缓审理该商标评审案件。"

件积压问题而不愿采取暂缓审理。

以商标驳回复审案件为例，商评委曾在其刊物《法务通讯》中撰文指出："商标驳回复审案件除以下几种情况外原则上不暂缓审理：（一）在申请商标申请注册之前，引证商标已经处于连续三年不使用撤销程序或者无效宣告程序的；（二）引证商标处于异议程序的；（三）引证商标处于变更、续展、转让程序的。"对这一做法商评委也作出了相应的解释：一是《商标法》对商标评审案件的审理期限做了明确法律规定，二是近年来商标评审案件受理量不断增长，特别是商标驳回复审案件受理量的急剧上升给商标案件评审工作带来巨大的审理压力，如果一概将案件暂缓，等待引证商标权利状态最终确定，将会大幅降低审查效率，阻碍审查工作的正常进行。❶换言之，商评委结合审查工作实际情况进行了权衡，给暂缓审理请求设置了一些条件。一方面，通过提高暂缓审理请求的门槛满足部分申请人的暂缓审理请求，同时也不会因为过多将案件暂缓审理而影响授权确权效率。另一方面，对暂缓审理请求设置条件也可以督促商标申请人提前做好在先权利检索，避免过多相同或近似的商标申请浪费行政审查资源。然而《法务通讯》作为商标评审委员会发行的刊物，仅具有一定的参考价值，并不具有法律强制力，案件评审随时可能进行调整。从笔者目前所了解到的情况来看，在审查压力巨大的现实情况下，目前即便是属于上述三种情况，商评委也很少接受暂缓审理的请求。

从宏观上来看，商标驳回复审案件中商评委不愿大面积适用"暂缓审理"制度是有一定原因的，由于我国商标申请采用的是申请在先的原则，对于申请注册的商标，商标局可以引证仍处在申请阶段的在先商标对新的申请商标予以驳回。目前我国商标申请量是十分巨大的，每天都有成千上万新的商标申请，这些新的商标申请若因为前一个在先商标行政案件处于暂缓的状态，基于公平的考虑，后一个与之关联的商标申请的审理也理应进行暂缓，如此循环将会导致商标评审工作"阻塞"，使得大量的商标评审案件被搁置。

还有一个重要的原因阻却暂缓审理的适用，在知识产权领域相关行政

---

❶ 国家知识产权局商标评审委员会《法务通讯》（2018 年 6 月第 72 期）［J/OL］．［2021 - 12 - 21］．http：//spw. sbj. cnipa. gov. cn/fwtx/201806/t20180619_274666. html.

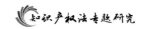

部门愈发强调行政效率的大趋势下，原本审限为 12 个月的商标驳回复审程序基于行政效率的要求被不断地压缩审理时间，商评委审查员需要大幅度地领先于审查期限的要求去审理案件，案件的积压将会使审查员的工作受到一定的影响，即便中止审理或者暂缓审理的时间并不应该被计入审限，但在行政效率的要求下，商评委内部系统的不断提醒以及向上级报告案件审理进度效率不达标等压力都在时刻催促着审查员加快审理，这就使得审查员暂缓审理的积极性进一步降低。

就商标驳回复审案件评审情况来说，目前获得接受较多的暂缓审理的请求为商标共存同意协议出具的初步证据。商标共存同意协议是指申请人在商标注册过程中，发现申请商标存在在先权利障碍，阻碍了申请商标获得授权，商标申请人与在先权利人双方就申请商标与在先商标共存于市场而订立的协议，或在先权利人单方作出同意申请商标与在先商标共存于市场的决定。实际上，接受商标共存同意书初步证据作为暂缓的理由也可以从侧面反映暂缓审理制度的适用情况，首先，由于中国境内的商标权所有人几乎很少愿意签署商标共存协议，绝大多数商标共存协议存在于域外商标权所有人之间，这就已经涉及很少的案件。其次，商标共存协议书出具取决于申请人与在先权利人之间一旦有初步证据提交，商标申请人与在先权利人签署商标共存协议书的可能性就非常大。这种情况下，商评委并不需要等待很长时间就可以收到商标共存协议书，此时暂缓审理的时间将会十分短暂，并不会耽误审查员过多的审查时间。总的来说，对效率的考量仍然是商标评审部门考虑适用暂缓与否的重要原因之一，基于对评审效率的追求造成当前暂缓审理制度的适用困境。

二、商标申请策略变化导致的暂缓审理制度适用困境加剧

事实上，为了应对商标行政案件评审实践的变化，在商标驳回复审案件中，商标申请人同样也有相应的策略，由于我国商标法律规范中并不禁止申请人在同一商品或服务上申请相同的商标，因此当申请人发现自己的商标申请被驳回后，会在提起驳回复审同时对引证商标采取撤销、无效宣告等措施，之后在合适的时间提交一个相同商标在原有商品或者服务上的新申请，并针对前一个申请的驳回复审裁定继续寻求一审、二审甚至再审

上的司法救济程序，为针对引证商标所采取的撤销、无效等措施争取审查的时间，以等待引证商标状态的最终确定，为新申请扫清障碍，甚至有一些申请人针对同一个商标递交第三轮、第四轮的新申请去等待在先商标涉及的程序。

当前，商标驳回复审案件的审理的时间基于效率的要求不断缩减，普通案件的法定审理周期为 12 个月，而实践中只需要 7 个月便可以完成，复杂案件在 10 个月左右可以完成。❶ 反观其他程序的审理，撤销商标三年连续不使用案件的审查时间为 4 ~ 6 个月，商标无效宣告案件在实践中审查时间更是长达 12 ~ 18 个月，这使得当事人不得不穷尽程序上的途径去拖延时间，等待对引证商标所采取的相关措施的审理结果。这实际上与商标局提高商标确权效率与节约行政资源的目的是背道而驰的，申请人为了获得更多的时间，由于暂缓审理通常得不到支持，申请人迫于无奈只能通过重复地提交新的同样的申请并穷尽程序上的途径拖延时间，否则一旦商标申请的驳回决定生效，申请人不仅会丧失较早的申请日优势而面临新的近似商标申请"乘虚而入"，且一旦针对引证商标的程序未审结，申请人所提交的新申请同样会因为之前的引证商标被驳回，此时商标申请人的申请将前功尽弃，遭受更大的损失，迫于无奈商标申请人便不得不一遍一遍地在程序上进行轮回，等待引证商标的相关程序结束。

然而，商标申请人这样的申请策略不仅会使商标局收到更多重复的新申请，增加商标行政部门的工作量，增加商标案件评审压力，且申请人穷尽救济途径的目的并非通过救济程序进行申诉，而是尽量地利用案件的审理拖延时间，这使得一些实际上争议并不大商标行政案件流向司法程序，浪费司法审查资源，这显然违背了救济程序设置的初衷。

三、司法程序中情势变更原则的适用限制暂缓审理制度功能的发挥

暂缓审理制度适用的缺失，第三个原因是商标行政诉讼案件中法院对于情势变更原则的适用，当商标行政案件穷尽行政程序进入行政诉讼的司

---

❶ 肖育斌. 中国法律年鉴 2020 ［Z］. 北京：中国法律年鉴社，2020：1044.

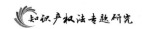

法阶段，法院在引证商标权利状态确定后可以通过情势变更原则作出改判。法院认为引证商标处在撤销、无效程序而处于权利未定的状态并不会阻碍案件判决的实现，因此法院同样出于对效率的考量不会中止案件的审理，如果引证商标的权利状态在案件审理过程中得以确定，法院则会以情势变更原则作出裁判，这也迫使当事人在诉讼程序中不断推进程序以等待在先权利的确定。

随着商标行政诉讼案件的裁判数量的增长，这一司法实践也逐渐定型，并通过司法解释予以确认，由最高人民法院制定并于 2017 年 3 月 1 日生效的《最高人民法院关于审理商标授权确权行政案件若干问题的规定》第 28 条规定："人民法院审理商标授权确权行政案件的过程中，商标评审委员会对诉争商标予以驳回、不予核准注册或者予以无效宣告的事由不复存在的，人民法院可以依据新的事实撤销商标评审委员会相关裁决，并判令其根据变更后的事实重新作出裁决。"

商评委对于暂缓审理的态度正是考虑了商标行政诉讼中法院的做法，根据上述条款，当在先权利状态稳定后，法院可以以情势变更为理由进行裁决，涉及在先权利的评审案件可以通过司法判决以情势变更为由纠正。同时，法院以情势变更为由纠正案件后商评委并不需要承担行政决定违法的责任，此时商评委更没有理由牺牲自身工作效率对案件进行暂缓，这无疑阻碍了暂缓审理制度功能的发挥。有学者指出，在商标被宣告无效、被成功异议、被撤销、被驳回或者期满不再续展这五种情形的商标行政诉讼案件中，以情势变更原则对案件进行改判都不属于合法适用情势变更的情形，这种做法有悖于制度效率和实质正义的实现。❶ 笔者从暂缓审理制度适用困境的角度审视，同样得出这一结论。

---

❶ 李扬. 论商标授权确权行政案件中情势变更原则的不可适用性 [J]. 法商研究，2017 (5)：190 – 191.

第三节　商标行政案件中暂缓审理制度适用的必要性分析

一、暂缓审理制度的合理适用可以有效减少行政司法资源的浪费

根据商标评审委员会发布的数据显示，2020 年评审案件进入司法程序总体败诉率为 24.62%，而刨除情势变更后的实际败诉率仅为 9.8%，就再审判决案件来看，因情势变更而改判的案件多达 169 件，是 2019 年的 4 倍有余。商评委也指出，很多当事人将程序进行到底的原因就在于对情势变更的情形存有期待，而实际情况是大多数怀有期待的再审申请人都没能等到自己想要的结果。据 2020 年的数据统计，全年收到的 617 份再审裁定中，因裁判作出时在先权利未定而导致商标驳回的再审申请不在少数。无论是驳回再审申请还是因情势变更而改判，此类缺少技术含量的简单案件涌入再审程序使得再审程序异化为普通的司法救济程序，有违程序设计的本意，还会导致终审不终，损害生效判决的既判力。●

如上文所述，将案件暂缓审理不仅导致案件本身被搁置，还有可能导致其他相关的商标评审案件被搁置，但不适用暂缓审理的选择并没有从根本上化解这种"堵塞"的现象，而是将商标评审案件"堵塞"的压力转移到了司法机关，徒增司法机关审理案件的压力，这实际上并没有提高效率，本该暂缓的案件通过程序上的申诉不断往前推进，这使得暂缓审理制度在一定程度上被架空，没有办法发挥其应有的制度功能。此外，从申请人的角度来看，提交新申请，寻求一审、二审甚至申请再审等程序也给申请人带来了额外的成本。暂缓审理制度设置的初衷，就是为了等待在先权利确定，以保证行政决定或司法判决更为稳定，缺少暂缓审理制度必要的适用有悖暂缓审理制度立法设计的本意。

● 国家知识产权局商标评审委员会. 2020 年商标评审案件行政诉讼情况汇总分析 [EB/OL]. (2021 - 07 - 21) [2024 - 09 - 30]. https：//www.cta.org.cn/ldjh/202108/t20210816_51797.html.

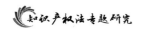

二、暂缓审理制度的合理适用有利于清理闲置商标

相较许多发达国家，我国的商标申请量及商标保有量巨大，同时，我国商标被撤销、注销和无效的数量也巨大，这就从侧面反映出实际上许多商标的申请并非为正常的商业使用，而是处在闲置的状态。闲置注册商标是指注册商标有效期尚未届满，但权利人长期不使用或者权利人消亡且无人继受的注册商标。这些商标既包括由于申请人恶意的囤积商标，申请人因故长期不使用商标而存在的"注而不用"的商标和由于商标专用权人死亡、注销等原因而产生的闲置商标。❶ 我国曾在 2002 年《商标法实施条例》第 47 条规定了商标注册人死亡或者终止后的移转手续以及注销申请程序，❷ 但现行《商标法实施条例》第 32 条仅规定了移转注册商标的方式。因此，对于无人继承受让的无主商标而言，只能通过"连续三年不使用"或"注册商标有效期届满未进行续展"而进行撤销或注销，这种被动的方式无疑限制了商标价值的发挥，如何妥善清理闲置商标这一问题目前在学界也存在相当多的研究。

笔者认为，正是出于消灭意在抢注、囤积商标等违法行为的愿景，适用暂缓审理的制度在当前才具有更大的必要性。根据商标评审委员会发布的裁文统计数据，从 2021 年 2 月 16 日至 3 月 15 日一个月内商标评审委员会就收到了 70807 件驳回复审申请，同比增长 17.2%。❸ 这说明越来越多新申请的商标由于在先权利的阻挡而被驳回，而同时存在的撤销与无效案件的大量出现说明在巨大的注册商标基数下，许多闲置商标正通过被撤销、被无效的被动方式而被清理，而对于这些被动的程序来说，它们并不是无缘无故就被提出的，提出这些程序的申请人动机大多出于这些闲置的商标作为在先权利可能或者已经阻挡了自己希望得到注册的商标，而这一

---

❶ 王莲峰，沈一萍. 论清理闲置注册商标制度的构建［J］. 知识产权，2019（6）：38 - 39.

❷ 《中华人民共和国商标法实施条例》（2002 年版）第 47 条规定，商标注册人死亡或者终止，自死亡或者终止之日起 1 年期满，该注册商标没有办理移转手续的，任何人可以向商标局申请注销该注册商标。提出注销申请的，应当提交有关该商标注册人死亡或者终止的证据。

❸ 国家知识产权局商标局商标评审部. 商标评审案件审理情况月报（2021 年第 3 期）［J/OL］.（2021 - 04 - 15）［2024 - 02 - 19］. http://sbj.cnipa.gov.cn/gzdt/202104/t20210415_328950.html.

过程使得许多旧的闲置商标正在逐渐被新的商标所替代。不仅如此，目前商标驳回案件中的引证商标数量越来越多，有时候一个新商标需要克服多个在先商标才能获得注册，太多的闲置商标阻挡了新商标的申请，需要申请人通过撤销、无效在先商标的方式去克服障碍，才导致暂缓审理需求的出现，而过多的暂缓审理需求又反过来增加了评审工作压力，进一步加剧了暂缓审理的适用困境。究其根本，暂缓审理适用困境与我国闲置商标问题是具有关联性的。试想，若缺少暂缓审理制度的合理适用，商标申请的成本将会增加，这将导致商标申请人选择放弃商标申请，那么在先申请的闲置商标依然存在，后来的申请人就会遇到更多的闲置商标障碍，这实际上阻碍了商标的新旧交替，不利于盘活商标资源、促进商标市场有序发展。申言之，暂缓审理的适用问题与解决闲置商标问题所追求的目标是具有一致性的。

笔者认为，适当地运用暂缓审理制度等待在先商标的权利状态是有必要的。首先，待在先权利确定后再对商标确权授权案件进行审理会让案件更具有长期稳定性。其次，申请人也不需要通过穷尽救济途径拖延时间，这样既减少行政审查资源的浪费，也能防止太多争议并不大的行政案件流入司法程序而占用司法资源。同时，暂缓审理制度的设置本就是解决在先权利悬而未定的问题，而就当前大量商标被囤积及未使用的情况来看，合理运用暂缓审理制度解决一些已经丧失合法性的在先商标也具有相当的必要性。

第四节　商标行政案件暂缓审理制度适用问题的优化对策

笔者认为，可以从以下三个方面出发来破解暂缓审理适用难题。首先，当务之急应先完善暂缓审理制度的立法，提供一个更加明确清晰的法律基础，使暂缓审理的法律适用更加明确。其次，加强审查意见书这一手段的运用，让商标评审部门更好地把握暂缓审理适用主动权，将案件的不同程序联系起来，更好把握暂缓时机。此外，由于暂缓审理制度在当前具有一定的适用的必要性，笔者认为可以适当调整商标评审部门工作导向，提高审查员适用暂缓审理制度的积极性，同时注重法院司法审判对商标行政案件的监督功能，逐步破解暂缓审理制度适用困境。

一、从立法层面破除暂缓审理制度适用困境

首先，就立法层面来讲，暂缓审理制度的设置仍然不够完备。如前文所述，就商评委审理的不予注册复审、无效宣告复审两类案件，商评委在《商标法》中能找到明确的法律依据中止案件的审理，同样是商评委审理的商标驳回复审案件，却需要依据《商标实施条例》及《商标评审规则》不同条款同时适用才可以将案件暂缓，这无论是法律适用层级还是适用的准确性上都不一致，完善暂缓审理制度的法律依据有助于明确暂缓审理制度的法律基础。

其次，在不予注册复审及无效宣告复审的法律适用上，《商标法》第35条第4款和第45条第3款规定："所涉及的在先权利的确定必须以人民法院正在审理或者行政机关正在处理的另一案件的结果为依据的，可以中止审查"，其用词为"中止审查"；而《商标评审规则》第31条规定："依照商标法第三十五条第四款、第四十五条第三款和实施条例第十一条第（五）项的规定，需要等待在先权利案件审理结果的，商标评审委员会可以决定暂缓审理该商标评审案件"，其用词为"暂缓"。从法学理论上来讲，中止审理是指某个案件在法院受理后，判决作出前，某些情况的出现使得案件的审理工作在一定期限内无法继续进行，法院决定停止案件审理，等待有关情形消失后再继续审理的活动。具体到商标行政案件领域，在先权利状态未定并不当然导致审理工作无法进行，因此，笔者认为应将用词统一为"暂缓审理"更为恰当。

由于暂缓审理制度的适用在当前具有较高的运用价值，在明确法律依据的同时还可以辅以配套制度，规范适用条件和归纳具体适用情形，考虑权利人在引证商标处于撤销连续三年不使用程序、无效宣告程序、引证商标处于异议程序等不同情形下的暂缓审理请求需要，将不同情况下的暂缓审理需求进行分类，合理确定暂缓审理的适用情形，指引权利人合理提出暂缓审理请求，逐步规范暂缓审理制度适用条件，帮助当事人更加明确地提出暂缓审理请求，在制度设计层面破除暂缓审理制度的适用困境。

二、运用审查意见书把握暂缓审理制度适用时机

审查意见书是商标局认为对商标注册申请内容需要说明或修正而向商标注册申请人发出的文书，《商标法》第 29 条❶及《商标法实施条例》第 23 条❷对此做了规定，2016 年《商标审查及审理标准》❸ 中对该文书有了更细化的规定，其将审查意见书的适用范围限定在以下四种情况：其一，符合《商标法》第 10 条第 1 款第（二）、（三）、（四）项、第 2 款但书规定可能性的；其二，在报纸、杂志、期刊、新闻刊物等特殊商品上申请注册含有国名、县级以上行政区划名，需申请人提供相关证据材料的；其三，具有符合《商标法》第 11 条第 2 款规定可能性的、颜色组合商标或者声音商标据申请文件尚不足以确认其具有显著特征、包含非显著部分，但经申请人补充材料或修正后可能准予初步审定的；其四，确有必要使用的其他情形。

在 2020 年以前，商标审查意见书的下发多符合上述前三种情况，即主要针对商标本身的可注册性下发审查意见书，随着商标评审实践的变化，商标局针对在先商标状态不稳定，而商标注册申请即将超过审限这种情况也开始下发审查意见书，主要内容为告知申请人可以向商标局提交暂缓审查书面申请以等待在先商标的状态稳定再对商标申请予以审查。❹ 笔者认为，这种推进方式对案件进行暂缓审理具有一定的作用。

在 2019 年中央机构改革部署完成后，商标局与商评委整合为国家知识产权局，以国家知识产权局的名义开展商标审查工作。在具体实践操作

---

❶ 《商标法》第 29 条："在审查过程中，商标局认为商标注册申请内容需要说明或者修正的，可以要求申请人做出说明或者修正。申请人未做出说明或者修正的，不影响商标局做出审查决定。"

❷ 《商标法实施条例》第 23 条："依照商标法第二十九条规定，商标局认为对商标注册申请内容需要说明或者修正的，申请人应当自收到商标局通知之日起 15 日内作出说明或者修正。"

❸ 《商标审查及审理标准》是原国家工商行政管理总局商标局和原国家工商行政管理总局商标评审委员会为规范商标审查和商标审理工作共同修订的规范性文件。《商标审查及审理标准》经国家工商总局批准并印发，供商标局、商标评审委员会、商标审查协作中心的全体审查人员在商标审查及商标案件审理时执行。

❹ 蔡叶. 审查意见书新动向：允许提交暂缓审理申请 [Z/OL]. (2020 – 02 – 14) [2021 – 09 – 30]. https：//mp. weixin. qq. com/s/DLqLm8Qx3pFi0 – I8DCSBwQ.

上，仍由商标局对商标转让、变更、续展、注册等基础业务申请案件进行审理，商评委对驳回复审、异议复审、不予注册复审、撤销复审、无效宣告申请、无效宣告答辩进行审理。在实践中，商标局会在商标注册申请阶段主动下发审查意见书，告知商标申请人在先商标权利未定的情况并引导当事人向商标局提出暂缓审理申请，这种方式可以将一些案件在商标申请阶段就予以暂缓。一方面，商标局主动发出审查意见书更能够根据案件审理情况把握暂缓审理的适用时机，也不违背法律所规定"可以暂缓"的要求。另一方面，在商标申请阶段就将案件暂缓审理也可以缓解商评委的审查压力，同时商标局作为最先接触商标撤销、无效申请的行政主体，也可以更快地把握在先权利状况，判断是否需要暂缓审理。

目前，对于审查意见书的下发仅停留在商标注册申请阶段，由于《商标法》和《商标法实施条例》仅明文规定了商标局可以下发审查意见书，而商评委不在此列，所以商评委并无权限下发审查意见书。因此，通过审查意见书的形式对商标行政案件进行暂缓目前只能存在于商标局所审查的案件程序，运用在商标注册前引证商标就已经处于在先权利不稳定状态的情形，这有利于督促商标申请人在商标申请以前就做好在先商标检索工作，同时这一制度也提供了一个路径设想，尝试将审查意见书这一手段运用在商评委所评审的案件程序中，完善制度设计，拓宽商评委与申请人的交流渠道，使商评委也能够把握暂缓审理制度适用时机，在国家知识产权局行政体制框架下，将分属商标局及商评委所承办的关联案件不同程序衔接起来，从案件全局出发决定暂缓审理的适用与否。一旦认为在先权利的审理并不会过多耽误审查时间，则可以向申请人下发审查意见书，征求其意见，接受当事人合理的暂缓审理请求，更好发挥暂缓审理"可以适用"的制度设置功效。

三、转变行政及司法审查思路助力暂缓审理制度合理适用

从商标授权确权行政部门的评审角度出发，在强调行政效率的环境下，商标案件评审员对于适用暂缓制度的积极性并不太高，然而在目前的情况下，暂缓审理制度的适用又具有发挥其制度功能的实际意义。因此，商标行政机关适当地调整工作导向是有必要的，这需要国家知识产权局从

宏观上把握当前商标行政案件评审情况，通过自上而下的引导，转变审查员对待评审案件的态度，改变强调过多追求效率的工作导向，放宽审查员的审查时间，使审查员能更充分具备审查主动性，有更多积极性去适用暂缓审理制度，将案件尽可能结束在行政阶段，避免司法资源的浪费，同时也能通过合理的适用暂缓审理在一定程度上消化一些闲置商标。

从司法审判的角度来说，法院不应一律等到在先权利状态稳定后再适用情势变更原则对案件进行裁决，暂缓审理的制度价值就是解决需要以法院或者行政机关正在处理的其他案件的结果为依据确定权利状态而创设的制度。法院应充分尊重个案差异，当在先权利状态未定对案件存在重大影响时，法院应根据法律规定直接认定未适用暂缓审理制度属于程序违法，撤销商标行政案件评审部门的违法决定并责令其重新作出决定，以这种方式促使商标行政案件评审部门主动检视暂缓审理制度的适用缺失，提升暂缓审理制度在商标行政案件的适用的合理性。

结　　语

适当暂缓案件的审理可以改变当前商标行政案件评审过程中存在的行政司法资源浪费的问题，同时暂缓审理制度的适用与闲置商标的清理是具有相同的价值目标内涵的，具有适用的必要性。当前，应该在立法层面完善暂缓审理制度，搭配审查意见书的使用，同时商标授权确权行政部门在案件审理上要适时地调整商标评审工作导向，通过自上而下引导促进暂缓审理制度的合理适用，法院在商标行政诉讼中也应当考量个案中在先权利状态做出合理裁判，逐步破除暂缓审理制度适用困境，完善商标行政案件审理工作，持续提升知识产权审查质量和效率。

第十章　标准必要专利禁令救济研究[*]

第一节　概　　述

一、禁令救济的概念

发端于英美衡平法的禁令救济，意味着法院禁止侵权者在一定时期内使用相关知识产权。由于普通法的损害赔偿只能补偿原告过去遭受的损失，而不能补偿未来的潜在损失，法院便在诉讼中引入了禁令这一衡平法的补救措施。● 由此，申请人为申请禁令，需要向法院证明其合法权利已经被侵犯或将被侵犯，而侵权人的金钱补偿不足以"弥补"损失。禁令核发后，如果被申请人违反禁令条款，可能会被视为藐视法庭。大陆法系有与之相近的措施，有临时停止侵害和责令停止侵权。两大法系禁令制度的法理基础有别，内涵、具体规则上有差异，但制止侵权的目的与执行效果具有一致性。

广义来说，禁令可因颁发机构划分为执法机构与司法机构颁发的禁令；因颁发时间划分为诉前、诉中和终局禁令；因时效性分为临时禁令、初步禁令和永久禁令（常见于英美法系，其作用相当于大陆法系的停止侵

＊ 本章由雷名洋撰写，孙玉荣对其内容进行部分修改和删减，部分内容发表于《知识产权研究（第 30 卷）》（社会科学文献出版社 2023 年版）。

● 赵威. 论国际诉讼管辖权冲突中的禁令制度——以标准必要专利诉讼案为例［J］. 理论探索，2021（4）：117－122.

害）；还有以禁令对象分为单方禁令、双方禁令等多种类型。❶ 当专利权人申请禁令时，普通法系的审判机关不一定支持禁令，只有在损害赔偿不能"填平"侵权导致的损失并达到一定条件时，才可能出现准许禁令的情况。大陆法系基本遵循"停止侵害当然论"。简言之，当法院认定被告构成侵权时，支持权利人的禁令申请。

　　禁令在我国相当于诉前禁令、行为保全和停止侵权。根据北京市高级人民法院《专利侵权判定指南（2017）》，标准必要专利是指为实施技术标准而必须使用的专利，而对于禁令的含义，《与贸易有关的知识产权协议》（TRIPs 协议）第 9 条称之为临时措施，第 44 条规定当局有权采取停止侵权措施，即禁令。2016 年的《关于滥用知识产权的反垄断执法指南》（征求意见稿），给出禁令的定义，并将禁令问题作为单独问题规定，即专利权人有权请求司法机关或其他组织发布命令，以禁止或限制有关经营者使用其专利。毫无疑问，禁令需要清晰明了，以便当事人能够理解自己必须做什么或不可以做什么。

　　我国《民法典》第 179 条规定了承担民事责任的方式，在专利侵权案件中，权利人提出了责令被告停止侵权的申请，司法机关一般会在认定侵权事实成立的情况下，判处被告停止专利侵权。《专利法》第 65 条规定了诉讼和行政两类救济途径，其中，行政救济途径赋予主管专利工作的部门有责令停止侵权的执法权，起到"禁令救济"的效果。《最高人民法院关于审查知识产权纠纷行为保全案件适用法律若干问题的规定》第 7 条被视为规定了禁令的构成要件，该条规定行为保全即禁令，需考虑案件事实、申请人遭受难以弥补的损害、双方当事人的利益平衡、社会公共利益及其他因素。

　　综上，笔者认为，禁令是司法机关应专利权人的请求，要求侵权人采取或者不采取某种行为的命令，是权利人可以依法选择行使的针对侵权行为的合法权利，以原告遭受难以弥补的损害、当事双方利益平衡、公共利益考量等为构成要件。

---

❶　广东省高级人民法院. 通信领域标准必要专利法律问题研究［M］. 北京：知识产权出版社，2020.

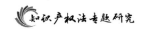

二、标准必要专利禁令救济定性之争

作为一种第二性救济权利，禁令属于知识产权范畴，可分为临时性和永久性，有助于防止权利人将来遭受不必要损失。滥用禁令就是滥用知识产权，可以适用专利法、合同法或反垄断法进行规制。论及其性质，TRIPs协议第 44 条官方解释称，考虑到不同法系国家的国内法差异较大，仅定义禁令措施的目的，并未界定禁令措施的性质。各国关于标准必要专利（standard – essential patent，SEP）禁令的司法适用存在差异，主要由于各国国情不同、企业定位不同，导致企业诉求冲突。

关于禁令到底是一种实体处分还是一种程序措施的定性问题一直存在争议。禁令性质的界定，直接关系到标准必要专利纠纷的裁决，❶ 关系到裁决机构是否准许禁令。从衡平法的历史看，禁令从一开始就是作为一种实体处分而不是一项程序措施来看待的，禁令适用的对象是行为而不是财产。诉讼对象的性质决定颁发禁令的时间，并由此划分诉前或诉中禁令。

三、标准必要专利禁令救济适用之争

SEP 禁令适用规则问题的由来与通信行业的发展有较大关系。关于SEP 禁令适用，有肯定说、否定说和折中说三种观点。

持肯定说的学者认为禁令救济是专利保护的关键要素，❷ 限制禁令救济会产生诸多弊端，如马乐教授指出反向劫持影响科技创新，❸ 当前存在反向劫持、❹ 许可费率的确定、颁发禁令前的救济方式设置等问题。支持禁令救济说认为禁令的意义在于应对反向劫持，FRAND 不能和放弃禁令划

---

❶ 黄运康. 标准必要专利停止侵害请求权的民法阐释与体系构建 [J]. 电子知识产权，2022 (11)：32 – 43.

❷ 王斌. 关于标准必要专利禁令救济的思考 [J]. 电子知识产权，2014 (11)：31 – 34.

❸ 马乐，黄香. 限制标准必要专利禁令救济的裁判规则研究 [J]. 科技与法律，2020 (2)：16 – 23.

❹ 叶高芬，张洁. 也谈标准必要专利的禁令救济规则——以利益平衡为核心 [J]. 竞争政策研究，2016 (5)：51 – 61.

等号。^❶ 学者认为禁令救济具有反竞争效果，是有其合理性的;^❷ 也有学者认为如果没有禁令救济，标准必要专利将成为空壳，权利人将失去在许可谈判中的所有筹码，唯一可以依赖的补救措施是基于专利"合理估值"的司法定价。^❸《专利法》第 11 条肯定了权利人的许可权，第 12 条表明权利人的求偿权。如果实施者可以自由和不受限制地使用专利权人的创新成果，专利权人就没有理由或动机利用专利制度来继续技术创新。专利权的客体是无形的，可以被多人同时使用，因此需要专利禁令这一限制侵权人的权利。此外，世贸组织主张专利权人可以依照各国法律及国际公约的明确规定申请禁令救济，但须有限度，否则不利于技术标准的推广与应用。

持否定说的学者认为不应适用禁令，禁令会导致权利滥用，应完全限制禁令。一些专家主张用高额侵权赔偿来代替禁令的申请。^❹ 谭袁主张全面禁止权利人寻求禁令救济。考虑到禁令的社会效果，其突发性、彻底性，可能影响到企业生存、行业稳定，如果禁令颁发却难以实际执行，可能难以产生良好的震慑效果。^❺ 部分学者认为 SEP 持有者以 FRAND 条件许可专利的义务，类似于供电、供水等垄断企业所负的强制性缔约义务，具有普遍性，这种观点将 SEP 视为行业的基础设施。善意的实施者享有禁令豁免的权利。^❻ 标准必要专利禁令救济的规则、许可费用的确定和反垄断的裁定规则较为模糊。^❼ 反对禁令救济的，认为 SEP 禁令救济会产生市场

---

❶　中国应用法学研究所课题组. 标准必要专利 FRAND 声明与禁令和费率问题研究［J］. 中国应用法学，2020（2）：33 – 51.

❷　周蒔文，邓钰玮. 论"专利劫持"的法律属性及其司法救济［J］. 科技管理研究，2018，38（8）：180 – 186.

❸　杨安进，徐永浩. 维诗十周年｜经典案例巡礼之四：西电捷通公司诉索尼移动公司标准必要专利侵权案［EB/OL］.［2024 – 02 – 01］. http：//www. wisweals. com/index. php? m = content&c = index&a = show&catid = 71&id = 75%E3%80%82.

❹　丁亚琦. 论我国标准必要专利禁令救济反垄断的法律规制［J］. 政治与法律，2017（2）：114 – 124.

❺　谭袁. 论 FRAND 承诺的性质及其价值［J］. 电子知识产权，2017（7）：20 – 29.

❻　叶若思，祝建军，陈文全，等. 关于标准必要专利中反垄断及 FRAND 原则司法适用的调研［J］. 知识产权法研究，2013（2）：1 – 31.

❼　严文斌. 中欧标准必要专利比较研究与借鉴［J］. 电子知识产权，2021（1）：61 – 71.

失序的实效，可以有充分的理由怀疑禁令的合理性；❶ 会导致专利劫持、致使专利许可费超出正常基准，我国应慎用停止侵害和诉前行为保全。❷

对禁令持审慎态度的观点有：蒋华胜认为基本立场应为限制申请，例外是反向劫持，在这种情形下，法院应支持专利权人获得禁令。❸ 应鼓励实施者与专利权人事先交涉，取得授权诱因，避免禁令的产生。❹ 马乐、黄香认为需要对 SEP 禁令施加限制，并明晰限制的合法性和合理边界，有很多可执行的法律路径，应谨慎使用反垄断法。❺ 贾明顺认为一旦专利权事实上妨碍市场竞争、造成垄断时，就应由竞争法调控。❻ 王雪、曹瑾亦主张应限制禁令救济，原则上不应适用停止侵权，只有在没有替代方式时才考虑适用。❼ 李扬主张应予以限制禁令救济。❽ 事实上，包括"微软案"法官詹姆斯·L. 罗巴特（James L. Robart）在内的多位学者支持审慎颁发禁令的立场，即言之，为保护实施者选择适用技术标准的信赖利益，法院一般不支持专利权人提出的禁令请求，除非实施者明确拒绝支付使用费，毕竟专利权人做出 FRAND 承诺后才加入标准组织。

持折中说的学者认为在没有可替代救济方式时才考虑适用禁令，以避免专利劫持。❾ 部分学者认为美国、德国法院在禁令问题上趋于谨慎，在损害赔偿可以弥补专利权人的情况下，不必然颁发禁令，法院要综合考量

❶ 杨鸿. 标准必要专利禁令救济的法律适用困境与出路 [J]. 西部学刊，2021（13）：66－68.

❷ 罗娇. 论标准必要专利诉讼的"公平、合理、无歧视"许可——内涵、费率与适用 [J]. 法学家，2015（3）：86－94.

❸ 蒋华胜. 标准必要专利禁令救济法律制度的重构 [J]. 人民司法，2020（31）：99－104.

❹ 李青. 标准必要专利权人违反 FRAND 承诺的反垄断法规制——以欧盟为考察对象 [J]. 西部法学评论，2019（6）：72－81.

❺ 马乐，黄香. 限制标准必要专利禁令救济的裁判规则研究 [J]. 科技与法律，2020（2）：16－23.

❻ 贾明顺. 欧盟竞争法视域下标准必要专利规制问题研究 [J]. 北京航空航天大学学报（社会科学版），2021，34（2）：21－28.

❼ 王雪，曹瑾. 标准必要专利中 FRAND 原则在我国的司法实践考察 [J]. 太原师范学院学报（社会科学版），2021，20（1）：68－76.

❽ 李扬. FRAND 劫持及其法律对策 [J]. 武汉大学学报（哲学社会科学版），2018（1）：117－131.

❾ 易继明，胡小伟. 标准必要专利实施中的竞争政策——"专利劫持"与"反向劫持"的司法衡量 [J]. 陕西师范大学学报（哲学社会科学版），2021，50（2）：82－95.

司法平衡艺术，防止诉权滥用。❶

笔者认为禁令适用使得专利权人有权禁止他人不正当使用其专利，但不应滥用禁令、阻碍竞争。主张完全限制禁令的学者们认为禁令使限制竞争更隐蔽，起到威胁潜在实施者与事实上拒绝许可的作用，倘若寻求禁令会构成权利滥用或违反合同前诚信，也必然违反 FRAND 义务，则该禁令请求不应被允许。当争论发生且 FRAND 谈判破裂时，是否应颁布禁令以防止实施者可能出现的侵权行为，竞争法能否在这些问题上发挥作用，值得探讨。

如果说诉讼是标准必要专利相关市场主体之间利益之争的战场，那么禁令就是这个战场上威力最大的武器。禁令申请的条件、颁发的条件、标准和尺度等构建起标准必要专利禁令制度，既对当事人及利益相关方影响重大，也对整个商业模式、商业规则产生影响。禁令制度须与标准的本质属性相匹配，对于市场标准、行业标准和强制性标准等不同类型的标准，禁令颁发的原则和具体规则有较大差别。

总的来看，我国第一个标准必要专利诉讼发生之前，国外已有较多禁令裁判经验，国内禁令适用有借鉴"彼法之善者"，亦有本土化创新。"先行判决"是目前我国在专利禁令领域可圈可点的司法创新，即法院先就被告是否侵权作出判决，起到相当于禁令的停止侵权的效果，再就案件损害赔偿问题另行审理并作出判决；"先行判决"有助于被侵权方加速获得禁令救济。此外，我国的"永久禁令"参考德国的禁令发放方式但无前置审查；就行为保全这一措施，相当于英美法系"临时禁令"环节；司法实践考量禁令条件却参考美国 eBay 四要素，包括"被侵权人将受到不可弥补的损害、当事双方利益平衡、公共利益的考量、其他因素"，该四要素在美国适用于永久禁令的发放，我国借鉴后用于临时禁令的审查和发放，也具有创新性。

---

❶ 叶高芬，张洁. 也谈标准必要专利的禁令救济规划——以利益平衡为核心 [J]. 竞争政策研究，2016（5）：51 - 61.

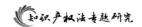

第二节　标准必要专利禁令救济存在的问题

一、现行法律规定不足

我国现行法律对标准必要专利禁令的专门规定很少。目前，层级较高的，仅最高人民法院的司法解释、北京市高级人民法院的指南有相关规定，明确了标准必要专利侵权诉讼的相关规则，同时也存在一定的立法空白，导致各地适用的法律标准不一致，这有待进一步研讨。

《民法典》第 123 条宣示知识产权作为一种民事权利❶，法典未涉及的留给知识产权单行法规定，这表明《民法典》在要求停止侵犯知识产权方面的审慎立场。《民法典》对民事责任采取了开放式的立法模式，第 179 条规定了 11 种形式的民事责任，承认侵权是债权成因之一❷，停止侵权等责任形式可以替代适用或并用。

关于禁令救济的规定，2020 年《专利法》没有明确规定 SEP 侵权有关裁定规则的具体细节；各地法院发布的指导意见比较分散，各有侧重且效力较低。自 2016 年 4 月 1 日施行的《最高人民法院关于审理侵犯专利权纠纷案件应用法律若干问题的解释（二）》（以下简称司法解释二）第 24 条明确当申请人存在过错而实施者无过错时，司法机关不支持禁令救济，第 26 条引入了对国家利益和公共利益的考虑，并明确了禁令的替代选择，体现出我国对于明确禁令救济具体裁判规则的尝试。

其他有关禁令的规定，则是 2019 年发布的《国务院反垄断委员会关于知识产权领域的反垄断指南》，其中第 27 条将权利人的 FRAND 承诺、禁令申请、许可条件等作为判定垄断的考量因素，包括禁令申请对许可谈判、下游市场、消费者利益的影响；《最高人民法院关于审查知识产权纠

---

❶　刘鑫. 从类型化到法典化：我国知识产权立法的发展与变革——以《民法总则》第123条为切入点［J］. 电子知识产权，2018（4）：52–60.

❷　黄运康. 论民法典视阈中标准必要专利停止侵害请求权［J］. 科技与法律（中英文），2021（3）：74–82.

纷行为保全案件适用法律若干问题的规定》关于行为保全考虑因素的规定；此外，我国现行有效的《国家市场监督管理总局关于禁止滥用知识产权排除、限制竞争行为的规定（2020 修订）》第 11 条明确知识产权许可不得"实施差别待遇"，与公平、合理、无歧视（FRAND）原则相近，第 7 条引入消费者利益或者公共利益的考量因素，参考了美国 eBay 四要素。

值得称道的是，司法解释二规定了发布禁令的审查条件，对于专利权人和实施者，分别审查其 FRAND 义务和善意状态；明确了执行标准，"明示"标准意味着标准化建设中专利信息的"公开"制度，体现专利被纳入标准时的透明度，专利所有人是否有义务披露、披露内容，以及是否履行其披露义务，对于是否签发 SEP 禁令有直接影响；对于侵权人而言，评估的重点是侵权人的行为是否反映了获得专利许可的愿望；认定过错的事实依据是"专利权人与被诉侵权人就实施专利的许可条款进行了谈判"，这隐含了专利权人与侵权人在诉讼前就许可进行了协商和谈判。

司法解释二使 FRAND 原则在国内具有法律意义上的可诉性，但仍有一定的局限性，一方面，其只适用于推荐标准中所列专利，且相关条文表述较为笼统，至于未列举的专利，留待司法实践处理。这也是后来"华为诉三星案""西电捷通诉索尼案"没有援引该司法解释的原因。这两个案例都援引了当时《民法总则》的诚实信用原则来判断当事人的过错。

另一方面，现行司法解释较为谦抑，并未涵盖广泛、全面，只是对各方能够达成共识的典型问题进行了明确，并没有涉及争议较大的问题。例如，只规定权利人违反 FRAND 义务且实施者无过错时，不得授予禁令的情况❶，未对判断专利有效性、损害不可弥补性等实质法律要件进行细化。笔者认为，条文仅规定了核发禁令要审查的部分情形。根据"举重以明轻"的逻辑分析，某些情形是否颁发禁令值得探讨。然而"举重以明轻"无法解决所有情形的问题，对于其他存在过错的情形是否颁发禁令，现行司法解释仍有待完善。

---

❶ 李勤亮. 标准必要专利禁令救济的适用［C］//《上海法学研究》集刊（2021 年第 12 卷总第 60 卷）——上海市法学会知识产权法研究会文集，2021：63 – 69.

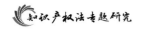

二、FRAND 承诺与禁令的竞合

事实上，大多数标准制定组织都没有明确说明什么是 FRAND 许可。司法、政治和商业领域的某些参与者越来越担心，市场对 FRAND 的含义缺乏共识可能会助长机会主义。对于 FRAND 的性质，国内专家或认为是要约邀请，或认为是第三人利益合同，或认为属于单方法律行为，或认为属于默示许可，或借鉴国外学者观点，认为 FRAND 表示对于禁令的弃权，或认为 FRAND 属于诚实信用原则，这是基于实施者的信赖利益保护和公共利益而定义的。

FRAND 原则从行业实践而非法学理论发展而来，诞生之初即被质疑法律性，即可诉性，一些案件中标准必要专利权人以 FRAND 费率不明确、不具有可诉性为由进行抗辩。标准制定组织并未规定成员不履行 FRAND 义务时，应采取何种措施保障该原则的履行。对标准制定组织来说，FRAND 是利益保障，既保障标准的先进性，又被用于推动标准的广泛采纳和实施，因其模糊性，为专利权人免去具体义务；同时作为一项普遍性义务，成为标准实施者起诉的依据。

FRAND 许可程序始于 SEP 所有者和实施者之间的谈判阶段。FRAND 承诺的价值在于以模糊的表达❶协调标准制定组织、专利权人和实施者的利益关系，并不在于直接确定具体的 SEP 许可费用。❷ FRAND 承诺对于禁令的影响，本质上仍是专利权人和实施者之间的利益博弈。❸

（一）反向劫持

SEP 禁令救济问题，与 FRAND 原则有着紧密联系。结合前文论述及

---

❶ 谭袁. 论 FRAND 承诺的性质及其价值［J］. 电子知识产权，2017（7）：20 – 29.

❷ 赵启杉. 标准必要专利合理许可费的司法确定问题研究［J］. 知识产权，2017（7）：10 – 23.

❸ 魏立舟. 标准必要专利情形下禁令救济的反垄断法规制——从"橘皮书标准"到"华为诉中兴"［J］. 环球法律评论，2015，37（6）：83 – 101.

"华为诉中兴案"，FRAND 义务客观上具有限制禁令核发的功能❶，这主要由于善意的实施者按照 FRAND 原则缴纳许可费用时，主张豁免禁令的适用。自标准必要专利问世以来，FRAND 原则与禁令救济、损害赔偿之间出现了互斥效应。

技术标准化有助于提高产品或服务的质量、安全和兼容性，这影响到现代社会生活的很多方面。在过去，一项技术在成为技术标准之前通常属于公共领域。因此，技术专利保护对技术标准化没有实质性影响。近几十年来，电子、通信、软件和互联网领域的技术发展突飞猛进，技术标准化工作也相应加快。许多技术已经成为事实上或法律上的标准，并且仍然受到专利法保护，任何未经许可实施该标准的人都必然会侵犯它们，此时，未经许可的实施者策略性地主张限制禁令，以期拖延谈判时间、压低许可费、减少己方负担，造成反向劫持，而司法部门努力应用 FRAND 原则来阻止标准必要专利持有者的禁令救济和损害索赔❷，导致专利权人利益减损、进而减少技术研发投入，最终阻碍技术进步。

（二）判断行为是否符合 FRAND 原则难度大

为了确保用户可以使用标准，标准制定组织如 ITU、IEEE 通常鼓励专利权人接受并适用 FRAND 的条款和条件。由于 FRAND 原则较为笼统，肩负着让权利人收获公平和充分的回报、为分享研发投资的结果提供强有力的激励、推广标准适用的功能，同时禁令条件基本上以 FRAND 为评判准则，因而实践中存有较大解读空间，这使得专利权人有可能在加入标准组织时承诺遵守该原则，但在实施专利许可时，为实现利益最大化，实际上通过附加条款使 FRAND 原则失效，这很容易导致专利权人和实施者之间产生分歧，并使司法判决面临难题。

FRAND 义务使得 SEP 持有者与实施者在一些根本问题上产生了大量分歧，建立高效的 FRAND 争议解决机制从而实现持有人与实施者之间的

---

❶　魏立舟. 标准必要专利情形下禁令救济的反垄断法规制——从"橘皮书标准"到"华为诉中兴"[J]. 环球法律评论, 2015, 37（6）: 83-101.

❷　中国应用法学研究所课题组. 标准必要专利 FRAND 声明与禁令和费率问题研究 [J]. 中国应用法学, 2020（2）: 33-51.

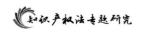

利益协调显得至关重要。在当事人意见不一致的少数情况下，他们可能最终陷入诉讼。

现实中，一方完全遵守 FRAND 原则而另一方明显不遵守 FRAND 原则的极端情况较少，由于许可谈判内容本身的复杂程度以及谈判有来有往的过程较长，司法中遇到的纠纷更常见的情况是谈判双方可能都存在一定问题。因此，既要总体评价案件，又要对一方的行为作出判断，也要比较双方的情况。通常，FRAND 的内容由专利持有人和标准实施者在真诚的双边许可谈判中逐案确定。

在无法直接适用 FRAND 情形下，如何转换、细化为具体的禁令条件，使得 FRAND 真正具有生命力，是司法面临的难题之一。

三、禁令标准宽严尺度难把握

对于以通信领域为代表的行业标准，标准必要专利禁令颁发的司法标准过宽或者过严，都不太合适。如果禁令的签发标准过于宽松，专利权人就很容易获得禁令，从而在许可谈判中获得明显的优势地位，更有可能迫使被许可人接受过高的许可费或严苛的许可条件，导致技术实施成本大幅增长，在此情形下，专利权人获得了基于 SEP 的超额对价，有失公允，阻碍标准推行。反之，若核发禁令标准太过严格，缺乏救济保障的权利形同虚设，专利权人很有可能被恶意拖延谈判，甚至遭遇被许可人以谈判之名行拒绝之实，产生"反向劫持"，使专利权人难以获得研发对价，受损的除了专利权人的利益，更是激励创新的机制和不断吸纳科技发展的标准制度。

对禁令的限制程度与限制禁令的具体条件、对 FRAND 原则的理解乃至标准组织设计知识产权政策的初衷有关联。在判断禁令的合理性、合法性时，美国法院会考量"eBay 案"❶ 中所确立的衡平因素，受标准市场中专利产品的规模化影响，核发禁令难度增大，因为禁令可能影响到大规模的产品生产和销售，造成市场失序。美国的"法益"考量路径偏重保护市场经济因素所维持的公共利益，这种偏重对 FRAND 承诺所建规则秩序的维护保证了市场稳定，值得借鉴。

---

❶　eBay Inc. v. Merc Exchange, L. L. C. , 547 U. S. 388, 391（2006）.

美国和欧盟在给予专利权人禁令救济方面的立场类似。在我国，《国家标准涉及专利的管理规定（暂行）》第9条明确符合国家标准的专利权人可以选择按FRAND原则许可。我国立法未直接回应FRAND与禁令之间的关系，实务中，如"华为诉IDC案"❶，法院也并未回应FRAND与禁令的关系，以及SEP实施者"善意"的标准，但明确禁令不得被滥用、任何权利都有限度。

一方面，颁发禁令让实施者停止使用涉案标准必要专利，通常等于禁止其使用整个标准。另一方面，限制权利人要求禁令的能力会鼓励实施者搭标准化技术的"便车"，危及整个标准化生态系统的平衡。因此，SEP诉讼中，有的禁令被批准，有的禁令被否决，如何把握禁令核发的尺度面临难题。

四、面临国际层面的挑战

从国际范围来看，我国对待禁令的宽严标准还需要考虑国际影响和效应。由于互联互通的需求，通信领域的标准是国际性的，标准必要专利权人通常会进行全球化的专利布局，专利使用者制造、销售SEP等行为也往往跨越国界。2022年2月18日，欧盟驻WTO代表团提出意见，认为中国最高人民法院及相关地方法院近两年所作关于标准必要专利的裁决及其公布情况不符合中国在入世签订条约项下的有关义务。欧盟此举将标准必要专利相关争论从国内法提升到了国际法层面。

司法主权决定了司法具有地域性，较小概率有全球统一的禁令标准。目前各国禁令标准确存差异，如欧盟及其成员国侧重通过适用竞争法来限制SEP权利人的禁令请求，对于受FRAND约束的权利人的禁令申请持非常谨慎的态度，而美国则侧重从禁令本身的四要素来限制禁令核发。我国则按标准分类规定是否支持禁令，如2017年4月，北京市高级人民法院颁布《专利侵权判定指南（2017）》，其中第149条对司法解释二做了补充，将法院不予支持禁令申请的情形，扩大到推荐标准以外的标准所收录的专利。

在审理涉及国际化的标准必要专利案件时，一方面，如果我国颁发禁

---

❶　广东省高级人民法院（2013）粤高法民三终字第306号民事判决书。

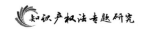

令的标准过严，专利权人更倾向于到更易颁发禁令的国家进行诉讼，或导致我国的司法话语权降低；另一方面，如果我国颁发禁令的标准过于宽松，可能导致标准实施者过大压力，不利于制造业发展。因此，我国如何因应国际 SEP 诉讼及禁令颁发，形成独特优势，值得探讨。

第三节　标准必要专利禁令救济的域外经验

众所周知，在欧盟、美国、日本和中国，标准必要专利持有者基本都拥有获得禁令救济的权利。然而，禁令救济的适用受制于某些条件，且这些条件各不相同。鉴于标准必要专利服务于全球互联互通，在各国推行，相关诉讼遍布多国，欧盟、英美和日本的一些规定和实践具有代表性和典型性，笔者认为有必要研究主要法域的禁令经验，以期博采众长、参与国际规则制定。

一、标准必要专利禁令救济的欧盟经验

专利制度起源于欧洲，从 1474 年的《威尼斯专利法》、1623 年的《英国垄断法案》，再到后来的多国专利法，数百年来，欧洲一直处于世界知识产权制度发展的最前沿。研究显示，仅欧洲电信标准化协会承认并颁发的标准必要专利，就达到全球专利的 70%❶。因此，有必要参考欧洲（现欧盟）经验。此外，2023 年 6 月 1 日，欧盟统一专利法院开始运行，该法院作出的禁令在多个成员国内生效，使禁令效力大大增强，值得关注。

（一）欧盟有关禁令救济的规定

欧盟法院和欧盟委员会允许有条件地签发禁令，以避免禁令被当作"武器"，理由是专利权人可能利用禁令打压竞争对手，损害第三方对

---

❶ 何隽. 从构想到运行：欧洲统一专利法院的设立及其启示 [J]. 北方法学，2024，18（4）：98 – 110.

FRAND 原则的信赖利益。欧盟国家的主流观点是，FRAND 是一种要约邀请❶，其中包含专利权人承诺按照 FRAND 条款向第三方许可专利。

2017 年 11 月 29 日，欧盟发布《标准必要专利的欧盟方案》，该方案在协调标准必要专利相关者利益冲突时，致力于实现两项目标，一是让专利权人劳有所得，并激励其继续研发；❷ 二是推广技术。由于禁令主要由成员国依据欧盟知识产权执法指令自主颁布，因此，《标准必要专利的欧盟方案》仅给出概括性意见：禁令救济旨在侵权者不愿意遵循 FRAND 条款时保护专利权人。该方案允许标准必要专利实施者提供保证金以阻止禁令的签发，但同时要求保证金不得过分低于合理的比率，以避免所谓的反向专利劫持。

2022 年 2 月，欧盟委员会公布了《关于知识产权——标准必要专利新框架》，意见征集截至 2022 年 5 月 9 日。欧盟委员会认为，SEP 许可的低效率影响了专利权人和实施者❸，包括反向劫持和选择法院的低效等。因此，此次意见征询关注点，同时也是欧盟委员会认为的有助于提升 SEP 效率的着力点在于：如何提高 SEP 的透明度（披露政策的制定）、如何具体化 FRAND 原则、如何提高执法的效率和效果。关于第一个问题，欧盟希望标准制定组织能实时更新公开的 SEP 数据，同时考虑第三方机构评估现有 SEP 的合理性；关于第二个问题，欧盟考虑出台多个指南❹以具象化 FRAND 原则；关于第三个问题，欧盟计划出台激励措施，引导快速调解、和解、仲裁乃至判决结案。

2022 年 6 月，以"极易获得禁令救济"著称的德国，通过新的《专利法》，引入禁令救济比例原则，即基于具体案件具体分析和诚实信用原则，如果权利人的侵权禁令救济权利给侵权人或第三方带来的困难与权利人的专有权相较是不相称、不合理的，则应当排除禁令申请；同时明确当权利人履行 FRAND 义务或实施者恶意时，不适用比例原则。

---

❶ 张永忠，王绎凌. 标准必要专利诉讼的国际比较：诉讼类型与裁判经验 [J]. 知识产权，2015（3）：84 - 91.

❷ 严文斌. 中欧标准必要专利比较研究与借鉴 [J]. 电子知识产权，2021（1）：61 - 71.

❸ 谭袁. 论 FRAND 承诺的性质及其价值 [J]. 电子知识产权，2017（7）：20 - 29.

❹ 包括但不限于"明晰 FRAND 概念的指南""基于 FRAND 原则的许可谈判指南""不同许可级别的指南"。

（二）欧盟 SEP 禁令相关判例

通过研究欧盟判例，可以一窥欧盟禁令颁发的宽严尺度。在欧洲，专利权人滥用禁令是一个涉嫌触犯反垄断法的问题，权利人在没有善意协商的情况下，拒绝向有意愿的人发放许可，然后根据 FRAND 的条款和条件，以标准必要专利为由寻求禁令，涉嫌滥用支配地位，违反《欧盟运作条约》第 102 条。❶

2011 年 4 月 28 日，华为向德国杜塞尔多夫地区法院起诉中兴侵犯专利，同时申请禁令救济，2015 年 7 月 1 日该案作出裁决，这便是具有里程碑意义、受到国内外学者广泛关注的"华为诉中兴案"。❷ 该案中，德国法院就华为申请禁令是否违反反垄断法向欧盟法院（CJEU）请求释疑。欧盟法院先行裁决，提出适用于 SEP 许可谈判的"五步骤＋三保留"原则，定义了协商过程中的最重要步骤，明确 SEP 持有者申请禁令的合法性及 FRAND 义务，明确表示不得剥夺专利权人诉诸法律以确保其专有权得到有效执行的权利。在欧盟法院看来，SEP 权利人作出的 FRAND 承诺"不能否定《欧盟运作条约》第 17 条第 2 款知识产权保护和第 47 条的有效补救权"；此外，它只能证明"在针对被指控的侵权者采取禁令时有义务遵守特定要求"。在"华为诉中兴案"之后，欧洲各国法院在 2018—2023 年的多起案件中签发了标准必要专利禁令。

该案确立专利权人必须作出谈判努力，包括必须在寻求禁令前以书面侵权函的形式警告实施者❸，并提供符合 FRAND 原则的书面许可要约、详述具体费率及其计算方法等；此外，欧盟判例还写明只有在实施者拒绝专利权人要约，包括但不限于策略性、拖延性消极回应专利权人，且并未及

---

❶ 王渊，赵世桥. 标准必要专利禁令救济滥用的反垄断法规制研究 [J]. 科技管理研究，2016，36（24）：136－141.

❷ 魏立舟. 标准必要专利情形下禁令救济的反垄断法规制——从"橘皮书标准"到"华为诉中兴"[J]. 环球法律评论，2015，37（6）：83－101. 欧洲法院判决：华为技术有限公司诉中兴通讯股份有限公司、中兴通讯德国公司，案号 C－170/13.

❸ 标准必要专利所有人必须通知实施者，包括标准必要专利的编号、具体标准的引用、侵犯标准必要专利的产品的详细信息以及对涉嫌侵权的解释。同时指出接收实施者反馈的截止日期，之后专利权人可以继续请求禁令救济（如果没有收到实施者的任何反馈）。

时提供反要约的情况下，禁令救济才有可能得到主张。该案确立了 SEP 持有者在不滥用其支配地位的情况下寻求对实施者的禁令，必须满足《欧盟运作条约》第 102 条的要求，以最大限度保护市场竞争。

2019 年诺基亚在德国起诉戴姆勒一案中，戴姆勒认为"根据《欧盟运作条约》第 102 条以及原告和专利先前的持有人向标准组织提交的 FRAND 声明，标准必要专利持有人必须向任何寻求许可的人本身提供无限制的许可，用于所有与本专利相关的使用"❶，并据此抗辩诺基亚涉嫌垄断，但法院最终判决权利人诺基亚胜诉，实施者戴姆勒支付专利使用费和罚金。2017 年专利池管理者 MPEGLA 的成员 Tagivan、Fraunhofer 在德国杜塞尔多夫地区法院分别起诉华为公司、中兴公司，一审法院颁发禁令后不久，2019 年 3 月各方最终和解。这两个案件体现了权利人最终目标并非禁止标准必要专利实施，抑或制止标准技术的运用，禁令是保障，达成许可、促成交易才是根本目的。

"德国橘皮书案"首次确立了针对 SEP 禁令的附有特殊条件的反垄断抗辩。❷ 在德国，每个单独的标准必要专利通常被理解为一个独立的商品市场，SEP 持有者被认为是这个相关专利市场的唯一经营者，拥有足够的市场份额，具有主导地位。❸ 为规范标准必要专利的禁令滥用，德国联邦最高法院确立了不予核发禁令的两个条件，其一，专利权人拒绝实施者的无条件许可要约；其二，被指控侵权人虽未获许可，但已履行作为被许可人的义务，如向专利权人报告使用规模、交付使用费或者向第三人交存使用费。❹

（三）合理费率限制禁令

除了专利技术从一开始就是市场的唯一选择，某项专利一旦成为"标

---

❶ 何丹. 非专利实施体标准必要专利诉讼中禁令的适用原则 [J]. 时代法学，2018，16 (2)：113 - 120.

❷ 魏立舟. 标准必要专利情形下禁令救济的反垄断法规制——从"橘皮书标准"到"华为诉中兴"[J]. 环球法律评论，2015，37 (6)：83 - 101.

❸ 王丽慧. 公私权博弈还是融合：标准必要专利与反垄断法的互动 [J]. 电子知识产权，. 2014 (9)：30 - 36.

❹ 王渊，赵世桥. 标准必要专利禁令救济滥用的反垄断法规制研究 [J]. 科技管理研究，2016，36 (24)：136 - 141.

准必要专利",专利权人在许可谈判中的议价能力、优势地位将大大增强。一项技术标准被广泛实施后,相当于基础设施般不可或缺,如果实施者被迫采用替代技术,将不得不承担巨额的转换成本。这一观点首次出现在 1968 年欧盟法院对 Parke,Davis & Co 案的判决中,也被称为"互相承认"理论。

据此,欧盟认为法院和仲裁机构是确定许可费率的合适机构❶,当事双方亦可请求独立的第三方及时就许可费作出裁定;❷ 实施者意向支付许可费时,专利权人不得寻求禁令救济。高效地促成权利人和实施者之间达成许可是减少禁令风险和禁令诉讼的最好方法。

欧盟通过一系列案件确立了安全港规则,即在以下情况,权利人不得申请禁令:(1) SEP 实施者愿意按照 FRAND 原则进行谈判;(2) 实施者在谈判破裂后接受法院或仲裁机构的裁决;(3) 专利权人未遵守 FRAND 原则、实施者没有明显的不当行为。❸ 欧盟委员会在核实禁令时,首先界定相关市场,然后确定专利权人是否在其中处于优势地位,最后分析核发禁令是否有不良后果,从而得出禁令救济是否被滥用的结论。

二、标准必要专利禁令救济的美国经验

美国专利制度较为完善,对于禁令的态度受不同党派执政影响。2019年,美国司法部的商业审查函指出,SEP 持有者有权获得禁令救济。2020年 9 月,美国司法部发布了一份商业审查函,解释为什么支持 SEP 持有者获得禁令救济,理由是拒绝禁令救济可能会破坏对未来创新的激励,当被许可人不愿谈判合理条款时,应提供禁令救济,但 2022 年 6 月 8 日,美国三部门基于未来可能的修订,撤回了 2019 年 12 月 19 日的《关于受自愿F/RAND 承诺约束的标准基本专利(SEP)补救措施的政策声明》❹,在禁

---

❶ 仲春. 标准必要专利禁令滥用的规制安全港原则及其他 [J]. 电子知识产权,2014(9):20-29.

❷ 赵启杉. 标准必要专利合理许可费的司法确定问题研究 [J]. 知识产权,2017(7):10-23.

❸ 李勤亮. 标准必要专利禁令救济的适用 [C] //《上海法学研究》集刊(2021年第12卷总第60卷)——上海市法学会知识产权法研究会文集,2021:63-69.

❹ Carrier,Michael. Comments on Draft Policy Statement on Licensing Negotiations and Remedies for Standards - Essential Patents Subject to Voluntary F/RAND Commitments [J]. Electronic Journal,2021(10).

令立场上趋于谨慎。在美国，SEP 所有者应注意如何构建其专利许可，实施者应仔细规划其谈判策略，以避免被贴上"恶意被许可人"的标签。❶

（一）美国有关禁令救济的规定

有关侵权责任、SEP 禁令的文件几经修订、完善，具体如表 2 所示。

表 2　美国标准必要专利禁令有关文件汇总

时间	发布机关	文件名称	内容
1793 年	国会起草，总统签发	《专利法》	规定惩罚性赔偿为专利许可费或专利权人销售额的 3 倍
1836 年		《专利法》	修订惩罚性赔偿不超过专利权人实际损失的 3 倍
2011 年		《专利法》	只有故意侵权才可以适用惩罚性赔偿❷；《美国专利法》第 283 条规定，法院对专利诉讼案有管辖权时都可以依照衡平法原则发出禁令，防止法院以认为合理的理由侵害由专利证书取得的任何权利
2012 年 12 月 6 日	美国专利商标局与司法部和国家标准研究所	政策声明草案（征求意见稿）	承诺自愿遵守 FRAND 即承诺不会行使通过标准化获得的任何市场力量
2013 年 1 月 8 日	美国司法部和专利商标局	《关于 FRAND 原则标准必要专利救济方式的政策声明》	对于 FRAND 许可的专利，排除性救济措施……可能与公共利益不一致，不予支持

---

❶　和育东. 美国专利侵权的禁令救济 [J]. 环球法律评论，2009，31（5）：124 – 133.

❷　易继明，胡小伟. 标准必要专利实施中的竞争政策——"专利劫持"与"反向劫持"的司法衡量 [J]. 陕西师范大学学报（哲学社会科学版），2021，50（2）：82 – 95.

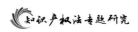

时间	发布机关	文件名称	内容
2013 年 4 月 25 日	华盛顿州西区联邦法院	微软与摩托罗拉案件判决书	阐述了 FRAND 原则相关的参考因素
2013 年 8 月 3 日	美国总统行政办公室	发布决议	推翻美国国际贸易委员会（ITC）授予韩国三星公司对美国苹果公司某些电子设备实施"禁令"❶
2019 年 12 月 19 日	美国司法部反垄断局、美国专利商标局和美国国家标准与技术研究院	《关于受自愿 F/RAND 承诺约束的标准基本专利（SEP）补救措施的政策声明》	撤回 2013 年 1 月 8 日的声明，指出禁令救济和损害赔偿适用于标准必要专利和常规专利

美国有权签发禁令的机构包括法院、司法部和国际贸易委员会（ITC），ITC 可以在开展的"337 调查"中对外国商品发布禁止进口令。自 2007 年联合报告以来，司法部一直在探索适用《谢尔曼法》第 2 条的可能性，但目前没有适用该条的 SEP 禁令案件。迄今为止，美国法院倾向在合同法和专利法框架下判决 SEP 禁令相关案件；ITC 在执法过程中也只适用《美国联邦贸易委员会法》，对专利权人的禁令申请进行规范，而没有适用反垄断法。此外，联邦贸易委员会（FTC）不能直接发出禁令，但若该委员会认为相关市场主体违反《美国联邦贸易委员会法》，将指派律师提起诉讼，要求法院颁发禁令。

（二）美国 SEP 禁令相关判例

在美国，"苹果诉摩托罗拉案"❷ 明确了禁令救济在标准必要专利中的应用。美国联邦最高法院在 "Microsoft Corp. v. AT&T Corp. 案"（2007）

---

❶ 史少华. 标准必要专利诉讼引发的思考：FRAND 原则与禁令 [J]. 电子知识产权，2014 (1)：76 - 79.

❷ 757 F. 3d 1286（Fed. Cir. 2014）.

和 "KSR International Co. v. Teleflex Inc. 案"（2007）中判定，当被告侵犯美国专利时，应当对被告采取禁令。美国法院在许可费纠纷中可直接颁发签订许可协议的强制令，如 2017 年 "TCL 诉爱立信案"，由于法院的最终裁决采取强制令的形式，当事人应当在 30 天内提交符合法院认定和结论的体现强制令的拟议文件。

美国国际贸易委员会和联邦法院在是否发布禁令及根据什么标准发布禁令的问题上立场不同，前者倾向于考虑公众福利、国民经济、同行业产品的生产销售状况等公共利益。例如，在 "Realtek 半导体公司诉 LSI 公司案" 中，ITC 根据 Realtek 是否违反《1930 年关税法》第 337 条来核查禁令。❶ 这与法院的标准不同，ITC 根据《美国法典》第 19 编第 1337 节审批包括排除令、禁令、扣押或没收在内的禁令救济。颁布禁令也有特例，2013 年 6 月，ITC 认为苹果公司侵犯了三星公司有关 W－CDMA 的标准必要专利，违反了《1930 年关税法》第 337 条，并申请了限制苹果公司的禁令。时任美国总统奥巴马否决了该项禁令，理由是它 "影响了美国经济和美国消费者"。美国贸易代表敦促 ITC 在未来涉及标准必要专利案件的调查全过程中纳入公共利益考量。

2006 年 5 月 15 日，美国联邦最高法院对 "eBay v. MercExchange, LLC 案" 作出判决，确立永久禁令是一种选择性补救措施，并适用四要素分析法分析是否签发 SEP 禁令，四要素包括原告证明自己遭受了无法弥补的损失、损害赔偿无法充分救济、原被告双方利益得失对比、公共利益。此后，美国法院根据 "eBay 案" 确立的四要素分析法判断是否支持禁令，其中大多数标准必要专利禁令都不被允许。

2012 年 5 月 14 日，美国华盛顿地区法院发布的 "微软诉摩托罗拉公司案"❷，判决书认定即使专利权人作出 FRAND 承诺，"eBay 案" 中确立的四要素分析法亦适用于判断是否颁发标准必要专利禁令，同时明确 FRAND 性质为专利权人与标准制定组织达成的第三方受益的合同。此外，美国联邦最高法院在 "史密斯公司诉休斯工具公司案" 建立了四要素作为

❶　Michael F. The smartphone patent wars saga: availability of injunctive relief for standard essential patents [J]. Journal of Intellectual Property Law & Practice, 2014 (2): 156 – 159.

❷　696 F. 3d 872 (9th Cir. 2012).

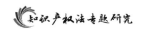

临时禁令考虑因素的判例。2014 年 4 月 25 日 "苹果公司诉摩托罗拉公司案"，联邦巡回上诉法院认定标准必要专利禁令的适用条件为四要素分析法，当标准实施者赔偿专利许可费可以弥补专利权人损失时，法院应拒绝颁发禁令。

（三）合理费率确定方式

2013 年 10 月 3 日弗吉尼亚州地区法院发布的 "Rembrandt Social Media v. Facebook 案" 判决书和 2015 年 12 月 3 日美国联邦巡回上诉法院发布的 "联邦科工组织诉思科案" 判决书，认为 FRAND 许可费率的计算基础是最小的专利实施单元。2018 年，TCL 和爱立信的判决（E. D. Texas）强调，"权利人的许可费也应与其专利在每个地区的实力比例呈正相关" [1]。

美国加州联邦地方法院 "James v. Selna 案" 首次完整应用了 Top – down 方法来计算 FRAND 许可费率，该方法在根据专利权人的份额确定许可费用之前，以一个标准评估所有基本专利的整体价值，以避免许可费的叠加[2]和滥诉。通过使用该方法，可以确定许可费总额。塞利娜（Selna）法官结合基本公式，确认爱立信的 SEP 许可费 = 总费率 × 爱立信未到期的 SEP 数量/标准 SEP 总数 × 地区实力比率。因此，Top – down 方法的公式可以表示为：权利人 SEP 许可费 = 总费率 × 权利人未到期 SEP 数量/标准 SEP 总数 × 地区实力比。[3]

2013 年里程碑式的 "微软诉摩托罗拉案" 裁决中，罗巴特（Robart）法官基于专家证词制定了以下五项原则，以指导标准必要专利的估值和 FRAND 许可使用费的确定，分别是 FRAND 许可费应与标准制定组织推广其标准的目标一致；FRAND 许可费的方法应确定设法降低 FRAND 本身附带的专利持有风险；应规避许可费叠加的风险；有利于权利人获得合理的特许权使用费；FRAND 许可费应基于专利发明贡献的经济价值，而不是以

[1] J. Gregory Sidak. The Meaning of FRAND, PART II: Injunctions [J]. Journal of Competition Law&Economics, V, 2015, 11 (1): 201 – 269.

[2] 张雪红. 标准必要专利禁令救济政策之改革 [J]. 电子知识产权, 2013 (12): 32 – 35.

[3] 王瀚. 美国标准必要专利中反向劫持问题研究 [J]. 学术界, 2018 (3): 189 – 199.

其纳入标准的价值。❶

2021 年 8 月 31 日，美国第五巡回上诉法院对"HTC 诉爱立信违反 FRAND 许可义务案"作出二审判决，驳回上诉，维持一审判决，即爱立信向 HTC 提供的最低许可费为每台 1 美元，最高许可费为每台 4 美元的要约符合 FRAND 原则，没有违反其 FRAND 承诺。与"TCL 诉爱立信案"的一审判决被二审法院推翻不同，本案二审完全支持一审判决的结果，承认可比许可协议是确定爱立信标准必要专利价值的最佳计算方式，并分析了 FRAND 许可义务的非歧视性含义，法官是否需要向陪审团作出 FRAND 许可费具体指示。

三、标准必要专利禁令救济的英国经验

英国知识产权局于 2021 年 12 月发布《标准必要专利：征求意见》❷；2022 年 8 月 5 日，发布《标准必要专利意见征集回复》❸，主要涉及竞争与市场运作、制度透明度、专利侵权和救济、SEP 许可、SEP 诉讼等主题；2023 年 3 月 21 日，英国知识产权局发布《标准必要专利解释指南》❹，概述该局在标准必要专利方面开展的工作，其中包括帮助中小企业应对 SEP 相关问题。

英国法院认为，法官有权自由决定是否核发禁令。❺ 2020 年 8 月，"无线星球（Unwired Planet）诉华为案"❻ 中，英国最高法院裁定无线星球公司全球统一的专利许可费率，业界认为这产生了"一国市场绑定全球许

---

❶ 郭禾，吕凌锐. 确定标准必要专利许可费率的 Top - down 方法研究——以 TCL 案为例 [J]. 知识产权，2019（2）：58 - 68.

❷ 英国知识产权局. 标准必要专利与创新：征求意见 [EB/OL]. [2023 - 05 - 01]. https：//www. gov. uk/government/news/ipo - launches - call - for - views - on - standard - essential - patents - seps.

❸ 英国知识产权局. 标准必要专利意见征集回复 [EB/OL]. [2023 - 05 - 01]. https：//www. gov. uk/government/news/government - publishes - standard - essential - patents - call - for - views - response.

❹ 英国知识产权局. 标准必要专利和创新：执行摘要和后续步骤 [EB/OL]. [2023 - 05 - 01]. https：//www. gov. uk/guidance/standard - essential - patents - seps - explained.

❺ 何丹. 非专利实施体标准必要专利诉讼中禁令的适用原则 [J]. 时代法学，2018，16（2）：113 - 120.

❻ [2020] UKSC 37，http：//supremecourt. uk/decided - cases/index. html.

可"的效果。与美国的司法实践不同，英国法院此举加剧了禁令问题的全球复杂化程度。有趣的是，该案禁令名为"FRAND 禁令"，附带中止条件：其一，被诉侵权人表示接受法院裁定的 FRAND 许可费率；其二，上诉期间中止。这意味着如果华为不接受判决的费率，法院就会发布禁令，华为因此被迫接受费率。

英国法院在"无线星球诉华为案"中的裁决无疑产生了重大影响。一方面，它不同于 2017 年"华为诉中兴案"确立的规则和欧盟竞争法的规定，不过随着英国脱欧，该案对欧洲的后续影响力有待观察；另一方面，该案开创了直接裁定许可费率的先例，也确立了许可费率与禁令二选一的先例，极大鼓励无线星球公司等 NPE 机构积极通过诉讼维护或扩张专利权。

此外，英国法院可以对拒绝申请许可的实施者发出禁令。然而，专利权人在没有事先与侵权方协商的情况下寻求禁令，将被视为滥用市场支配地位。就管辖权问题，英国最高法院解释说，英国法院可以根据其他国家的 SEP 状态来调整使用费，因此，英国法院的侵权判断不会侵犯外国法院的管辖权。

2022 年 10 月，英国高等法院就"Optis 诉苹果公司案"作出的裁判又一次举世瞩目，该案分三步审理，先技术审理，之后 FRAND 审理，最后进行禁令审理。该案技术审理后法官认为侵权成立，便要求苹果公司无条件接受法院未来确定的 FRAND 许可费率，否则即发布禁令。该案仍是禁令和费率二选一的附条件禁令，但禁令提前到了技术审理后、FRAND 审理前，而此时法院还未确定费率，对实施者较为不利。

四、标准必要专利禁令救济的日本经验

2013 年，"三星日本公司诉苹果日本公司侵犯专利案"中，日本一审、二审法院认为三星日本公司在已作出 FRAND 承诺情况下，寻求禁令是滥用权利，违反《日本民法典》第 1 条第 3 款，裁定驳回禁令。[1] 负责该案二审的知识产权高等法院明确"专利实施者没有意愿接受 FRAND 许可"

---

[1] 广东省高级人民法院. 通信领域标准必要专利法律问题研究 [M]. 北京：知识产权出版社，2020.

须经严谨认定，该种情况成立时，应允许核发禁令；知识产权高等法院梳理了当事双方协商签约过程，认为被告有按照 FRAND 原则接受许可的意愿，遂维持一审判决。

2018 年 6 月，日本专利局（JPO）发布的《涉及标准必要专利的许可谈判指南》（JPO SEP Guide）与欧盟法院判决的主旨相近。根据日本特许厅标准必要专利指南，"当专利权受到侵犯时，权利人原则上可以行使寻求禁令的权利。当实施者打算以善意的方式获得基于 FRAND 条款的许可时，考虑限制专利权人的禁令申请"。2022 年 3 月，日本经济产业省（METI）发布《标准必要专利许可诚信谈判指南》❶，旨在通过提高 SEP 许可谈判的透明程度和可预见性来建立良性的交易环境。笔者认为该指南有助于避免禁令和侵权诉讼。

《日本专利法》第 100 条规定，专利权人可以对侵犯或者可能侵犯其专利权或者专用权的行为人请求停止或者阻止侵权。❷ 在日本，禁令救济的理论基础是"停止侵害当然论"。《日本专利法》中没有关于限制禁令权利的规定。日本学者曾讨论过，利用公共利益所必需的强制执行权来限制申请禁令救济的权利，但"技术标准本身的公共利益并不等同于作为具体案件主体的产品的利益"。即使认定某一特定标准符合公共利益，专利权人意图禁止某一经营者生产或销售特定产品，也不一定符合公共利益。只要市场上还有其他相同标准的产品，就很难确认允许禁令救济违背公共利益。因此，标准实施者很难通过公共利益抗辩来阻止 SEP 禁令救济。

日本在审理禁令相关纠纷时，对适用反垄断法较为慎重，并对作出 FRAND 承诺的专利权人，拒绝善意实施者后申请禁令的行为附加条件❸，即当禁令违反公共利益，事实上限制竞争时，构成垄断或不公平交易时，应适用反垄断法。❹ 在"苹果公司诉三星案"中，日本知识产权高等法院

---

❶ 日本经济产业省制定标准必要专利许可诚信谈判指南［EB/OL］.（2022 – 04 – 13）［2024 – 06 – 14］. Http：//www. worldip. cn/index. php？m = content&c = index&a = show&catid = 64&id = 2002.

❷ 王先林，潘志成. 反垄断法适用于知识产权领域的基本政策主张——日本《知识产权利用的反垄断法指南》介评［J］. 电子知识产权，2008（1）：36 – 40.

❸ Lemley M A, Shapiro C. A Simple Approach to Setting Reasonable Royalties for Standard – Essential Patents［J］. Berkeley technology law journal, 2013, 28（2）：1135 – 1138.

❹ 王先林. 涉及专利的标准制定和实施中的反垄断问题［J］. 法学家，2015（4）：62 – 70.

指出，专利权人对善意的被许可人寻求禁令救济是滥用专利权，这种情况下，权利人寻求的禁令是非法的，但可以主张适当的许可费。

总的来看，欧盟的禁令救济制度较为完善。欧盟法院认为，获得禁令是专利权人的法定权利。法院在发出禁令前，应考虑当事各方是否已履行法定义务，并核查申请禁令是否构成滥用市场支配地位❶，如权利人已发出警告且明确表达与实施者订立 FRAND 许可协议的意愿，但实施者恶意拖延，或未显示出支付许可费的意愿，应核发禁令。德国法院还允许对潜在侵权案件下达禁令，但基于竞争法中的 FRAND 许可原则或滥用专利权的抗辩除外。未来随着欧洲统一专利法院的运行，欧盟禁令的签发将格外引人瞩目。

美国法院颁布禁令趋于谨慎❷，目前对于许可费率的管辖没有英国激进，但费率计算方法多样、考量因素较多，总体更细致。与之相对，英国法院颁发禁令较为激进，已经成为 SEP 持有者的首选管辖地。未来，实施者大概率选择己方拥有更高市场份额的地区，并在许可谈判破裂时迅速采取行动、保持防守状态。

在美国"苹果诉摩托罗拉案"中，法院认为 SEP 持有者和标准组织之间的合同是有利于标准实施者的，而在日本"三星诉苹果案"中，法院认为 SEP 持有者和标准组织之间没有形成第三方利益合同。日本在审核禁令时，对于公共利益的考量，没有美国强调的程度深；日本和欧洲审查禁令滥用行为时适用反垄断法，美国则不然。从日本司法实践，可以借鉴参考的是，在标准必要专利诉讼中适用禁令救济，如果法院选择适用竞争法，需要审查当事人是否"善意谈判"❸，如果专利使用者表示支付 FRAND 许可费，则不予支持禁令申请。

---

❶ 李扬. FRAND 劫持及其法律对策 ［J］. 武汉大学学报（哲学社会科学版），2018（1）：117－131.

❷ Carrier M. A. Comments on Draft Policy Statement on Licensing Negotiations and Remedies for Standards－Essential Patents Subject to Voluntary F/RAND Commitments ［J］. SSRN Electronic Journal，2021.

❸ 崔倩.《知识产权》杂志理事会 2015 年年会暨知识产权学术热点问题研讨会综述 ［J］. 知识产权，2016（12）：130－132.

第四节　我国标准必要专利禁令救济的完善建议

笔者建议需要明确禁令救济的规范模式，侧重从专利法视角规范司法实践中标准必要专利权人的禁令救济；从事前、事中和事后多角度完善司法机关适用禁令救济的考虑因素。❶ 本节将结合前文所述问题、域外经验，尝试探讨国内禁令适用的立法、司法和执法的完善建议。

一、现有立法完善建议

（一）明确禁令救济的成立条件

无规矩不成方圆，构筑良好的禁令制度是确立权利行使及其行为后果的规矩，❷ 有助于专利标准化顺畅运行。以文本形式明确禁令救济的成立条件，将推进专利重点领域的立法，更好地服务于实体经济、完善国内法治和涉外法治。

禁令救济在我国的本土化有司法禁令和行政禁令，司法禁令包括诉前、诉中和诉后三种情况，由法院责令当事人停止侵犯专利权的行为；其中，《最高人民法院关于审理专利纠纷案件适用法律问题的若干规定》（2015）第 12 条❸的规定被视为诉中禁令。专利行政部门可依据《专利法》

---

❶ 高敏，薛晓月. 标准必要专利侵权禁令救济规则在我国的适用研究［J］. 标准科学，2021（3）：30－35，46.

❷ 李剑. 论反垄断法对标准必要专利垄断的规制［J］. 法商研究，2018，35（1）：73－82.

❸《最高人民法院关于审理专利纠纷案件适用法律问题的若干规定》（2015）第 12 条：人民法院决定中止诉讼，专利权人或者利害关系人请求责令被告停止有关行为或者采取其他制止侵权损害继续扩大的措施，并提供了担保，人民法院经审查符合有关法律规定的，可以在裁定中止。

第72条❶以及《专利行政执法办法》第20条❷责令侵权人立即停止侵权。

如前所述，在我国，专利权人可以选择行政和司法两种申请和执行禁令的路径。❸ 在适用行政路径时，现行《专利法》第72条适用于禁令滥用问题，但《专利法》及上位法❹均无限制权利人行使禁令权利的规定。根据《立法法》第10条第（八）项可知，关于民事权利的设定、范围只能由法律规定。因此，如果涉及对专利权人权利的剥夺和限制，应当由法律予以规定。笔者建议在《专利法》总则加入原则性规定，专章规定标准必要专利相关问题，尤其是禁令救济的成立，建议明确以实施者存在过错为前提，同时参考"eBay案"中的利益平衡原则和公共利益原则；在程序法中规定法院在受理诉讼的同时一并作出有关停止侵权的裁定。

完善当前立法最直接的方式是在《专利法》内部制定规则，限制标准必要专利禁令救济。结合现有的司法判例，可以发现，法院主要关注SEP本身的特殊性和谈判各方的诚信状况，以判断是否准许SEP禁令救济。这体现在我国司法解释二第24条第2款对SEP权利人是否故意违反FRAND承诺以及实施者是否存在明显过错的认定中。这个完善思路立足于标准必要专利性质，在《专利法》内部完善SEP禁令救济有关规则，客观上可以促进专利法框架下多项制度贯通，如专利无效抗辩、损害赔偿等制度。❺2020年修正的《专利法》并未提及标准必要专利。标准必要专利禁令救济

---

❶ 《专利法》第72条：专利权人或者利害关系人有证据证明他人正在实施或者即将实施侵犯专利权、妨碍其实现权利的行为，如不及时制止将会使其合法权益受到难以弥补的损害的，可以在起诉前依法向人民法院申请采取财产保全、责令作出一定行为或者禁止作出一定行为的措施。

❷ 《专利行政执法办法》第20条：管理专利工作的部门或者人民法院作出认定侵权成立并责令侵权人立即停止侵权行为的处理决定或者判决之后，被请求人就同一专利权再次作出相同类型的侵权行为，专利权人或者利害关系人请求处理的，管理专利工作的部门可以直接作出责令立即停止侵权行为的处理决定。

❸ 韩伟，徐美玲. 标准必要专利禁令行为的反垄断规制探析 [J]. 知识产权，2016（1）：84–89.

❹ 上位法即《民法典》等法律均没有限制专利权人行使法定禁止权。而《专利法》作为特别法，其第11条规定了专利禁止权，第75条规定了不视为侵权的五种行为；第77条规定了善意销售者不承担赔偿责任的规则，除此之外，没有任何一个条款规定限制或剥夺专利权人行使禁止权。

❺ 王渊，赵世桥. 标准必要专利禁令救济滥用的反垄断法规制研究 [J]. 科技管理研究，2016，36（24）：136–141.

相关裁判规则仍需通过在今后的司法实践中进一步巩固和完善，以最终实现规范化、制度化。

（二）　明确禁令颁发原则

禁令救济裁判规则的缺失是我国立法及司法过程中的薄弱环节。2015年，西安西电捷通公司诉索尼公司，两审法院以过错衡量原则支持禁令救济并基于民法的诚实信用原则来判断过错方。

禁令应以清晰、透明、可预期为原则，遵循合理限度原则、利益平衡原则，对许可谈判有引导推动作用，兼顾各方利益以达到最佳平衡。标准必要专利禁令救济机制一定程度上可以保护专利权人的利益，促进公共利益的发展；但滥用禁令会损害公共利益，阻碍社会发展。因此，必须保障禁令标准的合理、平衡，并适当采用反垄断法调整禁令救济的滥用❶，加重相关方非善意情况下的风险。

一个可行的思路是，在《专利法》中引入标准必要专利法律制度、明确禁令颁发原则、制定并完善专利法司法解释中的法律规范，将社会公共利益引入禁令救济审查，构建专利权人与实施者许可谈判的制度框架，同时考虑禁令颁发对市场、行业供应链的影响。

中国标准必要专利权适用的框架体系应在《民法典》的框架下具体构建。为了防止权利异化，选择以支付合理费用替代停止侵权行为，符合《民法典》的社会本位和知识产权侵权救济制度的设计。❷ 建议在反垄断法中设置 SEP 限制条件、不争执条款、回收条款、禁令救济实施规则等，做好禁令前审查，以防止专利权人通过申请禁令救济达到排除或限制竞争的效果。

（三）　确立合理使用禁令标准

规范性文件层面，北京市高级人民法院《专利侵权判定指南（2017）》（以下简称北京指南）第 153 条明确专利权人未履行 FRAND 许可义务，但

---

❶　王晓晔. 标准必要专利反垄断诉讼问题研究［J］. 中国法学，2015（6）：217 - 238.

❷　Mark A. Lemley, Carl Shapiro. Patent Holdup and Royalty Stacking［J］. Texas Law Review, 1991, 85：1991 - 1993.

被诉侵权人在许可谈判中也有明显过错的，应当分析双方的过错程度后，再确定是否支持专利权人要求停止标准实施行为的请求。基于此，对于是否颁发禁令，可以引入《民法典》第 1173 条，考虑适用过错相抵原则，研判支持哪一方当事人。

北京知识产权法院在"西电捷通诉索尼中国专利侵权案"❶ 中裁定，要求索尼停止侵犯专利权，并承担三倍赔偿责任，这是中国法院就标准必要专利案件发布的第一个禁令❷，一审、二审法院均基于被告存在过错的情况支持禁令救济。在生产过程中，实施者通常先使用专利后寻求支付许可费，因此，建议通过司法实践逐渐落实禁令的构成要件，在权利人申请禁令时，法院将考察双方的过错、对公共利益的影响等因素，再决定是否支持禁令申请。建议禁令的适用前提是 SEP 实施者有过错，即禁令不适用于善意实施者❸，如规定在被许可人不愿善意谈判以达成 FRAND 许可❹或不响应 SEP 所有者的提议（要求法院或第三方公正确定 FRAND 使用费）的情况下，授予禁令救济。笔者认为可以从我国司法实践中总结共性，适时在法律条文中明确，以规范禁令的审查思路，明晰法院适用禁令的判断标准。

（四）安全港规则

安全港规则可以使标准必要专利实施者免受专利禁令的威胁。2014年，欧盟在摩托罗拉和三星反垄断调查中明确标准必要专利禁令的安全港规则，这一规则总体上保留了禁令措施，只有在实施者证明己方善意后，才可豁免禁令措施。❺

---

❶ 北京知识产权法院（2017）京民终 454 号民事判决书。

❷ Carrier Michael. Comments on Draft Policy Statement on Licensing Negotiations and Remedies for Standards – Essential Patents Subject to Voluntary F/RAND Commitments［J］. Electronic Journal, 2021（10）.

❸ 李勤亮. 标准必要专利禁令救济的适用［C］//《上海法学研究》集刊（2021 年第 12 卷总第 60 卷）——上海市法学会知识产权法研究会文集，2021：63 - 69.

❹ Jorgel Contreras. A Market Reliance Theory for FRAND Commitments and Other Patent Pledges［J］. Utahlaw Review, 2015（2）：480.

❺ Jorgel Contreras. A Market Reliance Theory for FRAND Commitments and Other Patent Pledges［J］. Utahlaw Review, 2015（2）：480.

从这个角度，我国可以借鉴欧盟的安全港规则，并参考美国 eBay 四要素，即原告举证所受损失、金钱不足以补偿损失、原被告利害关系平衡、颁发禁令不会伤害公共利益，确立禁令适用的标准及宽严尺度。在专利权人作出 FRAND 承诺后，实施者主观是善意的并积极进行许可谈判，但专利权人仍然积极寻求禁令，以获得限制市场竞争的不合理谈判地位，此时，法院不应发布禁令；但专利权人遵守 FRAND 义务，并向实施者发出警告及合理费率要约，而实施者无法证明己方善意的，此时禁令核发具有合理性。

与此同时，我国需要关注隐形禁令，即专利权人通过调整商业模式来威胁潜在的被许可人，以替代禁令，达到类似效果。

（五）出台实施者善意判断指南

对于标准必要专利实施者的善意判断，在我国司法实践中影响着禁令的发放，如前文"西电捷通诉索尼案"。如有实施者善意判断相关指南，有助于指导专利许可的谈判流程、进行事中干预、规范禁令适用标准，进而规避反向劫持。

对于 SEP 实施者善意状态的判断，广东省高级人民法院发布的《关于审理标准必要专利纠纷案件的工作指引（试行）》（以下简称广东指引）第 11 条规定，评判各方当事人主观是否诚信善意时，审查内容应包含当事人之间谈判的总体进程，协商的时间、方式、内容，协商中断或陷入僵局的原因等情节。笔者认为，在此基础上，可结合在个案中，是否有合法的知识产权来源、收到专利权人侵权警告后是否积极回应，回应方式、回应内容可以用书面条文/指南/司法案例形式固定下来，以提高商业效率。

在专利侵权案件中是否以及何时诉诸法律是专利权人自由决定的范畴❶，但是否善意这一关键细节可以由指南来具体化。例如，韩国公平交易委员会在 2014 年新修订的《关于不当行使知识产权的指南》规定，权利人不履行其沟通、谈判抑或协商义务而径行申请禁令，超出了专利权合理使用的界限，可能构成滥用支配地位。

---

❶　高敏，薛晓月. 标准必要专利侵权禁令救济规则在我国的适用研究［J］. 标准科学，2021（3）：30－35，46.

二、执法层面完善建议

执法机关可以发挥事中指导 FRAND 许可谈判的作用，建立一定流程，通畅许可双方的协商进程❶，在双方陷入僵局时，发挥协调与规范作用。

（一）允许合并审查

执法机关需要结合个案判断专利权人的市场地位、涉案相关市场，可以对专利权人的停止侵权申请、实施者的反垄断申请（如有）进行合并审查❷，确认是否违反《反垄断法》。执法机构可以考虑持有人、被控侵权人和消费者三个维度，兼顾各自的相关因素，以充分发挥反垄断的监管效力。❸

2014 年 6 月，原国家工商总局发布《工商行政管理机关禁止滥用知识产权排除、限制竞争行为的规定（征求意见稿）》；2022 年 6 月，国家市场监管总局发布《禁止滥用知识产权排除、限制竞争行为规定（征求意见稿）》❹，第 16 条第 1 款第 3 项规定，具有市场支配地位的经营者"在标准必要专利许可过程中，违背公平、合理、无歧视许可的承诺，未经善意谈判程序，不正当地请求法院或者相关部门作出或者颁发禁止使用相关知识产权的判决、裁定或者决定，迫使被许可方接受其不公平的高价或者其他不合理的限制条件"属于排除、限制竞争，这表明当前我国执法机构拟将滥用禁令定义为排除、限制竞争；❺ 依据前述征求意见稿第 21—23 条规定，当经营者行为具有限制竞争效果的，执法机构有权对经营者处以停止侵害、罚款等监管措施。

---

❶ Lemley M A, Shapiro C. A Simple Approach to Setting Reasonable Royalties for Standard – Essential Patents [J]. Berkeley technology law journal, 2013, 28 (2)：1135 – 1138.

❷ 王渊, 赵世桥. 标准必要专利禁令救济滥用的反垄断法规制研究 [J]. 科技管理研究, 2016, 36 (24)：136 – 141.

❸ 高敏, 薛晓月. 标准必要专利侵权禁令救济规则在我国的适用研究 [J]. 标准科学, 2021 (3)：30 – 35, 46.

❹ 市场监管总局. 禁止滥用知识产权排除、限制竞争行为规定（征求意见稿）[EB/OL]. [2023 – 01 – 18]. https：//www. samr. gov. cn/jzxts/tzgg/zqyj/202206/t20220627_348158. html.

❺ 丁亚琦. 论我国标准必要专利禁令救济反垄断的法律规制 [J]. 政治与法律, 2017 (2)：114 – 124.

因此，笔者认为执法机构可以选择将标准必要专利争议双方的申请合并审查，赋予当事双方公平陈述的机会，既节约行政资源，又提升执法效率；可选择采取反垄断路径规制滥用标准必要专利权的行为。

（二）协调披露政策

披露政策不是标准制定组织和专利权人之间的合同，而是类似于行业协会的自我监管规定。制定标准的组织可以使用披露政策要求专利权人承担超出合同法范围的披露义务。然而，披露政策存在较大局限，发挥作用有限，原因在于披露政策过度依赖专利权人的主观能动性、不具有强制性、未要求标准制定组织实质性审查成员公开的信息❶且未将违反披露义务的不利后果条文化明确化。

2006 年，新一代移动网络联盟（NGMN）要求其成员首先向可信的第三方披露 SEP 许可费上限，然后 NGMN 将披露的费率汇总起来，并在成员内部公开。由于允许隐名披露，许多成员不适当地提高了费率，部分许可费用相当于产品价格的近 130%。2007 年，美国国际贸易协会实施了一项事前披露政策，要求专利所有人在决定是否将专利纳入标准之前，将专利技术拟定的许可费最高额公开。❷ 尽管摩托罗拉公司强烈反对这一做法，并最终退出该组织，但这项政策得到其他成员的广泛支持。美国司法部高度评价了国际贸易协会的这项事前披露政策。

营利性企业通常保密自己掌握的技术信息。然而，在标准必要专利领域，主要标准组织的要求和国家司法实践的经验表明，自愿披露涉及标准的技术信息，对于判断标准必要专利权人的是否善意起着极其重要的作用。因此，笔者建议中国通信企业积极披露其在标准化领域持有的专利，或公开声明其在该领域持有的标准必要专利数量、具体情况和授予条件。

（三）预防反竞争性禁令

禁令滥用行为，具有限制、排除竞争的作用，笔者称为反竞争性禁令，提出如下措施建议。

---

❶　谭袁. 论 FRAND 承诺的性质及其价值 [J]. 电子知识产权，2017（7）：20 – 29.

❷　王瀚. 美国标准必要专利中反向劫持问题研究 [J]. 学术界，2018（3）：189 – 199.

建议有关部门及时发布个案处理公告，有助于指引经营者规范自身行为、不滥用禁令以排除、限制竞争。如 2014 年 5 月 19 日，我国商务部发布《关于附加限制性条件批准微软收购诺基亚设备和服务业案经营者集中反垄断审查决定的公告》。❶附加的限制性条件是：如果专利权人已根据 FRAND 原则制定了许可条款，而潜在的标准必要专利使用者已表示愿意签订并遵守相应的许可条款，则 SEP 持有者不能再针对该项标准必要专利申请禁令救济，以阻止相关标准在 FRAND 条件下实施，笔者认为这项限制条件体现 FRAND 原则与禁令的竞合，处理结果有助于节约司法资源。

行政法规、规范性文件预防反竞争性禁令的效果更强，但相关文件尚未生效，笔者认为，可以适时出台相应文件，如前文分析的 2022 年 6 月国家市场监管总局发布的《禁止滥用知识产权排除、限制竞争行为规定（征求意见稿）》，该文件已于 2023 年 8 月 1 日施行，明确经营者排除、限制竞争的法律后果，具有很强的威慑作用。

2023 年 6 月 30 日，国家市场监管总局发布《关于标准必要专利领域的反垄断指南（征求意见稿）》❷，其中第 17 条明确标准必要专利权人滥用禁令救济措施，要求标准实施方接受其不公平的高价或者其他不合理的交易条件，属于排除、限制竞争。判定是否构成垄断时应考虑许可双方是否根据本指南第 7 条进行善意的许可谈判，并考虑《关于知识产权领域的反垄断指南》规定的其他因素。司法解释二是合同法路径，该指南系反垄断法路径，但仅概括说明了禁令救济存在排除、限制竞争的情形，同时关注到滥用 SEP 禁令救济以获得高价许可费的情况❸，并规定了专利权人故意违反 FRAND 承诺，且实施者无过错时，才涉嫌滥用禁令救济，试图从专利权人与实施者双方过错角度确立禁令救济的合理性标准。笔者认为，结合《民法典》第 1173 条，可以考虑适用过错相抵原则，以综合研判许可费率、损害赔偿等事项。

---

❶ 高敏，薛晓月. 标准必要专利侵权禁令救济规则在我国的适用研究 [J]. 标准科学，2021（3）：30 - 35，46.

❷ 国家市场监督管理总局. 关于标准必要专利领域的反垄断指南（征求意见稿）[EB/OL]. [2023 - 07 - 01]. https：//www. samr. gov. cn/hd/zjdc/art/2023/art_6422b2fb728f486b9814349213ea07c6. html.

❸ 赵启杉. 标准必要专利合理许可费的司法确定问题研究 [J]. 知识产权，2017（7）：10 - 23.

预防反竞争性的禁令，执法部门应坚持"效果为基"的执法路径。专利被纳入特定标准后，权利人获得的市场力量、优势地位程度不同，需要具体问题具体分析，不能一概而论为市场支配地位；❶ 执法机构在执法过程中需关注国内外技术标准的衔接、异同与标准化发展动向。

三、司法层面完善建议

发挥法院事后处理纠纷的作用，有助于明确禁令适用标准。对于是否发放禁令，法院的反应乃至偏好客观上影响专利权人和实施者在 FRAND 许可博弈中的行为选择。❷

司法实践中，根据不同案件具体情况，允许但限制禁令救济是可以并存的。理论上，如果标准必要专利权人可以轻易获得禁令救济，则可以通过阻止潜在被许可人使用相关技术和产品，迫使潜在被许可人接受自己的许可条款，从而使 SEP 实施者初始投资成为泡影；反之，如果颁发禁令救济的条件过于严格，叠加新技术的出现和专利有效期的影响，权利人或将面临反向劫持。因此，司法部门必须审慎处理 SEP 禁令救济问题，努力推动许可协议的缔结。

司法层面，应从积极角度判定专利权人及实施者的主观因素，同时在禁令核查过程中，根据前述司法解释、规定、指南审查是否符合 FRAND 原则、是否损害公共利益，逐渐明确、细化 SEP 禁令适用的要件、SEP 禁令滥用的反垄断规制立场及申请禁令触犯反垄断法的标准。

（一）适用先行判决

禁令是专利权排他性的表现，是一种预防性补救措施，有助于专利权人收回研究成本、获得创新激励。《专利法》第 72 条停止侵权责任明确司法被动介入。法院可在争端发生之后，结合个案情况确定是否签发禁令、限制 SEP 实施者的权利，以消除信息、地位不对等对 SEP 许可的负面影响。无论是北京指南，抑或是广东指引，均未解释 FRAND 承诺的内涵和

---

❶ 王晓晔. 标准必要专利反垄断诉讼问题研究 [J]. 中国法学，2015（6）：217 - 238.

❷ 何丹. 非专利实施体标准必要专利诉讼中禁令的适用原则 [J]. 时代法学，2018，16（2）：113 - 121.

法律性质，但都规定了在四种情况下适用禁令救济的规则，即双方都有过错时、一方有过错时和双方都没有过错时。同时，两者都侧重双方的谈判行为，以确定哪一方有过错。

当前，欧盟与德国法院在审理 SEP 禁令相关诉讼时，逐步形成竞争法与专利法并用的裁判思路与研究范式，❶ 即专利诉讼中引入并适用竞争法，进而作出裁判。我国法院对 SEP 禁令救济普遍采用二分法的裁决模式❷，这种模式有其可取之处，亦有其局限，即仅靠专利法及其司法解释无法完全解决禁令定性问题，在反垄断法未规定标准必要专利禁令情况下，引入反垄断法用以定性显得突兀、不相协调。因此，我国法院可以有选择地借鉴欧盟与德国法院的司法实践经验，在依据竞争法规制禁令滥用行为的司法过程中嵌入专利法对禁令救济的裁判思维，作出公正合理的司法裁决。

2019 年 4 月 26 日，杭州市中级人民法院创新性适用"先行判决 + 临时禁令"救济模式，对（2018）浙 01 民初 3728 号案定性部分先行裁判，判令被告立即停止侵权，同时作出诉讼中临时禁令，责令被告立即停止自行或授权其他主体复制、通过信息网络传播侵权游戏。2020 年 7 月 29 日，杭州中院就一审判决赔偿部分作出（2018）浙 01 民初 3728 号判决。笔者认为先行判决属于实体处理部分，临时禁令属于程序措施，二者互补，可以使权利人获得及时救济，尽早定分止争，同时在先行判决基础上颁发的临时禁令，更有可能符合案件终审结果，保障公平性和科学性。

2020 年，深圳中级人民法院就"大疆公司诉北京飞米科技有限公司、九天纵横（深圳）有限公司侵害外观设计专利权纠纷案"［（2020）粤 03 民初 1668 号］同样采用了"先行判决 + 临时禁令"的判决方式，探索专利权司法保护新机制，权利人可以即时申请临时禁令并申请强制执行，既具有威慑作用，又发挥了先行判决的价值，充分保护了专利权人的利益。该案考虑到涉案云台相机属于迭代时效短的产品，被告的侵权将直接影响原告专利产品的市场销售份额，便在认定侵权事实后及时发布禁令，达到"以快制快"的效果。笔者认为该判决方式可以迁移到标准必要专利相关

---

❶ 赵启杉. 竞争法与专利法的交错：德国涉及标准必要专利侵权案件禁令救济规则演变研究［J］. 竞争政策研究，2015（2）：83 – 96.

❷ 王晓晔. 标准必要专利反垄断诉讼问题研究［J］. 中国法学，2015（6）：217 – 238.

诉讼。

值得注意的是，上述两个案例均采取"双轨制"认定侵权事实，即通过多元化方式查明技术事实，通常来看，由法院的技术调查官和国家知识产权局专利审查员出具技术意见。专利产品的专利质量越高，查明侵权事实的过程越快，结论也越清晰。

司法实践中，适用"技术查明＋先行判决＋临时禁令"的审判方式省去了漫长的诉讼阶段，避免一些公司"赢了官司输了市场"，也节约了司法资源，可供后续标准必要专利相关司法实践借鉴。

（二）明确禁令救济的限制条件

限制禁令的法律依据是司法解释二第 26 条；FRAND 原则的适用一定程度上可以起到限制禁令的作用，如实施者未经许可使用专利但意向支付许可费（意向的判断需明确），专利权人不可直接申请禁令；应允许默示许可的存在，使禁令申请减少随意性。

司法实践中限制权利人申请禁令的，如"华为诉 IDC 案"［广东省高级人民法院（2013）粤高法民三终字第 306 号］，我国法院认为 SEP 持有者的贡献在于技术创新，不应从标准本身获得超额利润；如"OPPO 诉夏普案"［深圳市中级人民法院（2020）粤 03 民初 689 号］，夏普在谈判过程中对 OPPO 提起了域外专利侵权诉讼。鉴于夏普公司的禁令请求违反了其FRAND 义务，并可能在"域外禁令"的压力下进行谈判，OPPO 向法院申请行为保全，即在该案最终判决前，夏普及其关联方不得在其他国家或地区对 OPPO 及其关联方提起新的专利诉讼。该申请得到深圳市中级人民法院和最高人民法院的支持。司法实践中限制停止侵害责任适用的情形有公共利益考量和合法来源抗辩，如"中山市利和置业有限公司与佛山市尚登不锈钢有限公司的侵害实用新型专利权纠纷案"［（2020）最高法知民终1631 号］。

停止侵害是专利侵权民事责任承担方式之一，对于制止侵权行为，防止损害后果的扩大，具有重要意义。但是，出于维护公共利益的需要以及合理平衡当事人之间利益，也可以限制该种民事责任方式的适用。笔者认为，建议以公共利益为核心、过错责任原则为主导明晰 SEP 禁令救济裁判

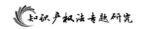

规则；应坚持市场调整为先、个案处理、司法机关综合案件整体情况判断是否签发禁令。

四、参与制定 SEP 国际规则

当前，美、欧、日等国家和地区纷纷运用本地的立法、司法、行政手段，通过宏观政策辅以微观调节方式加速抢占全球 SEP 规则话语权和打造争议解决优选地，❶ 与此同时，SEP 诉讼在印度、巴西、印度尼西亚、哥伦比亚等国愈来愈多，这些国家通过颁发禁令亦影响着 SEP 国际规则的建立与重塑。在这样的背景下，我国如何在社会治理层面建立精细化、平衡的、符合技术发展和经济运行规律的治理规则，尤其是禁令救济规则，以充分发挥标准技术蕴含的巨大价值、促进技术创新、减少国际规则竞争和纠纷解决中的摩擦，具有重大意义。

著名标准组织 IEEE 于 2015 年在专利政策中明确规定，已向该组织作出 FRAND 声明的 SEP 持有者不得寻求或威胁实施者寻求禁令，除非实施者（潜在被许可人）未能与权利人谈判或拒绝执行有管辖权的法院涉及专利的裁决。2021 年 12 月，IEEE 发布《关于受 FRAND 承诺约束的标准必要专利许可谈判和补救措施的政策声明草案》，延续 2015 年政策规定。笔者认为，标准化组织应通过明确其有关申请禁令救济条件的专利政策❷，从指导权利人申请加入开始，就指导和规范标准必要专利权人的行为，以期减少未来的法律纠纷。在标准必要专利权人的 FRAND 许可声明中包括单方面披露许可条件和 FRAND 许可使用费计算方式，将有利于专利权人与实施者之间的谈判，提升交易效率。我国可以加强与标准化组织的合作，鼓励企业实体加大研发创新、提升专利质量、参与标准的制定，在企业融入标准组织过程中，发挥标准化组织知识产权政策的事先防范作用，这有助于明确禁令标准。❸ 当然，这需要国内有关部门、企业加强与标准化组织的对话、沟通与合作，以参与制定 SEP 国际规则，提升话语权。

---

❶ 王晓晔. 标准必要专利反垄断诉讼问题研究 [J]. 中国法学，2015（6）：217 – 238.

❷ 张玲，金松. 美国专利侵权永久禁令制度及其启示 [J]. 知识产权，2012（11）：86 – 94.

❸ 董凡. 竞争法视域下标准必要专利禁令救济滥用行为的司法适用问题 [J]. 理论探索，2019（2）：108 – 114.

结　　语

　　标准与专利的融合是一把"双刃剑"。被纳入标准的技术，即标准必要专利，不仅在标准中获得一个公开的位置，还被锁定并在全球范围内使用，从而促进后续创新。标准的形成可以有效地促进专利技术的发展，而技术的创新也可以推动标准的进化。然而，在这一相互促进的过程中，涉及的利益分配可能催生阻碍创新的因素。持有与标准相关的技术专利，有助于企业在市场中处于有利地位。标准化可以通过降低成本、节约资源以及给消费者与生产厂家带来巨大便利，产生良好的社会效益。此外，企业的技术创新也推动了标准化的升级。国内企业在专利数量上有着稳步增长，但专利质量、专利布局的全面性、企业专利战略的制定与实施上都需要加强，这些短板需要通过加大自主技术研发，加强对外交流予以弥补。

　　当前，全球专利标准趋于统一，标准必要专利权人的实力此消彼长、发生重大变化，非专利实体趋于活跃。在这种情形下，我国允许禁令核发，保护专利权人的正当利益，同时明确核发禁令的限定条件，使实施者获取公平、合理、无歧视的专利许可，以保护市场竞争，具有重要意义。允许但限制禁令救济，既保护技术研发动力，又注重专利权人和实施者之间的利益平衡，有助于推动经济高质量发展。笔者认为 FRAND 原则具有法律意义，有助于当事人缔结合同或中立第三方裁定交易条件。当实施者无意支付许可费时，专利权人申请禁令救济有其合理性。应当鼓励专利权人和实施者事先交涉，从源头上避免进入 SEP 诉讼与禁令申请。笔者认为不可以简单地基于禁令发放标准的宽严，认定各国法院在个案中是否持中立态度，英国法院吸引了非专利实体来本国诉讼，德国的判例更吸引专利权人。我国企业应深入了解不同国家的司法体制和判例特点，结合本国国情和自身商业利益，制定相应的标准必要专利布局和诉讼策略。

　　本章梳理了国内外有关标准必要专利禁令救济的研究现状，总结了禁令救济存在的包括现行法律规定不足、位阶不高、FRAND 与禁令竞合、禁令标准宽严尺度难把握以及禁令诉讼面临国际层面挑战等方面的问题，继而研究域外法律实践，考察国外相关的司法案例、政策和法律规定，分析比较认为"允许但限制禁令救济"最具实用价值，在此基础上，梳理国内现行法规、指南、制定中的征求意见稿、代表性案例，从立法、司法、执法等层面提出完善建议，即通过明确禁令颁发原则、确立合理适用禁令标准、出台实施者善意指南、安全港规则等完善现有立法，提出协调完善披露政策、预防反竞争性禁令、创新性运用先行判决、允许但明确禁令限制条件，开展国际合作、参与国际标准制定等建议。

主要参考文献

一、著作类

［1］王迁. 知识产权法教程［M］. 7 版. 北京：中国人民大学出版社，2021.

［2］王迁. 著作权法［M］. 2 版. 北京：中国人民大学出版社，2023.

［3］吴汉东. 知识产权法学［M］. 8 版. 北京：北京大学出版社，2022.

［4］吴汉东. 著作权合理使用制度研究［M］. 3 版. 北京：中国人民大学出版社，2013.

［5］李明德. 美国知识产权法［M］. 2 版. 北京：法律出版社，2014.

［6］崔国斌. 著作权法：原理与案例［M］. 北京：北京大学出版社，2014.

［7］刘春田. 知识产权法［M］. 6 版. 北京：中国人民大学出版社，2022.

［8］冯晓青. 知识产权法律制度反思与完善：法理·立法·司法［M］. 北京：知识产权出版社，2021.

［9］冯晓青. 知识产权法利益平衡理论［M］. 北京：中国政法大学出版社，2006.

［10］李扬. 著作权法基本原理［M］. 北京：知识产权出版社，2019.

［11］卢海君. 版权客体论［M］. 北京：知识产权出版社，2011.

［12］孙玉荣. 知识产权法学［M］. 北京：知识产权出版社，2022.

［13］孙玉荣. 著作权法前沿热点问题探究［M］. 北京：知识产权出版社，2020.

［14］孙磊. 电子游戏司法保护研究［M］. 北京：知识产权出版社，2018.

［15］严波. 现场直播节目版权问题研究［M］. 北京：法律出版社，2016.

［16］马长山. 迈向数字社会的法律［M］. 北京：法律出版社，2021.

［17］吴登华. 音乐版权［M］. 北京：法律出版社，2022.

［18］孔祥俊. 商标法适用的基本问题［M］. 北京：中国法制出版社，2012.

［19］黄晖. 商标法［M］. 北京：法律出版社，2016.

［20］王太平. 商标法：原理与案例［M］. 北京：北京大学出版社，2015.

二、论文类

［1］吴汉东. 人工智能生成作品的著作权法之问［J］. 中外法学，2020（3）.

[2] 吴汉东. 恶意商标注册的概念体系解读与规范适用分析 [J]. 现代法学, 2023 (1).

[3] 林秀芹. 人工智能时代著作权合理使用制度的重塑 [J]. 法学研究, 2021 (6).

[4] 冯晓青. 数字时代的知识产权法 [J]. 数字法治, 2023 (3).

[5] 丛立先. 网络游戏直播画面的可版权性与版权归属 [J]. 法学杂志, 2020 (6).

[6] 万勇. 人工智能时代著作权法合理使用制度的困境与出路 [J]. 社会科学辑刊, 2021 (5).

[7] 王晓晔. 标准必要专利反垄断诉讼问题研究 [J]. 中国法学, 2015 (6).

[8] 王迁. 论现场直播的"固定"[J]. 华东政法大学学报, 2019 (3).

[9] 王迁. 著作权法中传播权的体系 [J]. 法学研究, 2021 (2).

[10] 王迁. 论 NFT 数字作品交易的法律定性 [J]. 东方法学, 2023 (1).

[11] 王江桥. NFT 交易模式下的著作权保护及平台责任 [J]. 财经法学, 2022 (5).

[12] 卢海君. 论广播组织权的客体 [J]. 苏州大学学报（法学版）, 2019 (4).

[13] 李杨. 著作权合理使用制度的体系构造与司法互动 [J]. 法学评论, 2020 (4).

[14] 蒋舸. 论著作权法的"宽进宽出"结构 [J]. 中外法学, 2021 (2).

[15] 孙玉荣, 卢润佳. 智能时代二次创作的著作权保护与限制研究 [J]. 北京联合大学学报（社科版）, 2024 (4).

[16] 孙玉荣, 李心航. 音乐编曲的著作权保护模式探究 [J]. 科技与法律（中英文）, 2023 (2).

[17] 孙玉荣, 李贤. 网络游戏规则著作权保护：路径与侵权判定 [J]. 北京联合大学学报（社科版）, 2023 (4).

[18] 孙玉荣, 李心航. 体育赛事节目著作权保护探究 [J]. 科技与法律（中英文）, 2021 (3).

[19] 孙玉荣, 刘宝琪. 人工智能生成内容的著作权问题探究 [J]. 北京联合大学学报（社科版）, 2020 (1).

[20] 李依琳. 对 NFT 著作权侵权问题的研究 [J]. 电子知识产权, 2022 (7).

[21] 黄汇. 中国商标注册取得制度的体系化完善 [J]. 法律科学（西北政法大学学报）, 2022 (1).

[22] 王瀚. 美国标准必要专利中反向劫持问题研究 [J]. 学术界, 2018 (3).

[23] 严文斌. 中欧标准必要专利比较研究与借鉴 [J]. 电子知识产权, 2021 (1).

[24] 黄运康. 论民法典视阈中标准必要专利停止侵害请求权 [J]. 科技与法律（中英文）, 2021 (3).

[25] 倪朱亮. "用户生成内容"之版权保护考 [J]. 知识产权, 2019 (1).